GÖNÜLDEN GÖNÜLE

Meşkûre Sargut

NEFES

NEFES

GÖNÜLDEN GÖNÜLE

Meşkûre Sargut

ISBN: 978-605-5902-47-6
İstanbul, 2014
KİTAP YAYIN NO: 44

YAYINA HAZIRLAYAN: Aysel Ayas, Melike Türkân Bağlı
REDAKSİYON: Melike Türkân Bağlı
KAPAK TASARIM: Hümanur Bağlı
SAYFA DÜZENİ: Adem Şenel

İÇ BASKI/CİLT: İnkılap Kitabevi Yayın Sanayi ve Ticaret A.Ş
Çobançeşme Mah. Sanayi Cad. Altay Sk. No: 8
34196 Yenibosna - İstanbul
Tel : (212) 496 11 11 (Pbx)
Matbaa Sertifika No: 10614

NEFES YAYINLARI
Bağdat Cad. Güzel Sok. A Blok No:11/2
Selamiçeşme / Kadıköy / İstanbul
Tel: (216) 359 1020 Faks: (216) 359 4092
www.nefesyayinevi.com
irtibat@nefesyayinevi.com
/nefesyayinevi
@nefesyayinevi
KÜLTÜR BAKANLIĞI YAYINCILIK SERTİFİKA NO: 15747

GÖNÜLDEN GÖNÜLE

Meşkûre Sargut

NEFES

Meşkûre Sargut, 1925 yılının Mart ayında Edirnekapı'da Tınaz ailesinin 3. kızı olarak dünyaya geldi. Annesi Şadiye Hanım 3. çocuğunun da kız olmasına üzülünce, hocası Hz. Ken'an Rifai tarafından latif bir şekilde ikaz edildi: Bebeğe hocası Meşkûre, yani "kendisinden dolayı şükür edilen" ismini koydu. Kalplerin casusu bir kâmil insan olan Hz. Ken'an Rifai, yalnız Şadiye hanımı ikazla kalmayıp, yeni doğanın bir ömür boyu nasıl etrafındakilere hizmete soyunacak bir sultan olacağının da müjdesini vermişti.

Meşkûre henüz 40 günlükken götürülmeye başlandığı bu dost evinde hocası Ken'an er-Rifai'den tasavvuf ilminin inceliklerini, insan olmanın sırlarını öğrenmek lütfuna erdi. Bir yandan orta öğrenimini sürdürürken, bir yandan da yaşıtlarının çok farklı hevesler peşinde koştuğu dönemde, O gerçek ilmi kaynağından öğrenmenin mutluluğunu tadıyor, kıymetini biliyor ve öğrenmeye doymuyordu. Hocasının peşinde, izinde olmaya, rengine boyanmaya özen gösteriyordu. O kadar ki bu amansız takiple hocasını sıkmaktan korktuğunu bir keresinde O'na ifade etmiş ama karşılığında "Senin için zaman ve mekân yok, her an yanımda olacaksın Meşkûre" cevabını alıp tuttuğu eteğe daha da sıkı sarılmıştı. Hocası O'nu bu hakikat ilmini kendisinden sonra 50 yılı aşkın bir süre öğretmesi için işliyordu. Hocası O'nu sözüyle ilim, irfan; gözü ile hayır, sevgi; haliyle sabır telkin eden bir insan haline getirmek üzere işliyordu.

Yükseköğrenimine İngiliz Filolojisinde devam ederken Dr. Ömer Faruk Sargut ile evlenen Meşkûre Hanım, eşinin arzusu üzerine okulu bırakınca tasavvuf eğitimine daha da ağırlık verdi. 1950 yılında hocasının cemale yürümesinin ardından, yine O'nun yetiştirdiği gönül sultanları Nazlı hanım ve Samiha Ayverdi hanımefendinin yanlarında gönlünü ve bilgisini geliştirmeye devam etti. Bu yıllarda; "Duygulu Gönüllere Hitap, Arifler Bahçesi, Mevlânâ Diyor ki, Hak ve Hakikat yolunda Mevlânâ" adlı eserleri yayınlandı. Daha sonra bu eserler iki kitap halinde tekrar basıldı: "Gönülden Gönüle, Arifler Bahçesinden".

Türk Kadınları Kültür Derneği, Kubbealtı Akademisi, Samiha Ayverdi Enstitüsü ve Cenan Vakfı gibi Türk ve Tasavvuf kültürüne, sanata, edebiyata, eğitime hizmet eden kuruluşların kurucu üyeliklerini üstlendi. Kermeslerde satış yapmaya kadar varan maddi-manevi hizmetleri oldu. Varını yoğunu ihtiyacı olanlarla paylaşarak ve inançları uğrunda harcayarak cömertlik konusunda da hep örnek teşkil etti.

Meşkure Sargut 9 Şubat 2013 yılında Hakka yürüdü. Geri dönüp bakıldığında zahirde iki evlat, üç de torun yetiştirmiş olduğunu görüyoruz. Ama hakikatte O yüzlerce evlat yetiştirdi; çevresine hep iman ışığını saçtı, sabrın, huzurun kaynağı oldu; Öğretti, öğretti, öğretti...

Bu nâçiz eseri, beni irşâd eden üstâdım
Ken'an Rifâî'nin ölmez varlığına ithâf ediyorum.

Meşkûre Sargut

İÇİNDEKİLER

SUNUŞ

İslâm tasavvufunun 20. yüzyıldaki müstesnâ şahsiyetlerinden biri olan Ken'an Rifâî'nin en seçkin talebelerinden Hatice Meşkûre Sargut Hanımefendi'nin daha evvel "Gönülden Gönüle" ve "Ârifler Bahçesi'nden" isimleriyle basılmış bulunan eserlerini bir araya getirerek yeniden yayınlayabilmiş olmanın iftihârı ve şükrü ile...

Nefes Yayınevi

Anneme

Ezelden nasib etmiş Yaratan
Dizinin dibinde olgunlaşmamı,
Ruhumu çürütmesi muhtemel o yaradan
Ancak senin ellerinle şifâ bulmamı.

Herkesin Meşkûre Annesisin âşikâr,
Benimse ten kafesimi mânâ ile dolduran,
Sen yârim, Hak delilim, gayrısı ağyar,
Mürşidimsin, nefsimi yokluğa soyunduran!!!

Sen aşkını yaşadıkça hâlinden öğrendim
Sevmeyi, vermeyi, kalbimle düşünmeyi.
Sen mâşûkuna benzedikçe benzedin,
Ben öğrendim sendeki nûru görmeyi

Tevhidin sağladığı huzur ve neş'e,
İmânın sağladığı müthiş cesâret,
Mürşidine rapt edilmiş bir irâde,
Kalmamış üzüntü, hırs, esâret...

Lâyık olmam gerekiyor evindeki yerime,
Nefsimi adam etmek ne kadar güç de olsa.
Elim değdi ya bir kere saçına, tenine,
Mânâma ulaşırım elbet geç de olsa...

Asuman Sargut Kulaksız

ÖNSÖZ[1]

Dostlarımın ısrârı üzerine, Duygulu Gönüllere Hitap, Mevlânâ Diyor ki, Hak ve Halk Yolunda Mevlânâ adlı kitaplarımızı, Gönülden Gönüle adı altında toplamış bulunuyoruz.

Bunlardan, Mesnevî-i Şerîf içindeki bâzı beyitlerden seçilmiş olan parçalar ve tefsirleri, İslâmiyet gazetesinde Duygulu Gönüllere Hitap başlığıyle neşredildikten sonra kitap hâlinde yayınlanmıştı.

İslâmın Nûru mecmûasında Tasavvuf Dünyâsından Bir Katre başlığıyle neşredilenler ise Mevlânâ Diyor Ki adını taşımakta idi.

Üstâdım Ken'an Rifâî'nin seçtiği muhtelif Mesnevî beyitlerini de bahislere başlık yaparak Hak ve Halk Yolunda Mevlânâ kitabında arzetmiş idik.

Üstâdımın bir lûtf u ihsânı olarak telkîn ettiği insanlık esaslarını, fazîlet ve huzûr-ı kalb umdelerini bu yazılarda cüz'î de olsa belirtebiliyorsak ne mutlu bize! Sokrat "Bir şey biliyorsam, o da hiçbir şey bilmediğimdir" der. Bana râcî olan bu sözle diyorum ki: Her ayna düzlüğü ve parlaklığı derecesinde güneş ışığını aksettirir. Burada aynaya düşen şeref payı, güneşin ihtişâmı yanında bir hiçtir.

1 *Gönülden Gönüle*'nin 1994 yılında yapılan baskısında yer alan önsöz

Bütün ilimlerin esâsı, tek hakîkat noktası olduğuna göre, deryâyı katrede seyreden büyük Mevlânâ, iç âleminden esen o âteşîn havayı, gördüğü azamet ve kemâlin sırrı olarak kulağımıza üflüyor:

Ben öyle bir sîne isterim ki firkatten parçalanmış olsun
Tâ ki derd-i iştiyâkın şerhini ona söyleyeyim.

Üstâdımın kerem elinde Hz. Pîr'in mânâ âlemine göz açtığımız andan îtibâren, gerçek müslümanlığın özünü tavaf yolundayız.

Sürçersek hatâ bizim, yürürsek bu, himmet ve lûtuf sâhibinindir.

Meşkûre SARGUT

DUYGULU GÖNÜLLERE HİTAP

Kâmil insan o kimsenin yâridir ki,
ayağına dolanan her türlü iptilâ
ipini çözmüş, aşk-ı hakîkîden
gayrıya gönlünde yer bırakmamış,
zulmânî ve nûrânî hicapları
mârifet kılıcı ile doğramış,
sînesini muhabbet ile dağlamış,
yanmış yakılmış ola…

NÂY'IN ESRÂRI

Hazret-i Mevlânâ, Mesnevî-i Şerîf'in mukaddimesindeki ilk beyite "bişnev" sözü ile başlamıştır:

Bişnev ez ney çün hikâyet mîküned
Ez cüdâyihâ şikâyet mîküned

"İşit neyden nasıl hikâye ediyor, ayrılıklardan şikâyet ediyor."

"İşit" sözü Mevlânâ'nın ilk beyitine başlangıç olmuştur. Çünkü insan Hak kelâmını işitmekle nutka gelir ve dilsizlik zahmından kurtulur. Cenâb-ı Hak "*Canlı olanların Allah indinde ziyâde kötüsü Hak kelâmından sağır ve onu söylemekten dilsiz kalanlardır*"[2] buyuruyor.

Binâenaleyh insan evvelâ işitmek ve duymak sâyesinde nâsın kötüsü olmaktan sıyrılmaya çalışmalıdır.

Beyitin içindeki neyden murâd, Peygamber Efendimiz'in hakîkatidir. O Hazret'in hakîkati kâinâtın nakışlanmasına sebep olduğundan ona rûh-ı Muhammedî tâbir olunmuştur. Burada ilk mısrâın mânâsı, "Hazret-i Muhammed'den işit, onunla iş et" demek oluyor.

2 Enfâl Sûresi/22. âyet

Hazret-i Resûl'ün hakîkati onun vârislerinde ve sevgililerinde zuhûr ettiğinden Mevlânâ, Allâh'ın dostlarının da ney gibi ayrılıklardan şikâyet ettiklerine işâret ediyor. Bu ayrılığın mânâsı, Hakk'a vusûlden evvelki geçmiş hâllere âit olmakla berâber, kâmil insanın, her ne kadar ayn-i vahdete müstağrak ise de, vücut gömleği hasebiyle cisim âleminde aslına kemâliyle erişmesi mümkün olmadığını anlatmaktadır.

Geçmiş hâle âit şikâyetten murâd, gaflet ve atâlet erbâbını irşattır: *"Ey gāfil gürûh! Uyanınız, fırsatı kaçırmayınız, Hak'tan cüdâ kalmayınız ki ölüm sizi bulduğu zaman orada da yapayalnız, ıssız ve karanlıklar içinde kalmayasınız... İnsan nurlu yola kavuşunca dahî o karanlık günün, gaflet gününün ayrılık ızdırâbını çekecektir ve bu ızdırap çok elîmdir."* İşte kâmil insanın îkāzı bu yoldadır.

*

Hazret-i Mevlânâ **"Nâyistandan beni kestiler, benim nefîrimden kadın ve erkek inlerler"** buyuruyor.

Nâyistan, ahadiyet yâni vahdet âlemidir. Gayb-ı evvel veyâ gayb-ı hüviyet gibi isimler de alır. Bu mertebe *"Ben gizli bir hazîne idim, istedim ki bilineyim"*[3] mertebesidir. Buradan ilk tecellî eden, âyân-ı sâbitedir. Bu âlem, kābiliyet âlemidir. Eğer bir misâlle îzah edecek olursak, tarla bir vahdettir, fakat oraya ekilen tohumlar cins cinstir, kābiliyetler gibi muhteliftir. Şu hâlde tarla vahdet âlemini, orada ekili bulunan tohumlar da âyân-ı sâbiteyi teşkil ediyor. Bu mertebeden sonra tecellî eden, âlem-i ervahdır, yâni ruhlar âlemidir. Eğer misâlimizin üzerinde yürürsek, ruh, bir tohumun gül fidanı yâhut bir biber olarak kendini göstermesi demektir. Şu hâlde şakāvet veyâ saâdet rûha âittir. Bir tohumun

3 Hadîs-i Kudsî

kābiliyetine göre acı veyâ tatlı, hoş veyâ nâhoş olarak belirmesi ruhlar âleminde olur. Ervah âleminden sonra tecellî eden, misâl âlemidir. Buna rüyâ âlemi denir. Bu âlemden sonra da cisim âlemi gelir.

Şimdi nay, nâyistandan kopup cisim âlemine gelinceye kadar her bir âlemde eylediği figan ve duyduğu nâleyi terennüm etmiştir. Kâmil insan, "Elestü" hitâbını ve "Belî" cevâbını ve her bir âlemde nâil olduğu birçok fütûhâtı, âlemden âleme geçerken edindiği ünsiyet ve sonra ayrılığı söyledikçe kadın ve erkek onun terennümünden inler, âh u figan eylerler.

Şunu tebârüz ettirmek lâzımdır ki, rûhun feryâdından evvelâ erkek mesâbesinde olan akıl ve kadın mesâbesinde olan nefs müteessir olur ve her ikisi de bu firâktan inleyerek rûhun murâdı cânibine giderler. Artık nefs, o rûha hizmet edici olur.

İşte hidâyet erişince kâmil insanın terbiyesine giren Hak tâlipleri de bu esrâra âşinâ olur ve kendi ruhlarının sedâsını duymaya başlarlar. Himmet eli ile kendilerini ıslâha uğraşıp nefsin hâkimiyetinden ve onun hayvanca ef'âlinden kurtulurlar.

*

Hazret-i Mevlânâ "**Ben öyle bir sîne isterim ki firâktan şerha şerha olmuş olsun, tâ ki derd-i iştiyâkın şevkini ona söyleyeyim**" buyuruyor.

Kâmil insan, esrârını isteyenlere şöyle hitap ediyor: *"Ey bu nay âleminde mahpus kalanlar ve nâyistân-ı hakîkîyi görmekten mahrum olanlar! Ben bu sözleri söylemeye sükûnetle dolu bir sîne isterim ki mahbûbun derdinden parçalanmış olsun. İşte ona, o Hazret'e olan iştiyâkımı anlatayım."*

Resûl-i Ekrem Efendimiz *"İnsanlar üç kısımdır"* buyuruyorlar: *"Biri enbiyâya benzer, diğeri melâikeye benzer, bir diğeri de hayvana benzer."*

Dünyâ ve âhiret sûretlerinin çokluğu kendilerini vahdet cemâlini görmekten menetmeyen zümre ki enbiyâya benzer, kalpleri ile Allâh'ın envârına ayna olurlar. Bu zümre zevk-i vicdan ve keşf-i âyân sâhipleri olup aşk ateşiyle ve şevk nûru ile yanarak, geldikleri yeri zikirden ve düşünmekten bir nefes gâfil, âh u enînden bir dem zâil olmazlar. İkinci kısım, fânî dünyânın zevklerine dalarak aslî vatanlarına rücû edeceklerini unuturlar. Ancak kemâl ehlinin sözleri istîdatlarının kulağına girdikçe iştiyak ateşi sînelerinde yanmağa başlar. Bunlar bu sûretle taklit zulmetlerinden çıkıp tahkik nurlarına dalarlar. Üçüncü kısım, bu dünyânın zevk ve lezzetlerini aslî vatanlarının mâmûrelerinden daha iyi görüp nefsânî ve şeytânî arzûlara kapılarak mal, mülk, servet, ikbâl, rütbe, şöhret vs. peşinde koşup tabiat zindanında zincirlenip kalırlar. Bu süflî tâife, ehl-i Hakk'ın kelâmını dinlemez, hidâyet yoluna gitmezler. Bu kimseler *"Bunlar hayvan gibidirler, belki onlardan da aşağıdırlar"*[4] âyetinin mânâsını bulmuşlardır.

Mevlânâ Hazretleri ikinci kısımdan olan istîdat ve anlayışlı kimselere hitap ediyor. Onlara, ezel âlemindeki vaadlerini hatırlatarak *"Sen benim Rabbimsin"* tasdîkinde istikāmet etmeyi telkin ediyor. Ancak yaradana duyduğu hasret ve muhabbetle sînesini dağlayana gönül esrârından dem vururlar, diyor. Aksi takdirde Hazret-i Resûl'ün sözlerindeki mânânın zuhûr edeceğini bildiriyor. O sözler şu meâldedir: Seni anlamayana derûnundan bahis açmak, domuzun boynuna gerdanlık asmak gibidir.

*

4 A'raf Sûresi/179. âyet

Hazret-i Mevlânâ **"Benim sırrım benim nâlemden uzak değildir, lâkin bunu görecek gözde ve işitecek kulakta nur yoktur"** buyuruyor.

Evliyânın zâtının nûruna ve sıfatının esrârına muttallî olmak isteyenler onların sözlerinin âyînesine baksın.

Gözünde ve kulağında
nur olanlar, kâmil insanın
vücûdunu neyzen elinde
ney gibi görerek onlardan
çıkan sözleri Vücûd-ı
Mutlak'tan bilirler.

Nasıl ki birçok istihâleler geçirdikten sonra neyin içi tamâmen boşalmış, neyzenin dudağına lâyık olmuştur, terennüm ettiği nağme ise neyi üfleyenin sırrı, onun nidâsıdır. Nefsinden boşalmış olan ârif de aslının elinde böyle bir aşk kavalıdır ki, ondan yükselen sedâ sâhibin kendi âvazıdır. Çünkü kâmil insanın benliğinin başı "lâ" kılıcı ile kesilmiş, sînesi aşk ateşi ile delinmiştir. Derûnu mâsivâdan boşalmış, dili tevhid ile cilâlanmıştır.

O der ki: *"Rûhum muhabbet nûru nefhasıyla tasfiye olundu, irâdemin eli hidâyet gerdanına gerdanlık oldu. Allâh'a çok şükür, her ne kadar bekâsız meskenden ve vefâsız hemdemden ayrıldım, ama bâkî olan yâr ile dudak dudağayım."*

Nitekim Mevlânâ Hazretleri yârânına hitâben *"Ben sizin gördüğünüz cisimde değilim. Belki ben o zevk ve hoşluğum ki, muhâtabım, kelâmımdan bulduğu zevkle Allah Allah diye baş döğer ve şükreder"* der. Demek ki ehl-i Hakk'ın sözleri onların derûnuna aynadır ve tamâmen kalbin lisânıdır.

Câfer-i Sâdık Hazretleri *"Allâh'ın tecellî güneşi Hakk'ın kelâmında âşikârdır, amma göremiyorlar"* diyerek Allâh'ın Kur'ân-ı Kerîm'de tecellî ettiğine işâret ediyor.

Lâkin bunun müşâhedesi ancak yaradanın has kullarına müyesserdir. Binâenaleyh onlarla ülfet eden vakti zâyî etmemiş olur.

*

Hazret-i Mevlânâ **"Herkes kendi zannında benim yârim oldu. Lâkin benim derûnumdaki esrârı talep etmedi"** buyuruyor.

Hazret-i Pîr, nâyı (kâmil insanı) şöyle konuşturuyor: Ben her mertebede hakîkî nâyistânın esrârından söyledim ve ahadiyetin, yâni "Allah var idi ve onunla hiçbir şey yoktu" mertebesinin aşkı ile inledim, kötü ile de iyi ile de yakınlık ettim; sohbet ettim, yine herkes beni kendi anlayışıyle bildi ve ona göre kıyas etti. Yâni beşer sûretinde olan benzerlik vechine nazar etmekle *"Siz de bizim gibi beşersiniz"* dediler ve fakat *"Bana vahy olur"*[5] sırrından gâfil oldular.

Şunu kat'iyetle belirtmek lâzımdır ki, kâmil insanların esrârına vâsıl olmak isteyen kimseye zan yolunu bırakmak şarttır. Çünkü zan ile hiçbir şeyin hakîkati bilinmez. Bir şeyin mâhiyeti yakîn ilmiyle anlaşılır. Bu yakînlik üç şekildedir:

5 Kehf Sûresi/110. âyet

Birincisi, işitmekle, bir bilgi edinmekle husûle gelen yakînlik ki buna ilme'l-yakîn denir. İkincisi, görmekle husûle gelen yakînlik ki buna da ayne'l-yakîn denir. Üçüncü ise târif edilen ve sonra görülen şeyin içine girmek, onunla karışmak ve o olmak ki buna hakke'l-yakîn deniliyor. Bir bardak suyu denize dökersek o su deniz suyu ile tamâmen karışır; ona da denizin suyu deriz ve artık birbirinden ayırmak mümkün olmaz.

Kâmil insanların esrârına vâsıl olmak isteyen kimseye zan yolunu bırakmak şarttır. Çünkü zan ile hiçbir şeyin hakîkati bilinmez. Bir şeyin mâhiyeti yakîn ilmiyle anlaşılır.

İşte kemâlât yoluna, Hak nâibinin ışığı altında, geçerken kendi zan ve bilirim iddiâsını terk edip kemâl-i edeple yürümeli... Hakîkî âlimin, ilim sâhibi olan Hâlık ile birleşmiş olduğunu görerek *"Ben insanın sırrıyım, insan da benim sırrımdır"*[6] fermân-ı ilâhîsinden aslā gāfil olmamalıdır. Resûl-i Ekrem Efendimiz *"Men reanî fekad reel Hak" (Beni gören Allâh'ı görür)* buyurmuşlardır. Hakîkatte Resûlullâh'ı görmek, rûh-ı Muhammediye'ye yakın olmak, Efendimiz'in, Kur'ân olan ahlâk-ı seniyyeleriyle ahlâklanmak, o sıfatları giyinmek demektir.

6 Hadîs-i kudsî

*

Hazret-i Mevlânâ **"Bu ney'in sedâsı ateştir, rüzgâr değildir",** "yâni vahiydir, başkalarının söyledikleri gibi havâ-yı nefes değildir. Kim ki bu ateşi tutmadı ise yok olsun. Yâni vücut benliğinden yıkansın, ihtiyârını aşk ehline versin de neyin ne mertebe yakıcı olduğunu ve hava olmadığını anlasın" buyuruyor.

Kâmillerin sedâsı *"Onlar hevâdan söylemezler, onlara vahy olur"*[7] âyetinin belirttiği gibi vahy-i Hak'tır. Çünkü kâmil insan Hazret-i Resûl'ün vârisidir. O, Allâh'ın boyası ile boyanmış, Hak ile Hak olmuş, muvahhid-i hakîkîdir. Yaradanın boyası, renksizlik (nişansız kalmak) olduğundan hakîkî insanın benliği yoktur, kendi ihtiyârı yoktur.

Muhyiddîn-i Arabî Hazretleri *"Tasavvuf ile tasarruf bir arada toplanmaz"* buyuruyor.

İnsân-ı kâmilden tasarruf eden Hak'tır ve onun irâdesi küllî irâdedir. Mevlânâ *"Enbiyâ ve evliyâyı beşer ve cisim bilme! Allâh'ın nûru, yeryüzünde bir kâmil insanın vücûdu maşrıkından doğduğunu bildiğim hâlde, ben nasıl eflâk cânibine yüz çevirir, envârı ondan talep ederim?"* diyor.

İşte Hazret-i Pîr'in ney ile isimlendirdiği hazret-i insandan anlamayan, onun sohbetine iştiyak çekmeyen kimsenin bu sözlerden lezzet duyabilmesi için yok olması lâzımdır. Çünkü yokluk, tecellî nârını iktibâsa ve Allah aşkının ateşini iltimâsa vesîledir. Bilmelidir ki bu yolda herkes fenâsı miktarı bakā bulur ve yokluğu kadar Hak ile âşinâ olur.

7 Necm Sûresi/3. âyet

Evliyâ ve ârifler bu yolda mihnet ve belâ ateşi ile kendilerini tasfiye etmişler, varlıklarını boşaltmışlardır.

Cenâb-ı Hak, hadîs-i kudsîde *"Ben beni seveni öldürdüm ve katlettiğimin diyeti benim üzerimedir ve benim üzerime diyeti olanın diyeti benim"* buyuruyor. Diğer taraftan *"Hayat ölümledir"* hadîs-i şerîfi de aynı mânâya işâret ediyor. Bu ölüm irâdî mevttir. Bunun işâreti ise tam teslîmiyettir.

*

Hazret-i Mevlânâ **"Ney, kanlı yolun sözlerini söyler, ney Mecnûn'un aşkının kıssalarını söyler"** buyuruyor.

Hazret-i Pîr, kanlı yol ile âşıkların vuslat yolu olan irâdî ölümü kastetmektedir. Bu yolun yolcusu lûtf ve cemâlin tecelliyâtı karşısında sekran, mecnun ve hayran olduğu için ney, yâni kâmil insan, onun hâllerini ve aşkının kıssalarını anlatmaktadır. Aşk, insanın bütün kuvâsına dâhil olarak onda mâşuktan başkasını bırakmaz, sürer ve mahveder. İşte buna âşıkın boyun vermesi denir. Nitekim aşk yolunda baş terk etmeyen, aşkın hakîkatinden haberdâr olmaz. Aşk yolunda ne kanlar dökülmüş ve şevk çomağı ile ne başlar top gibi yuvarlanmıştır ki hesâbını mâşuktan başkası bilmez. Şüphesiz ki bu kanlı yol, âşıklara büyük bir nîmettir. Hazret-i İmâm-ı Ali öyle buyuruyorlar:

"Sülûk esnâsında mertebeden mertebeye ve neş'eden neş'eye naklolundumsa da bu ölüm ebedî ve sermedî rahat oldu ve ben bu sâyede beden bağından kurtuldum."

Lâkin tabiat, cehil ve gaflet derecelerinde kalanlar, zulmetlere, kederlere batmış olanlar, kendilerine muhâlif gördüklerinden hakîkî âşıkları inkâr ederler. *"Orada ihtilâfta olanlar burada da ihtilâftadırlar"* hadîsinin fehvâsınca birbirine zıt olduklarından avam, onları dâimâ taşlar. Ne derlerse desinler, mihnet ile olan muhabbet belâsı vahdet haremi sarayına muvâsalattır.

*

Hazret-i Mevlânâ **"Nay onun yârıdır ki yârından münkatî ola, onun perdeleri bizim perdelerimizi yırttı"** buyuruyor.

Kâmil insan o kimsenin yâridir ki, ayağına dolanan her türlü iptilâ ipini çözmüş, aşk-ı hakîkîden gayrıya gönlünde yer bırakmamış, zulmânî ve nûrânî hicapları mârifet kılıcı ile doğramış, sînesini muhabbet ile dağlamış, yanmış yakılmış ola...

Nâyın perdeleri merd-i kâmilin makamlarıdır. Bizim perdelerimiz de Hakk'a tâlip olanların kendileri ile Hâlık arasındaki zulmânî ve nûrânî hicaplardır. İşte bu hicaplar gönül sâhibinin nazarı ile erirse, ham insan feyz-i ilâhî ile yumuşar da ârif olur ve mâşûkunun makāmını seyre dalar, hayran olur. Hayret makāmı, aşk ve irfan makamıdır. Resûl-i Zîşan Efendimiz *"Rabbim! Bende sana âit olan hayreti çoğalt"* buyurdular. Muhyiddîn-i Arabî Hazretleri *"Rabbim! Beni zâtınla muhabbet yolunda mütehayyirlerden, sıfatların karşısında heyecanla hayret duyanlardan eyle"* buyurmuştur. Cenâb-ı Mevlânâ *"Gıdâsı acz ve hayret olan kimseye ne mutlu"* buyurmuştur. İbni Fâriz *"Allâh'ım! Senin aşkın karşısında duyduğum hayreti kendime bir mezhep yaptım"* demiştir. Eski Yunan hükemâsından Eflâtun *"En asil ruhların elde etmek için çalıştıkları en yüksek gâye, güzelliği hayretle temâşâya vâsıl olabilemektir"* demiştir.

Velhâsıl, hayret beşeriyetin doğuşu ile insanın kalbinde hissettiği muhabbetin kemâl bulması demektir. Muhabbet, asıl ve hakîkate karşı duyulan öyle bir teşneliktir ki, kalbi iştiyakla sarar ve sîneyi içten içe yakar.

İki hadîs-i şerîf vardır ve mânâsını bilmeyen için ikisi de birbirine zıtmış gibi görünür. Hâşâ, Resûl-i Ekrem Efendimiz'in sözlerindeki mânâyı öğrenmeden, anlayıp dinlemeden, o söz hakkında hüküm vermek en büyük gaflettir. Hadislerden birincisi *"Allâh'ı bilenin dili uzar", ikincisi ise "Allâh'ı bilenin dili kısalır."* Birinci hadîsin ihtivâ ettiği mânâ, hakîkî âlimin, hakîkat yolunun göstericisi olan zâtın, gaflet erbâbını irşat husûsunda kelâm sâhibi olduğuna işârettir.

İkinci hadîsin ihtivâ ettiği mânâ ise, Allâh'ı tanıyan kimsenin hayretten hayrete düştüğüne işârettir. O kimse vukuâta rızâ göstermek san'atını kazanmış ve *"El hayrü fîmâ vakaa fihi: Hayır olandadır"* fermânını hazmetmiş insandır ve hikmet-i Hudâ'ya hayrandır; Allâh'ın nâmütenâhî güzelliklerini ve saltanat-ı ilâhiyyeyi hayretle temâşâ eder. İşte bu kimsenin dili kısadır yâni sükût etmeyi bilir; kalben îtirazda ve dili ile de şikâyette bulunmaz.

İşte böyle olanların yâri olan kâmiller kendi makamlarını onlara hayretle temâşâ ettirirler ve onların hicaplarını yırttıkları cihetle kendi bildiklerini ve gördüklerini yârandan aslā gizlemezler.

*

Hazret-i Mevlânâ **"Ney gibi zehir ve tiryâkı kim gördü? Ney gibi müştak ve demsâzı kim gördü?"** buyuruyor.

Hazret-i Pîr, aşk ateşinin ney'e yâni kâmil insana düştüğünü, aşkın çûşişinin ise rûha düştüğünü ayrı bir beyitle açıkladıktan sonra âşıklarda cezbe hâlinin bâzen bir hicapla örtüldüğünü söylüyor. Bu hicap kesret âleminin bâzı ârızaları ile husûle gelir; çünkü âşık bütün varlığını henüz yok etmemiştir. İşte bu vecd hâlinin gizlenmesi ile âşık kendisini hasta hisseder ve tabîb-i hakîkînin peşi sıra gider; ondan feyiz alıp, muhabbet ilâcıyle hastalığını bertaraf edince, rûhunda cûş eden aşk ile sermest olur. İşte neyin tiryak oluşu ve kâmilin himmetiyle Hak tâlibinin şifâyâb olması bu sebepledir.

Yalnız kâmiller, âşıkların kaldıramayacakları muhabbet derecesini çok iyi bilirler ve bu noktaya bilhassa dikkat ederler. Çünkü aşkını idâre edemeyip dîvâne olan kimseden hiç kimde feyz alamaz, faydalanamaz. Onun için nasıl bir doktor hastasını tedâvî ederken verdiği ilâcın dozunu tâyin etmeğe mecbursa, ruh doktoru olan insân-ı kâmil de mânâ aşısını ancak hastanın mizâcına ve istîdâdına uygun olarak zerk eder.

Lâkin tedâvîsi mümkün olmayanlar, yâni *"Şakî şakîdir anasının karnında"* hadîsine tâbî olanlar için merd-i kâmilin aşısı zehir gibidir. Çünkü hastalığın mâhiyetini açığa vurmuş ve hastayı kendi ihtirâsı, nefsi muktezâsı zehirlemiştir. İşte neyin bâzen de zehir oluşu bu sebepledir.

Ney aynı zamanda müştak ve demsâzdır. Şurasını kat'iyyetle belirtmek lâzımdır ki Allah aşkı sonradan kazanılmaz. O ezelî yanıklık, Allah vergisidir, Rahmân'ın cezbesidir.

Ahmed er-Rifâî Hazretleri buyuruyorlar ki *"Ey bizden uzak olan bîçâre! Eğer sende aradığımız istîdâdı bulup da biz istemiş olsaydık sen istemesen de cezb ve cem edip seni sevgilimiz ederdik."* Binâenaleyh kulun Rabbine muhabbeti küllün cüz'e olan muhabbetinden dolayıdır. İşte Hak tâlibinin iştiyâkı da merd-i kâmilin ona müştâk olmasındandır.

Şem'i gör ki yanmadan yandırmadı pervâneyi

denildiği gibi kâmil insan önce kendi yanıktır ve baştan ayağa muhabbet kesilmiş olduğu hâlde aşka doymaz, yine ister. Onun için âşıktaki hakîkî sevgiye müştaktır ve yaşadığı her demin sözü de, sesi de kendisi olmuştur.

*

Hazret-i Mevlânâ **"Her kim ki vahdet denizinin balığı değildir, bu zikr olunan esrârın suyundan dışarı atıldı. Her kim ki bînasiptir, onun kuru nasîbi uzak kaldı"** buyuruyor.

Hazret-i Pîr, sülûk ehlinin üç nevi olduğuna işâret ediyor: Birinci kısım, yüzlerce deryâyı içseler ve binlerce makāmın mertebelerini geçseler kanmayan Allah sevgilileridir ki, iştiyak ve talebi bir an elden bırakmazlar. İkinci kısım vuslat sarhoşları olup yarım yudumla mest olurlar. Üçüncü kısım ise bu kısmetten hissesiz kalanlardır. Aç olanın günü nasıl gam ve kederle bu zümrenin ömrü de öylece geçmeğe mahkûmdur. Bunların önüne Hızır da çıksa yol bulamazlar. Nitekim koca Fuzûlî şöyle der.

Olmayan âb-ı ezelînden sîrâb
Âb-ı Hızr'ı yine Hızr olsa da rehber bulamaz

Bu tâife ezel mührü ile mühürlenmişlerdir. Yâni bunların kalp gözleri kördür. Bunun için Hazret-i Pîr *"Pişmişin hâlini, yâni kâmillerin ahvâlini ham olan hiç anlamaz, binâenaleyh sözü kısa kes vesselâm"* buyuruyorlar ki bu söz aynı zamanda Resûl-i Ekrem Efendimiz'in *"Kellimu'n nâse alâ kaderi ukulihim: Nâsa kendi akıllarının mertebesinden söyle"* fermânına inkıyat eylemeyi îcap ettirir.

Ezelî nasîbe müyesser olan istîdatlar da derece derece olduğundan, ileri derecedekilere nazaran geridekiler ham sayılırlar. Fakat bunlar riyâzat ateşi ile mücâhedat potasında eriyip aşk cezbesiyle pişmek mertebesine gelebilirler. Yalnız bu mevkîe erişmeden önce onlara vahdeti kesrette ve kesreti vahdette gören Hak merdinden ulu orta bahsedilmez: Çünkü deryâ bardağa sığmaz. Ve bu, zayıf istîdatlı kimselerin aleyhine olur. Zîrâ duyduklarını hazmedemeyerek küfre sapabilirler.

İşte merd-i kâmil bir yüksük, bir kâse, bir kova ve bir havuz ve daha geniş kābiliyetlerin istiâbını ölçerek konuşur ve yüce himmeti sâyesinde insanı hayvanlık sıfatlarından kurtarıp huzûr-ı kalbe ulaştırarak firak ile inleyen rûhu aslına kavuşturur.

*

Hazret-i Mevlânâ **"Her kim ki aslından uzak kaldı, kendi vaslının zamânını tekrar arar"** buyuruyor.

İnsanın hakîkati bütün karşılıklı ve zıt isimleri câmîdir. Fakat ayrı olarak her bir insan âyan mertebesinde bir ismin mazharı, bâzısı da birkaç ismin mazharıdır. O isim, o insanda hâkim olup onun mebdei ve nihâyetidir. İnsan mertebesinden âyan nâyistânına seyr iki şekilde olur. Biri mecbûrî, diğeri ihtiyârî ölümle. Bir kimse bu dünyâda nefsinin arzûsuna uyarak yaşarsa emr-i Hak ile ölüp, o sûretle aslî âlemine geçince, bu âlemde bilmediğini orada da bilmez; hakāyıktan behredar olmaz, hayır ve şerden ne kazanmışsa onunla kalır. İhtiyârî seyirde vaziyet başkadır.

Bir kimse kâmil insan vâsıtasıyla nefsini tasfiye yoluna girerse, ahadiyet tecellîsi nûru ile bâtını münevver olup kendi asıl ve hakîkatini burada arayıcı olur ve aradığını bularak bu âlemde Hak ile âşinâlık kurar.

Cenâb-ı Hak *"Allâh'a firar ediniz"*[8] buyurmuştur. Yâni vücûdu olmayan halktan, vücûdu dâim ve bâkî olan Hakk'a firar eyleyin demektir. Avâmın firârı eşyâdan Hudâ'yadır. Havassın firârı sıfatlardan sıfatlara. Fakat büyük ruhların firârı Hudâ'dan yine Hudâ'yadır. Avam, cehilden ilme, havas ise haberlerden müşâhede ve muâyene cânibine; nefsânî hazlardan, cismânî garazlardan necat bulmak semtine giderler. Büyük ruhlar mâsivâdan Hakk'a giderler. Lâkin bunlarda varlık olmadığından Hakk'a firar eylemek şuhûdundan da firar ederler: Bunlar ikiliği izâle etmişlerdir. Netîce itibâriyle, Hakk'a gitmek, o yolda mücâhede etmek, ilim ve irfanla mümkün olur.

8 Zâriyat Sûresi/50. âyet

Hazret-i Resûl buyurmuşlardır ki, *"Cennet içinde yüz derece vardır ve Allah bunları kendi yolunda mücâhede edenler için hazırlamıştır. Her derecenin arası arz ve semâ arası kadardır."* İşte fîsebîlillah mücâhit olan kimse bu derecelerin hepsine vâsıl olur ve bir hâlden diğerine geçer. Kimi de bu derecelerden birinde kalır ve ondan lezzet duyar. Bu mertebelerin öncesi tövbe ve sonu da tevhîd-i zattır. Binâenaleyh cümle mâsiyetlerden tövbe edip her demde ahvâlini hesâba çekmelidir ki terakkî mümkün olsun.

Eğer bir kimse aslından uzak kaldığı için iştiyakla yanar ve muhabbet-i kalb ile merd-i Hudâ'ya sıkı yapışırsa onun mücâhedesi ve Hakk'a firârı, aşk yolunda pek çabuk olur ve nice dereceleri aşar, aslına ulaşır.

*

Hazret-i Mevlânâ **"Nefsin şerefi cömertliktedir, kerâmeti de Allâh'a secde etmektedir, her kimde ki bu ikisi yoksa onun mevcut olmaması mevcûdiyetinden daha iyidir"** diyor.

Cömertlikten murâd, nefsinden vermek; sücuddan murâd, yok olmaktır, yâni sahte benlikten silinmektir.

Hakîkî cömertlik, nefsânî arzûlardan emel ve iştihâlardan Hakk'ın ayâli olan halk uğruna fedâ etmek, kibir, haset, tamah, şehvet, hırs, kin ve riyâ vermek, bunların karşılığı olarak sevgi kazanmaktır. Hepsine bedel olan sevgi, ne nihâyetsiz bir feyz kaynağıdır, ne sonsuz bir şevk ummânıdır!

Ahmed er-Rifâî Hazretleri *"Her zerrede bir nur ve her katrede bir zuhur vardır"* buyuruyorlar. Sevgi kazanmış insan, işte o her zerreden şemse uzanan gizli yolu bilir ve bir habbeciğin dahî mânâ-yı hakîkîsi olduğunu, yâni onun sâhibiyle bir ilişiği bulunduğunu görür. Esâsen muhabbet görücü, bilici ve ibret gözeticidir. Muhabbet, kanadında irfâniyet saklayan esrar kuşudur ve Hakk'ın habercisidir. İnsan, yüreğinde yaradanın sevgisini bulmuşsa o aşk dolayısıyle sâhibin sırrını gizleyen bir hazîne olmuş demektir.

Şunu bilmelidir ki, can vermek kolaydır; lâkin kötü ahlâk ve fiilerden bir tânesini vermek daha zordur.

Aşk-ı hakîkînin himmetinden başkası nefsi kurban edemez, sahte varlık ve benliği ondan başkası öldüremez.

İşte Mevlânâ Hazretleri'nin secde ile kastettikleri yok olmak keyfiyeti ve yaradana karşı aczini, hiçliğini idrâk kābiliyeti, Resûl-i Zîşan Efendimiz'in *"Mûtû kable ente mûtû: Ölmeden evvel ölünüz"* fermanları ile îzah olunur.

*

Hazret-i Mevlânâ **"Bize şah cânibine varmaya, o büyüklere erişmeye yol yoktur, çünkü haddimiz değildir deme! Allâh'ın kerîm olan sevgilileri ile işler güç olmaz, onların eteğine yapışan mahrum kalmaz"** diyor.

Diğer taraftan Resûlullah Efendimiz ümmetine hitâben *"Utlubü'l-ilm velev bi's-sîn: İlme, Çin'de bile olsa tâlip ol"* demiştir.

Tekmil ilimlerin gāyesi olan insanlık ilmini istemeli, arayıp bulmalı ve tahsil etmelidir.

Her ilim şûbesinin öğreticisi, mütehassısı, hocası, tâlim ettirmek ve göstermek vazîfesini üzerine almış muallimi vardır. Tâlip, o ilim erbâbının önünde, cehlini îlân eder ki feyzyâb olsun, boş gelir ki dolsun.

İşte insanlık mertebesine yükselten hakîkî ilmin de hakîkî üstâdı önünde boyun kesmeli, teslîmiyetle ve sadâkatle onun eteğine yapışmalı. Sûretâ insan, sîretâ hayvan olmaktan kurtar beni, diyerek kemâl-i edeple emrine muntazır olmalıdır. Ve aslā ye'se kapılmamalıdır. Zîrâ Allâh'ın dostları ile işler güç olmaz.

Cenâb-ı Hak *"Benim sâlih kullarımın hizmetlerinde bulunup onların kalplerini ele getir ki benim cemâlimin cennetine giresin"*[9] buyuruyor. Cennet, Hakk'ın bahçesidir, ârif de onun bahçıvanı... Bahçıvan ile âşinâlık etmelidir ki bahçeye dâhil olunsun...

Her şeyin bir aynası olduğu gibi canın aynası da yârin cemâlidir. O cemâlin kalbini kir ve pasından temizleyip tozunu silerek, yâni onu her türlü gıll ü gıştan âzat ederek, pürüzsüz temiz çıkarabilirsen o kalp bizzat kendi bir ayna olur ve sâhibin nâmütenâhî güzelliklerinden tecellî tutar. Hâsılı pervâne gibi olmalıdır; şem'in yâni ârifin etrafında dönmeli, varlığı onun şûlesinde yakarak yokluk içinde Hakk'ın ışığı ile parlamalıdır.

*

9 Fecr Sûresi/29-30. âyetler: "Kullarım arasına katıl ve cennetime gir" âyetlerinin tasavvufî yorumu.

Hazret-i Mevlânâ **"Bu cihan dağ gibidir, bizim fiilimiz de nidâ gibidir; yine nidâlarımızın aksi bizim tarafa gelir"** buyuruyor.

Hazret-i Pîr'in, İslâm dîninde en ince noktalara kadar belirtmediği bir cihet kalmamış ki!.. Koca sultan, İslâmiyetin rûhunu aksettiren, Hak yolunun yolcularına, aşk ve edeple yürümeleri için ışık tutuyor, nur saçıyor.

Evet; şu fânî âlem bir dağa benzer, işlediğimiz amellerle o dağa doğru seslenmiş oluruz. Aks-i sedâ, haykıran kimseyi bulacağı gibi fiilimizin de aksi bize gelecektir. Kibir, haset, şehvet, hırs, gazap ve buna benzer birçok nefsânî tezâhürat hakîkat-ı hâlde başkasını değil de bizzat bizi hırpalayacak, rûhumuzu bodur bırakacaktır; herhangi bir mânevî ilerlemeye yol vermeyecek, şüphelerle îmânımızı sarsacaktır.

Bâyezîd-i Bistâmi Hazretleri *"Sûrete îtibar yok, nazar sîretedir"* buyururlar. Şüphesiz ki insanın kıymeti iç kıymetlerle ölçülür; ahlâkı ile vicdânı ile ölçülür.

Cenâb-ı Hak evvelâ niyete kıymet vermektedir. Niyet hâlis olursa ona bağlı amelden fayda görülür. Eğer nefsânî hazlarla, dünyâ şanı ve şöhreti yolunda ilerlemekle iktifâ ediyorsak şu hâlde o şanları kaybettiğimiz zaman kızmayalım; eli boş olduğumuzu îtiraf edelim, kendi tuzağımıza kendimizi düşürmekten dolayı artık şikâyete hakkımız yok.

Epiktet'in güzel bir sözü vardır: *"Sen bir çömlek seviyorsan çömlek seviyorum de; kırıldığı zaman acımazsın"* der. İşte fânî olan herhangi bir şeyin peşinde isek hâlimizi bilelim, çünkü zararın neresinden dönülürse kârdır.

Mevlânâ Hazretleri, Hak tâlibine hitap ederek buyuruyorlar ki:

"Ey güzel kimse! Bir başka kimsenin vücûdunun aynasında kendi kötü huylarını ve kabahatlerini gördüğün vakitte o kötülük ve kabahati ona isnâd etme! 'Mü'min mü'minin aynasıdır' sözü mûcibince böyle yaparsan mânâda kendi nakşına vurmuş olursun." İşte incelik burada! Kendimizi kötülükten esirgediğimiz gibi karşımızdaki bir mü'minin ayıbını da ona isnâd etmekten korunacağız; zîrâ hakîkatte o ayıp veyâ noksan bize âittir, yâni bizim içimizdeki herhangi bir ayıbın aksidir.

*

Hazret-i Mevlânâ **"Aslı şakî olan kimseden ben fenâlıktan ve şekāvetten başka bir şey görmedim, eğer sen gördünse var benden selâm et"** buyuruyor;

Çünkü o insan, ezelde şekāvet damgası ile mühürlenmiştir. Ezelde ruhlar dörde taksim olunmuşlardır: Bir kısım ruhlar Cenâb-ı Hakk'ın *"Âdem'e secde et"*[10] emrini duyar duymaz secde ettiler ve sonra Allâh'ın nûrunu, o tecellî-i Rabbânî'yi, Âdem'de görerek secdelerini tekrarladılar. Namazda iki defâ secde etmenin mânâsı budur. Bu ruhlar saîd damgası ile mühürlendiler. İkinci kısım, emri dinlemediler; lâkin Sübhân'ın nûrunu Âdem'de müşâhede edince hayran kaldılar ve secdeye vardılar. Bunlar, önceden inkâr edip sonra muhabbet ve hayranlıkla mü'min olanların ruhlarıdır. Üçüncü kısım, emre itaat edip nûru görmediler. Bunlar baştan doğru yolda yürüyüp, sonradan yoldan çıkanların ruhlarıdır. Dördüncü kısım, ne emre itaat ettiler ne de o tecellîye meylettiler. İşte bunlar, yalnız benlik dâvâsında bulunup, şeytanın sıfatlarını hâiz olarak ve Allâh'ın huzûrundan şakî damgası ile koğularak her iki secdeden de mahrum kalanların ruhlarıdır.

10 Bakara Sûresi/34. âyet

Şimdi sırası gelmişken secdenin öz mânâsına temas edelim: Secdeden murâd, insanın kendi yokluğunu idrâk etmesidir. Şâh-ı Hakîkî'nin tecellîsine mazhar olan üstâd-ı kâmili bulması, birinci secdeye işâret, onda kendini fânî kılması ikinci secdeye işârettir.

Secdeden murâd,
insanın kendi yokluğunu
idrâk etmesidir.

Yokluk, ancak aşkın benliği ateşe atması ile hâsıl olacağından, hakîkî insanı bulsa da muhabbeti başından aşırmayan, üstâd-ı kâmile yâr olmayan kimse Hakk'a makbul olamaz. Cemâlullahtan uzak düşer, firak nârı ile kavrulur.

İşte ezelden şakî diye damgalanmış ve ilelebet firakta kalacak olan rûhun kötülük ve fenâlıkla ünsiyeti, küfürle cinsiyeti vardır; kendinden hâsıl olan hep şerdir ve terakkîsi bu yoldadır.

*

Hazret-i Mevlânâ **"Her ne kadar kalp altın, karanlık gecede hâlis altın ile eşitlik iddiâ ederse de hâlis ona der ki: Sabret, tâ ki gündüzün nûru zuhûr etsin; o zaman senin tezvirlerin âşikâr olur"** diyor.

Şimdi bu sözlerin özünü, ihtivâ ettiği esas mânâyı düşünelim. Hazret-i Pîr Ahmed er-Rifâî buyuruyorlar ki: *"Ey bizden uzak olan bîçâre! Öğrendiğin ilim ile iktifâ edip bize ihtiyâcın kalmadı mı zannediyorsun? Amelsiz bu ilimden ne hâsıl olur? Hulûssuz olan amelden ne fâide görülür? Hâlbuki ihlâs bile muhâtara yolunun kenarındadır. Seni riyâkârlık zehrinden kurtararak emniyetli selâmet yolunu gösterecek olan kimdir?"*

İşte hâlis altın... Evham ve hayâlat peşinde koşup gurur içinde kalarak semeresi kibir olan ilimleri öğrenip benlik iddiâsı ile etrafı zehirleyen zavallıya gelince: İşte kalp altın... Karanlık gece ise dünyâdır. Şu hâlde gündüzün nûru zuhûr edince, yâni perdeler kalkıp da hakîkat âşikâr olunca, bu dünyâdan azlolunup da aslî vatana sefer edince, her şeyin mâhiyeti açıklandığı ve hüviyeti meydana çıktığı o âlemde, kalp altın kendi riyâkârlığı ile yüz yüze gelecek ve fakat artık iş işten geçmiş olacaktır. Ömrü boyunca "benim" demiş. Hakîkî insanı görse de "Sen de benim gibisin" diyerek onun kıymetini anlamak, bilmek istememiştir.

"Kul innemâ ene beşerün mislikûm yûhâ ileyye"[11] Cenâb-ı Hak, senin için bu da bizim gibi bir adamdır diyenlere *"Habîbim de ki: Evet; ben de sizin gibi beşerim, lâkin bana vahy olur. Farkımız budur"*, buyuruyor.

Ey Hak tâlibi! Öğrenelim ki, kurb ve sırrın merkezi gönüldür. Allah, esrârını ilkā etmek için oraya nazar ediyor. Nazargâh-ı ilâhî olan yalnız ve yalnız gönül olduğuna göre, onu pâk eyleyen, her türlü beşerî kirden temizleyen Hak'tan tecellî tutar. Çünkü ayna gibi o gönül aksettiricidir. Vakit geçirmeye değil de vakit kazanmaya geldiğimiz şu imtihan âleminde hâlis altını arayalım da has olmanın sırrını ondan duyalım.

*

11 Kehf Sûresi/110. âyet

Hazret-i Mevlânâ **"Allah merdi ile bir dem sohbet bin yıl ibâdetten efdâldir"** buyuruyor.

Muhakkaktır ki Allâh'ı bilerek işlenen az amel, bilmeyerek yapılan çok amelden efdâldir. Çünkü ilim, amelin rûhudur. Mânâsız, ruhsuz ibâdetin, zikrin ve Allah yolunda çalışıp çabalamaların zerre kadar kıymeti yoktur.

Zîrâ ism-i Celâl ile doldurulan bir plâk da gramofonu kurunca sabahtan akşama kadar zikreder. Ömrü boyunca mânâsını araştırmadan ibâdet eden, işlediği amel kuru bir taklitten ibâret kalan kimsenin bir plâktan farkı yoktur ve bunun adı gerileme olur. Bilmelidir ki, dünyâ sahnesi terakkî için kurulmuş ve iki türlü terakkîyi de içine almıştır: "Progrés acendant" ve "progrés descendant" (müsbet ilerleme ve menfî ilerleme). Durmak, gerilemek demektir. Resûl-i Ekrem Efendimiz *"İki gününü bir eden kimseye yazık"* buyuruyorlar. İleri gidiş, ilim ve mârifet sütünü merd-i kâmilin sadrından içebilmek lûtfu sâyesinde, ıslâh-ı nefs edip şükredici, râzı ve mütevekkil olmak demektir. Allâh'a tevekkül, ondan başka fâil görmemekle olur. Kendi yokluğunu tefekkür keyfiyeti ise varlıkla ibâdet edildiğinde aslā hâsıl olmaz. Bu irfâniyet, hakîkî âlimin füyûzât-ı ilâhî olan gönlünden Hudâ esrârını keşf etmekle doğar.

Ebû Bekir Sıddık Hazretleri *"Kendisine visâl için aczden başka bir şey yaratmamış olan Allâh'a şükürler olsun"* buyuruyor. Bu mânânın inceliği ve güzelliği karşısında hayran kalmamak, ehline kābil değildir.

Hulâsa, insan insan olmadıkça veyâ hakîkat yolunda nefsine harp açmadıkça Hak ile aradaki hicapları mahbûbun aşkı ile yakmadıkça, helâk sefînesinde çalkanmaya mahkûmdur ki artık ona ibâdetinin hiçbir faydası olmaz. Çünkü hakîkatte secde edememiş demektir.

*

Hazret-i Mevlânâ **"Ey âkil, zinhar sûrete tapma! Sûret cemat gibidir, câmit olanın ise cinsiyetten haberi yoktur"** buyuruyor.

Şüphesiz ki cinsiyetten haberdâr olmak için canlı olmak lâzımdır. Her canlı bir diğerine cezb olunur. Çünkü her ikisi arasında cinsiyet mevcuttur.

Fakat cemâdatta ruh eser hâlinde olduğundan onun cinsiyetten haberi yoktur. Bâzan iki insan arasında ilk görüştükleri anda büyük bir sevgi vücut bulur; çünkü aralarında cinsiyet vardır. Cinsiyet için ruhların bitişikliği, kalplerin benzerliği, akılların uygunluğu şarttır.

Şu noktaya bilhassa dikkat etmeliyiz ki, her olmuş ve olacak, mânâda hazırlanmış, evvelce plânlanmıştır. Şu bir noktası dahî aslā şaşmayan hâdiseler akl-ı küllün irâdesiyle bu âlemde bir bir zâhir olur. Bilmelidir ki, hiçbir şey sonradan kazanılmaz; aldıklarımız evvelce bize verilmiş olanlardır. Eğer musîbet alıyorsak, yâni bir belâ ile karşı karşıya isek önce buna müstahak olduğumuzu bilmek, sonra da bu bize hoş görünmeyen Allah hediyesinin mutlak bizi yükseltici bir hayırla vasıflanmış olduğuna îman etmek gerekir. O musîbet, bizim kötü ahlâklarımızdan biri ile aynı cinstedir. Onun için bize gelmiş, biz de kendi ahlâkımız yüzünden ona tâlip ve müstahak olmuşuzdur. (Büyük ruhlar için vaziyet başkadır.) O belâ, bizde mevcut bulunan kötü tarafı gözlerimizin önüne sermesi, bunu âşikâr etmesi hasebiyle bir hayır işlemiş olur. Biz ârifsek o fenâ huyumuzu terk husûsunda çalışır ve Allâh'ın inâyetiyle onu def ederiz. Ve işte bu sâyede terakkî etmiş oluruz.

Meşhur hekim Calinus bir gün bir delinin kendisine güldüğünü görünce hemen yanındaki tabip arkadaşlarına dönmüş ve *"Beni tedâvî ediniz, bu deli bende kendinden bir şey gördü ki iltifat ediyor"* demiştir.

Sûret için cinsiyet mevzû-i bahis olamaz. Çünkü sûrette ne ruh, ne kalp ve ne de akıl düşünülmez. Ruh varsa da, yukarıda işâret etmiş olduğum gibi, eser hâlindedir. Sûrete tapmak, meselâ duvara sarılmak gibidir. O duvar ki güneşin ışıkları ile renklenmiş, akislerle işlenmiş, güzelleşmiştir. Orada türlü renklerden oymalar vardır. Onu temâşâ ederken zevk ve hayranlık duyulur. Lâkin bütün bu güzellik güneşe âittir; o, oradan pırıl pırıl yanan ışığını çekince buz gibi donuk duvarla karşı karşıya kalırız. İtibar ettiğimiz cansız kireç parçasıdır veyâ taştır. Şu hâlde sevilen ruhtur, cisim değil!..

Hazret-i Pîr, âkile hitap ederek bu husûsu ehemmiyetle zikrediyor. Dileriz ki, şu fânî âlemden çağırıldığımız vakit ve "ne getirdin?" diye sorulduğu zaman dağarcığımızdaki sermâye, taş ve çakıl yığını olmasın. Merd-i Hudâ'nın himmeti erişsin de hakîkî mücevher olan güzel ahlâka hâmil olalım, her itibar ettiğimiz şeyin esasta cevherini, mâdenini severek, esere değil de müessire taparak ulvî âleme yollanalım.

*

Hazret-i Mevlânâ **"Benim nazarımda senin sözlerin Allâh'ın sözleridir; çünkü iyi bilirim ki âşık mâşuktan ayrı değildir"** buyuruyor.

Hazret-i Pîr, kendini âşık sanan kimseye hitap ederek diyor ki *"Ey aşk dâvâ eden insan, âşıkların hayâtı dostun yolunda ölmektir. Bil ki o hazrete gönül vermedikçe gönül sâhibi olamazsın. Eğer sen, kendi şeker gibi leziz olan murâdını ihtiyar ediyorsan âşık değilsin! Zîrâ âşıkın şânı, kendi murâdını dostun murâdından dolayı fânî etmek ve dostun murâdı ne ise onu kendine murâd etmektir."*

Koca sultan, kimin âşık olabileceğini bize sarâhatle bildiriyor; neyzenin elindeki ney gibi âşık, bağrı yanmış, içi mâsivâdan boşalmış, nefsinin garazını ve riyâsını atmış, varlıktan soyunmuş, mâşûkun eline bir kamış gibi gelerek onu dileğini, neş'esini, zevkini terennüm edip ancak muhabbetin birlediği o murâdı tâliplere sunmuş ve sunacak olan er kişidir. Evet âşık, Hak meydanının böyle bir eridir ve hadîs-i kudsîde buyurulan mevkîe erişmiştir. Cenâb-ı Hak, *"Kulum bana yaklaşır, ben onu sevinceye kadar; onu sevdim mi sem'i ben olurum, benimle işitir; basarı ben olurum benimle görür; lisânı ben olurum, benimle konuşur; eli ben olurum, benimle tutar; ayağı ben olurum, benimle yürür"*[12] buyuruyor.

Görülüyor ki bir kul, Rabbine, muhabbet yolundan yaklaşırsa Hak Teâlâ ondan zuhûr eden her hâlin bizzat kendi irâdesi ve ondan yükselen sedânın bizzat kendi emr-i ilâhîsi olduğunu apaçık îlân ediyor. Şu hâlde hakîkî âşık mâşuktan ayrı değildir; yâni üstâd-ı kâmil, âlemlerin Rabbi olan Allâh'tan aslā ayrı değildir. Bu hakîkate müsteniden ehlûllahtan bâzıları bâzı sözler söylemişler, fakat câhiller anlamadıkları için onlara –hâşâ- kâfirdir diye hüküm vermişler ve eziyet etmişlerdir. Mansûr'a olduğu gibi... Nitekim Cüneyd Hazretleri de *"Otuz yıldır Cenâb-ı Hak, Cüneyd'in lisânı ile Cüneyd'e söz söyler, ortada Cüneyd yok ve halk da bunu bilmez"* demiştir.

Hulâsa, Allâh'a yaklaşmak isteyen, yüzümü bâtıldan Hakk'a çevirsem diyen, zamânın âliminden gāfil olmasın ve bilsin ki üstâd-ı kâmil, kavmi içinde bir peygamber gibidir.

12 Hadîs-i kudsî

MEVLÂNÂ DİYOR Kİ

Hazret-i Mevlânâ diyor ki: " **'Men arefe nefsehu fekat arefe Rabbehu' hadîs-i şerîfi, nefsini bilen kimsenin Allâh'ını bileceğine işâret ediyor."**

Nefsini bilmek ne demektir?

Kâinatta her bir zerre ilâhî nur hüviyetini taşıyor. İstisnâsız her şey bir nokta gibi olan ilâhî vücut nutfesinden hayatdâr olmuş, can bulmuş, ana karnındaki cenin gibi tek hücrenin sırrını açığa vuruyor. O hücre ki çekirdek, protoplâzma ve dış zarın ihtivâ ettiği bünyesi canlı ve yapıcı hassaya mâlik. Kâinat manzûmesi de bütün ihtişam ve kesretine rağmen esâsı hiç de komplike olmayan bir ve basit, fakat mutlak olan mânâya dayanıyor. Bu mânâ, tıpkı bir çiçeğin ismi, yaprağı ve kokusunu teşkil eden kendini tanıtma meziyeti gibi, esmâ, sıfat ve zat tecellîsi ile *"Ben gizli bir hazîne idim. İstedim ki bilineyim"*[13] sırrını arzediyor.

Bütün vücutlar, esâsında bir vücûdun isimlerinden, sıfatlarından birini veyâ birkaçını kalıplarının içinde gösterici olmakla kendilerinde hem yokluk hem varlık mefhumunun ikisini birden cem etmiş oluyorlar. Şöyle ki: Yokturlar, beşeriyetleri cihetiyle; vardırlar, ilâhî hüviyetleriyle. Yâni nûrun

13 Hadîs-i kudsî

bir vücûda taalluku sebebiyle o vücut hayat bulmuş oluyor. Binâenaleyh o vücut bu nûrun iktizâsı olarak vardır. Fakat o vücut, tıpkı güneşin şuâını bir satıhtan çekmesi gibi, nûrundan mahrum olunca yokluk âlemine intikāl ediyor. Mamâfih bu yokluk âlemi maddenin şekil değiştirmesi plânındadır. Zîrâ ilmin çoktan âşikâr ettiği gibi, bir nesnenin büsbütün yok olması, hiç olması mümkün olamaz. Fakat biz o vücûdu öylece yerinde bulamıyoruz.

Şuna işâret etmek gerekir ki, maddeyi ayrı, rûhu ayrı mütâlâa etmek dâimâ yanlış yolda gitmek demektir. Çünkü madde ruhtan dolayı âşikâr, ruh ise madde yüzünden zâhir olmuştur. Ruhsuz madde olamayacağı gibi maddesiz de ruh bilinmez, görünmez, tanınmaz. Madde, bu kesret âleminde vahdetin başı sonu olmayan vechesine karşı tutulmuş bir ayna mesâbesindedir. Hüsn-i mutlak, güzelliğin temâşâsını bu parlak aynadan, kâinat manzûmesinden ve merâtip silsilesinden, yâni madde dünyâsından, kesret âleminden tâkip ederek nihâyet zâtının had hudud bilmeyen sonsuzluğunda karar kılıyor.

İşte "Âdem" bu karârın ifâdesidir. "Âdem"in zemin ve âsumandan geniş olan gönlü, mutlak vücûdun zâtına karargâh olmuştur. Öyle bir karargâh ki, ilâhî güzelliğin kemâline orada erişilir. *"Benim vücûdum kabından hakîkat denizine yol vardır; benim o deniz ile alışverişim vardır; gerçi ben bir katreyim, fakat bende umman gizlidir. Ben bir zerreyim, fakat bende güneş gizlidir"* diyen büyük Mevlânâ, îzâhına çalıştığımız hakîkati ne güzel ifâde ediyor. Esâsen "hakîkî âdem" budur. Sahte âdem nasıl olur, diyeceksiniz. Fakat takdir edersiniz ki, her insan kalıbı içinde her zaman insan bulunmaz; çoğu zaman insan şeklinde hayvan, nebat, hattâ cemat görmek mümkündür.

Bâzı insan görürüz ki, kin, kibir, haset, şehvet, riyâ ve hepsini kendinde cem eden benlik ile rûhî güzelliği erimiş, buna mukābil hayvânî duygular, istekler ve icrâatla hepsini kendinde cem eden nefsânî hâlleri ön plâna geçmiştir. Bir iptilâ serisinin esîri olmakta o dereceye varmıştır ki, karşılaştığımız kimse ilk nazarda bir panterden tutun da, en azı bir kedi olarak her türlü hayvan manzarasını arz eder. Yâhut akıl ve düşünce iktidârından başka insiyâkî hareketlerden ve histen mahrum, ancak kendisi için hazırlanmış olan bir organizasyona tâbî, nebât âlemine örnek öyle insanlar vardır ki, kokusu güzel, şöhreti parlak çiçeklerden tutun da dikenlere, ısırganlara kadar çeşitli nebatların husûsiyetlerini arz eder. Onlar da hissiz ve düşüncesizdirler. Ancak istinâsız herkes için tertiplenmiş olan iş bölümü irtibâtına onlar emeksiz katılmışlardır.

Yâhut da granit gibi yumuşama hassasından mahrum mâdenden tutun da âdî taşa kadar kendisinde rûhun eser hâlinde bulunduğu cemat veyâ sûret âlemine misâl olacak olan öyle insanlar vardır ki, mankenden farksızdır. Onlar bir başkasının himâyesine muhtaç, bir başkasının yediğine, giydiğine ortak, kendi hayâtiyetinde donuk, hareketsizdirler. Onları sevk ve idâre eden bulunmadıkça kendilerinde hayat eseri görülmez. Ruh hastalarından tutun da bir heykel gibi sûretâ seyredilen taş misâli beşere kadar...

Hulâsa, insan kalıbında insan görmek, insan müşâhede etmek için cemat, nebat, hayvan mertebelerini tekmillemiş, âdemiyet eşiğine ayak basmış kâmil bir varlık önünde durmamız lâzım geliyor. Hâlık'ın onda karar kılması gibi kulun da, birçoğunun "beşer üstü varlık" dedikleri bu kâmil insanda her aradığını bulması kābil olduğundan, bu mükemmel varlığa sığınması îcap ediyor.

Niçin sığınması dedik? Çünkü gerçek sığınak odur. Rahat, ancak onun dostluğundadır. Zîrâ ilâhî halvetgâh odur. Hakk'ın esmâ ve sıfat tecellîsine mazhar olmaktan başka zâtına mahrem olmuş, aradan kendi benliğini kaldırmış, bundan böyle Yaradan'ın mutlak benliği ile kāim ve dâim olan odur.

Koca Mevlânâ *"Ahmed'den Ahad'a kadar bir şey yoktur; aradan 'mim'i kaldır, ahad olur"* diyor. Evet, işte kâmil insan da "Ahad" olmuştur. Zîrâ onun kendine mahsus varlığı kalmamış, öyle ki, "Ahmed"in "mim"ini üzerinden silebilmiştir. Acabâ bu temizleme ameliyesi ne ile mümkün olabilir? Bunu uzun boylu düşünmeye lüzum yoktur. Zîrâ aşk, mecaz plânında dahî yâni küçük çapta iken bile sevdâzedenin kendi hüviyetini değiştirerek sevgilisinin bütünü ile karakterine uymayı temin eden yegâne kudrettir. Zîrâ muhabbet ilâhî sıfattır ve insanı tekmil eden o esastır ki, tekâmülün nihâyeti de ona rücûdur. Tıpkı dâirenin bitiş noktasının yalnız başlangıç noktası olduğu gibi.

Nefsi bilmek kâmil insana mahsustur. O, Hazret-i Mevlânâ'nın *"Aradığın bizzat kendindir"* sözünün hakîkatine varmış, bulacağını kendinde bulmuştur.

Nefsi bilmek kemâle ulaşmak demektir. İki vücûdu, yâni Allah ve kul vücutlarını birlemek ve bu ikisini Allâh'ın mutlak varlığında görmek demektir.

Evet, irfan, vücûdu birlemektir. İlim ve irfânın gâyesi tevhiddir. Böyle olunca da nefsini bilen Hakk'ı tanımış, görmüş oluyor da Hazret-i Ali'nin *"Görmediğim Allâh'a tapmam"* sözünün mânâsı gün gibi âşikâr oluyor.

Hazret-i Mevlânâ diyor ki: **"Kudret, herkese lâyık ve münâsip değildir; hakîr ve âcizlerin ve takvâ sâhibi olanların sermâyesidir. Çünkü âdemoğlunu nefsin belâsından ve gamlarından ancak acz ve fakr kurtarır."**

Cemat, nebat ve hayvan mertebelerinde kalmış kimselere Cenâb-ı Hakk'ın zâtı lâyık ve münâsip değildir.

Neden? Biliyoruz ki, esâsında vücut "bir"dir. Fakat bu vücûdun zâhiri ve bâtını vardır. Bâtını öyle bir münbasit nurdur ki târif ve beyâna gelmez. Kâinatta her ne mevcutsa hepsi bu nurdan ziyâ alır; her şey bu nûrun tecellîsine mazhardır. Lâkin cematta ruh, yâni hayâtiyet, eser hâlindedir. Nebatlar ve hayvanlar âlemi ise "akl-ı kül" den mahrumdur, idrâk mertebesine vâsıl olamaz.

Binâenaleyh "bilinme" keyfiyetininin zuhûru için insan mertebesine erişmek lâzım gelir. İnsan mertebesi akıl ve idrâk mertebesidir ki, ilk sorusu "Ben kimim?" demek olur.

Evet, ben kimim? Bu âlem nedir? Niçin yaşıyorum? Bu hayâtiyet, bu canlılık nereden geliyor? Vazîfem ve bu âlemin içinde mevkîim nedir? Tabiatta hâkim olan âhenk ve nizâmın bana şümûlü ne derecededir?

Bir kimse tarafından sorulan ve birbirini tâkip eden bu sorular o kimsenin sîretinin de sûretine uygun olduğunu gösteren bir delildir. Artık onun mevkîi tâyin ve vazîfesi belli olmuştur. O düşünecektir. Şöyle ki: Her vücûdun mûcidi olan kudret, bilinmek ve sevilmek için yokluk âleminden varlık âlemine geçerek mevcûdâtın tekâmülünü sağlamış oluyor. Mükevvenat, terakkî ve tekâmül için zâhir olmuş demektir. Her şeyde bir inkılâp göze çarpıyor. Meselâ biz vücûdumuzdaki hücreler ile her an yenilenmekteyiz. Sonra, îtibârımıza göre fenâ ve kötü olarak tanıdığımız bir şey, esâsında iyinin mâhiyetini aşikâr kılıyor ve iyilik husûsundaki ilerlemeyi temin ediyor. Böylece "Celâl" sıfatı "Cemâl" sıfatını itmam ediyor. O hâlde bu cihan içinde abes bir şey yoktur. Nitekim Hz. Ahmed er-Rifâî *"Her zerrede bir nur ve her katrede bir zuhur vardır"* der.

En küçük bir mevcûdun dahî bir işi, bir mes'ûliyeti olduğuna göre benim de vazîfem istîdâdım cihetiyle hangi ismin ve sıfatın mağlûbu isem o yönde çalışmaktan ibârettir.

Hiç şüphesiz bütün bunları idrâk eden kimse iyilik, doğruluk ve güzellik için çalışacak, bu sûretle tekâmül edecek ve kendisinin ayrı ve müstakil bir vücûdu olmadığı hakîkatine müşâhedelerle erişecektir. Kudret ve kuvvetin ancak Allah'ta dâim olduğu kanâatine varıp muâmelesi doğrudan doğruya Hak ile olduğu için kibir, haset, şehvet, hırs ve emsâli nefsânî hâlleri kalmayacaktır.

İşte Allâh'ın zât-ı kibriyâsına lâyık olan insan budur. Artık onun gönlü temizlenmiş, ayıplardan arınmıştır. Hakk'ın semâvâta sığmayan mutlak varlığı onun küçük sînesine karar kılmıştır. Bir ayna gibi olan o mücellâ gönülden mâşûkun vechi temâşâ edilir.

Büyük Mevlanâ şöyle diyor: *"Ne mutlu o kimseye ki, gıdâsı acz ve hayrettir ve iki cihanda da Dost'un gölgesinde gölgelenmiştir."*

İşte ona ne mutlu!

*

Hazret-i Mevlânâ diyor ki: **"Ey sûfî! Her zahmet, mihnet, belâ ve âfet ki sana âlem-i âlâdan gelir veyâhut bir kimse yüzünden Hakk'ın irâdesiyle sana yetişir. 'Kul küllün min indi'llah'[14] âyeti mûcibince bu dahî Allah'tandır deyip o mihnet ve âfetten sonra hil'ata muntazır ol! Tâ ki o hazretin tecellî ve tesellîsi geldikte seni evde bulsun. Yoksa o kerîm olan pâdişâhın senin canına gelen tecellî ve tesellîsi, nûrânî, rûhânî her ne nîmet ve hil'at ve her ne türlü zevk ve hâlet getirdi ise tekrar getirdiği makāma götürür ve der ki: Bu mihnet görenin vücûdu hânesinde hiç kimseyi bulamadım, onu başka yere gitmiş ve akıl ve fehmini vesîleler, sebepler tarafına harcamış gördüm."**

Cins cinsini çeker. Bizim kötü ahlâkımız da bir belâyı kendi cihetine çektiği takdirde Cenâb-ı Hak o musîbeti bize yollar. İşte hayır ve şer Allah'tandır. Ancak hayra müstahak olan hayrı, şerre meyleden şerri görür.

Şüphe yok ki bir kimsenin bir belâ vc musîbete dûçâr olması bir hikmet ve sebep tahtındadır. Mânen pek ileri derecede olanlar müstesnâ, bizler için bu belâ ve mihnetler onlara müstahak olduğumuz takdirde karşılaşacağımız keyfiyetlerdir. Çünkü bize zarar, nefsimizden gelir. Cehâletimiz

14 Nisâ Sûresi/78. âyet

ve bilhassa "bir"i "iki" görmemiz sebebiyle vâkî olan kötülüklerimiz nefsimizin iktizâsındandır.

Cins cinsini çeker. Bizim kötü ahlâkımız da bir belâyı kendi cihetine çektiği takdirde Cenâb-ı Hak o musîbeti bize yollar. İşte hayır ve şer Allah'tandır. Ancak hayra müstahak olan hayrı, şerre meyleden şerri görür.

Onun için ilim ve irfanla mücehhez olmak ve her an bir evvelkine nazaran daha ziyâde terrakkî ve tekâmül etmek lâzımdır ki nefsi ıslâh etmek mümkün olsun.

Cenâb-ı Hak, herhangi bir sûrette hak ettiğimiz belâ ve renci bize verdikten sonra *"Rahmetim gazabımı örtmüştür"*[15] ilâhî fermânı mûcibince akabinde bir tecellî ve tesellî ile bize nazar kılıyor, bir lûtuf olarak mânevî nîmet bize erişiyor. Fakat bu gelen mânevî güzellik, geldiği mevkîe dönmek zorundadır. Zîrâ biz başımıza gelen felâketi âletler ve sebeplerden bilerek, farazâ onu bir şahısla mukayyet görerek, hakîkî fâil olan Allâh'ı unutmuşuzdur.

Burada iki mes'ele var:

1- Kendi hatâ ve kusûrunu görememek.
2- Sebepte kalıp müsebbibe erişememek.

Birinci mes'eleyi ele alalım: Büyük Mevlânâ der ki: *"Ey güzel kimse! Bir başka kimsenin vücûdu aynasında kendi kötü huylarını ve kabahatlerini gördüğün vakitte o kötülüğü ve kabahati ona isnâd etme! Eğer böyle yaparsan 'Mü'min mü'minin aynasıdır'*[16] *fehvâsı mûcibince mânâda kendi nakşına vurmuş olursun. Çünkü aynada görünen senin aksindir."*

15 Hadîs-i kudsî ve A'raf Sûresi/156. âyet ("... Kimi dilersem onu azâbıma uğratırım; rahmetim ise her şeyi kuşatır...")

16 Hadîs-i şerîf

Evet, bizler için ötekini ve berikini ayıplamak, birinin hatâsını halk içinde yaymak, onu bir ayıbı ile gerek kendi nazarımızda gerek başkalarının nazarında teşhir etmek pek kolay ve maalesef pek de tercih ettiğimiz bir iştir. İşte o vakit Mevlânâ Hazretleri bizde mevcut haset ve kin yâhut emsâli nefsânî hâllere işâret ediyor ve 'Tedâvîye muhtaç olan, hasta olan sensin. Karşındakinin ayıplarına nazar ediyorsun ama o sana bir aynadır, hakîkatte kendi kötülüklerini seyretmektesin. Nâhak yere o kusurları ona isnâd etme' diyor.

Çok mühim ve ince bir bahis! Nefsini ıslâh etmeye çalışan bir kimse için bu bir esas ki başlangıç noktası mesâbesinde...

Zîrâ insan gözdür, vazîfesi görmekten ibârettir. Yâni insanda görücü ve bilici olan nûra "âdemî" denir. Çünkü geri kalan deri, et, kemik ve âsaptır.

İkinci mes'eleyi tahlil edersek, fâil kimdir suâline "yegâne fâil Allah'tır" cevâbını veririz. O hâlde hâdiseleri tertip eden, hayra ve şerre mâtuf mes'eleler üzerinde hüküm yürüten, nasıl olur da sebepler ve âletlerdir denilir, yâhut o cihete teveccüh edilir? Yok, eğer teveccühümüz sebebe değil de müsebbibe ise, bize gelen bir belâyı herhangi bir şahısla mukayyet görmek nasıl münâsip olur? Bize gelenler izn-i ilâhî iledir.

Ve istîdadımız cihetiyle ne hak etmişsek onu görmek mukadderdir. Bir çarşı düşününüz ki orada her şey mevcut olsun. Her birimiz oraya girdiğimiz vakitte neyin meclûbu ve mağlûbu isek onun önünde durur ve alışverişimizi bu metâ için yaparız. Kimimiz güllerin bulunduğu yere teşne olur, kimimiz ise necâset böceklerinin bulunduğu tarafa gideriz. Bu takdirde bulduğumuz şeyin arzû ettiğimiz ve aradığımızın aynısı olması pek tabiî ve âdilânedir. Binâenaleyh niyetimize göre aldığımız kararların sâhibi olan Allah, mücâzâtı bir kulun terakkîsine ve tekâmülüne sebep olmak üzere verir. Akabinde ona mânevî bir ihsan sunar. Fakat bu hil'at, gāfil olmayanlara lâyık ve münâsiptir.

Esâsen sebepler üzerinde karar kılan kimse, insan mertebesine varamamıştır. Zîrâ insan gözdür, vazîfesi görmekten ibârettir. Yâni insanda görücü ve bilici olan nûra "âdemî" denir. Çünkü geri kalan deri, et, kemik ve âsaptır. Binâenaleyh ancak hakîkî insan açık ve perdesiz kalp gözleri ile bakarak her yerde ve her hâdisede hakîkî fâili müşâhede eder ve Allâh'ın hikmetine âşînâ olur!

*

Mevlânâ Hazretleri buyuruyor ki: **"Ey sâlik! Mâdemki mecâzî vücutların helâk olması mukarrer ve yalnız Allâh'ın, evvelce olduğu gibi bâkî kalması muhakkaktır, sen evvelâ bu âlemde kendi ihtiyârınla bütün sıfatlarını ve zâtını harcet. Sende beşerî evsaftan ve mecâzî zattan aslā bir nişan ve bakıyye kalmasın. 'Bismillâh'ın 'bism'inde olan elif gibi, sûreten ve lafzen gāib ve gizli ol ve mânâ âleminde kāim ve sâbit ol! Görüyorsun ya elif, 'bism' sözünde gizli ve saklıdır, mânâda sabittir. O elif,**

"bism" lâfzında hem vardır, hem yoktur. Sen de hemen bunun gibi ol!..."

Hazret-i Pîr çok mühim bir noktaya temas ediyor; insanın beşerî evsâfını ve zâtına mahsus husûsiyetlerini bu âlemde iken, yâni ölmeden önce terk etmesi lâzım geldiğini açıklıyor. İlk nazarda bizden muhâl bir şey istiyormuş gibidir. Fakat inceden inceye araştırılırsa hakîkatin tecellîsi için ölmeden evvel ölmek, yâni bir ölü gibi olmak îcap etmektedir. Biz bu keyfiyeti dâimâ yanlış anlama yoluna gideriz. Bunun sebebi çok basit: Çünkü insan erişemediği yâhut mâhiyetini öğrenemediği bir şeyin mutlakā inkârına gider. "Böyle şey olmaz!" veyâhut kısaca "Bu yoktur" der ve işin içinden sıyrılır. Hiç olmazsa bunun zararlı olduğunu isbâta yeltenir ve hükmünü şöylece yürütür: Bir insandan hayâtiyetini istemek, onu donuk ve cansız mevkîde tutmak, ne saçma bir şey! İnsan ancak irâdesini kullanmakla, nefsine îtimat etmekle enerji kazanır, çalışır ve bu sâyede terakkî eder. İnsan kendine mahsus husûsiyetlerini, vasıflarını göstermek sâyesinde şahsiyetini ortaya koyar ve beşer ağacının hangi kolu olduğunu açıklar ve meyvesini verir. İnsanı kendiliğinden ayırmak, onu hayattan tard etmek demektir.

Böylece işin mâhiyetinden bîhaber olan âdemoğlu, hüküm üstüne hüküm yürüterek sahte varlığını pâyelendirmeye çalışır durur. Acabâ insâniyete faydalı mı olur? Hayır! Neden?

Her fert evvel ve âhir, zâhir ve bâtın, her şeyin âlimi olan tek ve mutlak kudretin bir veyâ birkaç ismini ve sıfatını gösterici olmak vazîfesiyle mükellef kılınmıştır. İnsanın asıl varlığı ve zâtı, bu sûretle meydana çıkar. Bu takdirde ise görünen, o ferdin müstakil varlığı değil, Hakk'ın nûrudur. Allâh'ın ihsânı olan cüz'î irâde de, kişiyi bir müstakil kudret hâline getirmek ve her istediğine erişmeyi muktedirmiş gibi onu dev aynasında göstermek için değil, bilâkis o irâde, küllî irâdeyi tanımak ve onun bir zerresi olduğunu bilerek kendine düşen hizmeti görmek üzere verilmiştir. Böyle olunca bir cüz olan insan irâdesi, iktidârını külden aldığını müdrik olur ki, işte bu hâl aklın akl-ı külde bırakılması keyfiyetidir. Yâni kudret ve iktidârı cüz'e izâfe etmemek hâlidir. Kezâ sıfat için de mevzû-i bahs olan budur.

İnsan kendine has sıfatlarının Rabbânî sıfatlardan dolayı zâhir olduğunu müşâhede ederse beşerî vasıflarından kurtulur. Yâni o hassalarını kendine mâl etmek sûretiyle kendini diğerlerinden ayırmak ve böylece beşerî nam ve nişan izâfe etmek hırsından temizlenir ki, bu hâl, kulun sıfatının Hudâ'nın sıfatında erimesi keyfiyetidir.

Binâenaleyh şimdi soruyoruz: Hangi insan cemiyete daha faydalı olur? Kendinde kuvvet ve kudret görüp sahte benliğini besleyip duran ve ona yan bakanı düşman addeden insan mı, yoksa kuvvet ve kudretin ancak Allah'ta olduğuna emîn olan ve her ferdi mutlak vücûdun bir uzvu telâkkî ederek dâimâ o birlik için çalışan insan mı?

Anlıyoruz ki yok olmak, yokluğu ihtiyâr etmek, her fenâlığın müsebbibi olan benlikten sıyrılmak demektir. Çünkü benlik gurur getirir, hırs getirir; eğlenceleri, zevkleri kendine hasretmek, rahatı ve emelleri uğruna insanların menfaatlerini fedâ etmek yolunu tutar. Çünkü benlik "Önce ben yaşayayım" dedirtir. Benliğinin esîri olan kimse günün birinde bir iflâsı yüzünden diğerinin hukukuna tecâvüz eder ve aksini aslā garanti edemez. Peki bu şirk değil midir? Bir iptilâya kul olmak, benliğe tapmak, onu bir ilâh, daha doğrusu bir put mevkîinde tutmak değil midir? Buna rağmen "lâ ilâhe illallah" diyen âdemoğluna ne demeli?

Yok olmak, yokluğu ihtiyâr etmek, her fenâlığın müsebbibi olan benlikten sıyrılmak demektir. Çünkü benlik gurur getirir, hırs getirir; eğlenceleri, zevkleri kendine hasretmek, rahatı ve emelleri uğruna insanların menfaatlerini fedâ etmek yolunu tutar. Çünkü benlik "Önce ben yaşayayım" dedirtir.

İşte Hz. Pîr'in ikâzı bu yoldadır: Sana gurur veren şu mecâzî vücûdunsa onu senden alacaklar. Öyle ise sen daha evvel gurûrunu yen, benliğini Allâh'a ver; sıfatlarını, zâtını Allah için harcet! Bu ancak hırs ve ayıplardan temizlenmekle olur. Sen lafzan gâib ol! Yâni senin beşerî nam ve nişânın kalmasın ve sana âit olduğunu zannettiğin o beşerî evsaf erisin. Fakat mânâda sâbit ol! Yâni Allâh'ın nûruna tecellîgâh ol; yâni Hak'la gör, Hak'la söyle, Hak'la işit, her hâlinde Hudâ ile ol... Senin sahte varlığın ilâhî varlığına bir perde olmasın ve ona bir sûret bağlamasın!...

Esâsen asıl maksat da budur. Bu âlem sahnesinden murâd, bizim yiyip içip safâlı bir ömür sürmek emelimizin tahakkuku mes'elesi değildir. Kezâ hayvânî insiyakların veyâ nebâtî şuurun bir misâli olarak yaşamak, bâzan bir parazit gibi diğerlerinden beslenmenin örneğini vermek mes'elesi de değildir.

Kezâ sayılı gün ve gecelerin keyf elinde hebâ olduğunu görmek, işe yaramamanın verdiği sıkıntı ile bâzan bir âile, bâzan da bütün cemiyet nâmına zararlı işler peşinde koşmak mes'elesi de değildir.

Kezâ rütbe ve nişan kaygusuna düşmek, şöhret hırsının elinde zebûn olarak hemcinsinin mevkîine göz koymak mes'elesi de değildir.

Bu âlem hırs, riyâ ve şehvet yurdu değildir. Bu âlem para, mal-mülk cem etmek yeri de değildir.

Bu âlem, insanın insanlığını gösterecek, ahlâkî, vicdânî seviyesini yükseltecek ve onun dıştan ve içten terakkîsine vesîle olacak kıymet ve mertebede bir mahâldir.

Her kazanç bu âlemdedir. İrfan mektebi burasıdır. Binâenaleyh dünyâya gelmenin hakîkî mânâsını sezip bu mânâyı tahsil edenler hakîkat ile âşinalık kurarlar ki, Hak ile olmanın sırrı da budur!

*

Hazret-i Mevlânâ şöyle buyuruyor: **"Her bir gam ki sen ondan kederleniyorsun; o keder, içtiğin bir bâdenin baş sersemliğindendir. Allâh'a mürâcaat eyle ve de ki: Sen zulüm ve sitemden berî bir Sübhan'sın; cürümsüz ve günahsız bir kimseye nasıl dert ve gam verirsin? Gerçi ben işlediğim cürüm ve günâhı hatırlamıyorum. Lâkin biliyorum ki, cürümsüz gam ve gussa hâsıl olmaz!.."**

Aynı cinsten olanlar birbirlerine cezbolunurlar; çünkü aralarında üç türlü yakınlık bahis mevzûudur.

1- Akılların tenâsübü,
2- Kalplerin benzerliği,
3- Ruhların uygunluğu.

İnsanlara mahsus olan bu husûsiyetlerden hayvan, nebat ve cemat ancak ruh cihetiyle faydalanabilirler, hemcinsleri ile aralarında müşterek bir nokta bulabilirler; çünkü ruh hepsinde mevcuttur.

Aklın düşüncesi, kalbin hissi ve rûhun hâli zuhur âleminde kendine yakın olanı aramak ve seçmek zorundadır. Zîrâ cezb olunduğu mânâ kendi benzeridir ve benzeri ona bir ayna mesâbesindedir.

Dâimâ âdemoğlu kendisinde hâkim olan sıfatı sevmiş ve o sıfata mağlûp olan bir diğerine teşne olmuştur. Bu teşnelik sûret ve kalıp işi olmayıp hisler, hâller ve düşünceler seyrinin netîcesidir. İnsanda hâkim olan hangi sıfatsa o sıfat kişinin aklını kendi lehine çevirir, hissini kendi cihetinde parlak kılar ve hâlini kendi dileğine uygun yürütür. Eğer iyilik, doğruluk ve güzelliği bağrında cem etmiş olan "Cemâl" sıfatı bir kimsede gālip olursa onun düşüncesi, hissi ve hâli hep bu iyilik ve doğruluk mihrâkı etrâfında olup o insan güzellikleri cezbedecek ve tekâmül yolunda kemâle doğru ilerleyecektir. Fakat hırsına, şehvetine mağlûp kimsenin de kötülükleri, fenâlıkları, acı ve ızdırapları kendine çekeceği pek tabiîdir. Farazâ ondan zuhûr eden gazap ise kahra tâliptir, ondan zuhûr eden bencillik ise küfre tâliptir, ondan zuhûr eden haset ise mihnete tâliptir.

İşte Hazret-i Pîr bu noktayı ehemmiyetle işâret buyurarak *"Niçin kederleniyorsun?"* diye soruyor ve *"Eğer seyyiât şarâbını içtinse yâni kötü fiiler irtikâp ettinse netîcesini görmen kadar tabiî bir şey olamaz. İçki içen sarhoş olur, hiç değilse başı sersem olur, değil mi? İşlediğin kötü fiil de sende kötü netîce doğurur, seni hüzne, kedere salar. Asıl mes'ele, netîcenin mes'ûliyetini yüklemendir ki Hakk'a bühtan etmeyesin!..*" diyor.

Sonra, yapılan hatânın cevâbı bâzan hemen gelir, bâzan da gecikir. Öyle ki kendimizi günahsız addettiğimiz bir zamanda karşımıza çıkar ve bizi şaşırtır ve hattâ "Ne yaptım ki bunu gördüm?" dedirtir. Bir cürmü hatırlayamamak onun inkârını intaç etmemelidir. Çünkü cürüm olmadan onun karşılığı olan ızdırap, elem ve keder gelmez.

Şu hâlde nefs ile uğraşmak ve onun ıslâhına çalışmak lâzımdır ki rûhu kederler ifsâd etmesin.

Acabâ nefs ile mücâdele nasıl olur?

Cismânî lezzetler ve şehvetlerle meşbû olan nefs, fenâ ahlâkı ile tanınır. Bu kötü ahlâkı tahrip etmek için üç silâha ihtiyaç vardır:

1- Muhâlefet,
2- Tövbe,
3- Hakk'a firar.

Bencil nefsin arzûlarına muhâlefet etmek, işin en ehemmiyetli tarafını teşkil eder. Bunun için intibah üzre bulunmak ve gâfil davranmamak esastır. Cüz'î irâdenin Hakk'ın bir lûtfu olarak ihsan edilmesindeki gâye, insanlık sıfatlarını kazanmak ve hayvanca fiilerden kurtulmak mes'elesidir. İbâdetin en mükemmeli dâim Hakk'ın murâkabesidir. Düşünmeli ki, atılan adım Allâh'ın rızâsı yolunda mıdır? Atılan adım halkın menfaati uğrunda mıdır? Yoksa atılan adım nefsin hazzı ve rahatı için midir?

Bencil nefsin arzûlarına muhâlefet etmek, işin en ehemmiyetli tarafını teşkil eder. Bunun için intibah üzre bulunmak ve gāfil davranmamak esastır.

İntibah üzre bulunmak, nefsin arzûsunu vermemek yâni nefsi muhâlefet kılıcı ile katletmek şu netîceyi doğurur:

Hâdis-i kudsîde buyruluyor: *"Ben beni seveni katlederim; katlettiğimin diyeti de benim."*

Demek ki her niyet ve iş husûsunda Hakk'ın sevgisini, arzûsunu, rızâsını mîyar tutmak sonucu Hakk'ı kazanmak demek oluyor. Yâni bir kul bu kazancı sebebiyle Hak'la görüp Hak'la söylüyor. Hak'la yürüyor, Hak'la işliyor.

*

Hazret-i Mevlânâ buyuruyor ki: **"Hisse mensup zâhir gözü, güneşin şûlesine tâkat getiremez; çünkü güneş ona gāliptir. Sen Rabbânî gözü iste ve bul! Onu istemek, Rabbânî bir göz sâhibi kâmil insanı bulmak ve ondan ilim ve kemâl tahsil eylemek demektir."**

Gözün görme keyfiyeti gerek insanda gerek hayvanda mevcuttur. Ancak hayvanda kalp nûru olmadığından o, eşyânın hakîkatlerini idrâk edemez. İnsan mertebesine ulaşmış bir kimsenin kalbinde öyle bir göz vardır ki ona akıl ve ruh tâbir olunur. İşte insanı hayvandan ayıran bu nurdur. Eşyânın hakîkatlerine ve ruhlarına muttalî olan bu nurdur. Mertebeleri müşâhede eden ve bir şeyin aslına nisbetinin ne vechile olduğunu tâyin eden bu nurdur. Bu akıl avdeti, Hakk'a dönüşü bilen akıldır. Yoksa bu, dünyâ maîşetini düşünen ve sâdece bu yolda fikreyleyen "akl-ı maaş" değildir.

Akıl da göz gibi iki nevidir: Birincisi zâhir aklı, yâni dünyâyâ yarayan akıl; ikincisi bâtın aklı, yâni mutlak varlığa "dönüş"ü idrâk eden akıldır ki, işte kalp gözünün nûru budur!...

Zâhir gözüne gelince, onun görme kuvvetinde başlıca yedi noksan vardır:

1- Göz, başkasını görür, kendi zâtını idrâk edemez,
2- Göz, kendine çok uzak olanı ve çok yakın olanı idrâk edemez,
3- Göz, hicap arkasında olanı idrâk edemez,
4- Göz, eşyânın satıhlarını ve sûret kalıplarını görüp hakîkatlerini idrâk edemez,
5- Göz, mevcûdâtın bâzılarını görür, mâkūlâtın cümlesinden kāsırdır,
6- Göz, sonsuz olanı idrâk edemez,
7- Göz, büyüğü küçük, hareket edeni sâkin, duranı ise müteharrik görebilir.

Binâenaleyh matlup ve maksut olan görücü göz, hisse mensup zâhir gözü olmayıp kemâlini bulmuş insana mahsus olan Rabbânî gözdür.

Kâmil insan, "cüz" olan varlığını "küll"e teslim etmesi sebebiyle, yâni bir katre su mesâbesindeki benlik hâsiyetini vahdet deryâsına boşaltması mârifetiyle Hakk'a vâsıl olmuş, hicaptan kurtulmuş bir bahtlıdır. Kâmil insan o "Âdem"dir ki, ondaki ilâhî nûra ruhlar secde kılar ve bu secdeden imtinâ eden, şeytan tâifesine iltihak etmiş olur.

Kâmil insan Hudâ'nın halîfesidir ve Cenâb-ı Hakk'ın *"Benim sıfatlarımı giyinmiş olduğun hâlde kullarımın meyânına çık ve onları bana ulaştır; seni gören beni görür"*[17] buyurduğu "zât"tır. Ve Kur'ân-ı Kerîm'in *"Denizler mürekkep olsalar, ağaçlar kalem olsalar Rabb'ın kelimesi olan insân-ı kâmilin evsâfını tavsîfe kalksalar denizler kurur. Tekrar etseler yine kurur!.."*[18] diye işâret ettiği "dost"tur.

İnsân-ı kâmil, kendisine mahsus varlığını Allah muhabbetinin nârı ile yakmış ve nûr-i ilâhîde gark olmuştur. Çünkü o, bu sahte varlığı yağmaya vermiş, hakkānî vücutla zinde olmak mazhariyetine erişmiştir.

Binâenaleyh sûreti ve sîreti insan olan bir kâmili bulup ondan kalp gözünün açılması için ilim ve mârifeti tahsil eylemek, aşk ve cezbe yolunun esrârını dinlemek ve alıcı bir istîdat sâyesinde bir feyze hâmil olmak lâzımdır. Çünkü sâdece cismânî lezzetlerin peşinde giden kimse, rûhunu zincire vurmuş ve bir zindanda hapsetmiş gibidir. Ruh ölü gibi terrakkî ve tekâmülden mahrum ve tabiat zindanında mahkûm kaldıkça hakîkî hayat ve hürriyete erişemez ve böylece elli-altmış senelik şu ömrün sermâyesi de sıfır olur. Zîrâ bu fırsat, rûhun terakkîsi içindir; hayvan, cemat mertebelerinden kurtulmak içindir. Maksat hâsıl olmayınca o mevkîde kalmak ve azaptan kurtulmamak pek tabiîdir.

İnsan kendi azâbını esîri olduğu huyu ile hazırlar ve sonra kendinde gālip olan sıfatla haşrolur.

17 Hadîs-i kudsî
18 Kehf Sûresi/109. âyetin tasavvufî yorumu

Yine Hazret-i Mevlânâ'nın buyurduğu gibi *"Haset edenler kurt şeklinde, rencîde etmek huyuna mağlûp olanlar yılan ve akrep sûretinde haşrolurlar..."* Ne acıdır!.. İnsanlık âleminin hak ve salâhiyetine mazhar olup da hayvanlıktan kurtulmamak ne elîm bir âkıbettir!..

İşte bütün bunlar gösteriyor ki, gaflet ile hebâ edilecek tek nefese dahî sâhip değiliz, zîrâ nefeslerimiz sayılıdır. Bu hakîkati göz önünde tutan kimse görücü göz sâhibidir. O, hâdiselerin tesîrinden kurtulmuştur. İster arzûsuna muvâfık olsun, ister olmasın, çünkü o hâdiselerle değil, onları tertip edenle alâkadardır. Allah'tan gelenleri şikâyetsiz kabûl eder. Bilir ki gam veyâ ferah verici bir zuhur, kulun terakkîsi ve tekâmülü uğrundadır.

Netîce olarak Hazret-i Pîr'in şu ikāzını duyalım: *"Dil ehlinin sohbet ve muhabbet sofrası Hazret-i Îsâ'nın hâlvet evi gibidir ki, oraya körler ve topallar gelip iyi olurlardı. Sen de ey cismânî ve rûhânî hastalıklara müptelâ olan kimse, sakın bu sofrayı terk edip gitme!.."*

*

Hazret-i Mevlânâ Hak yolunun yolcusuna hakîkî sermâyeyi işâret buyurarak "**Ey Ahmed'im! Bu işte mal, servet ve şeref para etmez; lâzım olan aşk derdi ile dolu bir sînedir!...**" diyor.

Aşk, Allâh'ın sıfatıdır. Bu sıfatla muttasıf olan kimse, muhabbet ettiği mânânın hâricinde her şeyden soyunur, yâni alâkasını ve râbıtasını kalben keser. Zâhiren bu zuhur âleminin îcaplarına mutlak sûrette riâyetkâr olan hakîkî âşık, kalben nefsine âit her bağı muhabbetinin keskin kılıcı ile katletmiştir. Bu sûretle muhabbet ettiği mânânın önünde tek bir hicap ve bir engel kalmaz. Hakîkat yolcusu Allah aşkı ile yanan sînesinde bütün yaradılmışların sevgisini taşır ki, en mühim nokta budur. Zîrâ Muhyiddîn İbn Arabî'nin *"Halk Hak'tır gözün varsa; Hak halktır aklın varsa"* sözünün şâhidi ancak ve ancak Allah âşıkıdır. O iç gözüyle idrâk eder ki, mahlûkattan her biri kâinatta hâkim olan tek "rûh"un nûruna mazhardır. Her sûret bir ve mutlak olan mânânın diriliği ile can bulmuştur. Çünkü ebedî ve hay olan asıldır, mânâdır, özdür.

Şu hâlde Hakk'a muhabbet eden kimse, geçici ve eğreti varlıkların meclûbu olmaktan kurtulmuştur. Bundan dolayı o, halkın sûretine nazar kılmaz ve bu sûretle kayıtlı olmaz da cevher üzerinde durarak içe nüfûz eder. Bir kimsede gālip olan hangi sıfat ise onu temâşâ eder ve o sıfata hürmet eder. Zîrâ bilir ki, şakî olsun saîd olsun, münkir olsun, mü'min olsun herkes vazîfesinin memûrudur. Ve kemâl ancak bu zıtlar yüzünden tecellî etmektedir. Meselâ bir kötü ahlâklının fiili, iyiyi kendi âleminde terakkî ettirmektedir. Evvelâ kötülük, "iyilik" mefhûmunun varlığını isbât etmektedir. Şu hâlde bu âlem içinde abes ve mânâsız bir şey yoktur.

Hazret-i Mevlânâ *"Mutlak hayır ve mutlak şer yoktur"* der. Yâni bir kimseye şer tevlit eden bir nesne diğerine fayda temin edebilir. Yılanın zehri öldürücüdür, fakat tabâbet, şifâ husûsunda yılanın zehrinden istifâde edebilir.

Binâenaleyh eğer ibret nazarı ile temâşâ edilecek olursa lüzumsuz olarak vücut bulmuş bir zerre dahî mevcut değildir. İşte bütün bunları gören, bilen kalp gözüdür ki, o göz muhabbetin nûru ile nurlanmış, rü'yet salâhiyetine mazhar olmuştur. Allah âşıkı bir çöpü dahî tahkir edemez, hor hakîr göremez, onda bile Yaradan'ın vücûda getirme hikmetini, san'atını seyreder.

İşte böyle bir kimse tekâmül etmiş bir insandır, insanlığını kazanmış bir bahtlıdır. Ondan halka dâimâ şefkat ve muhabbet yolu ile fayda ve hizmet erişir. Tekâmül etmiş insan cemiyete âzamî derecede hizmet eder. Bu fayda onun cömert varlığından temin edilir. O, ahlâkından, insanlığından, aşk ve îmânından etrâfındakilere dağıtır ve bu sûretle çelimsiz, verimsiz, rûhen cüce kalmış zavallıları kendi sermâyesiyle sermâyelendirip onların kalplerindeki marazı def etmeye çalışır. Kendinde bulduğu kemâl derecesine göre bu kurtarış ameliyesi cemiyet içinde ya daha mahdut yâhut da daha geniş akisler yaratır. Bir kimsenin gerek bilgi gerek ahlâkî, içtimâî ekoller ve gerekse zevk çeşitleri içinde bir mertebeye ulaşması, fakat o mertebede kalıp daha ileriye geçememesi, sonsuz olan mutlak varlığın azamet ve saltanatı âleminde ilerleyemediğine veyâhut da istîdâdı ciheti ile mahdut kaldığına delâlet eder. Asıl hürriyet, geniş istîdâda mahsustur. Mertebe ve kayıt hükmünden kurtulmasını bilen büyük istîdatlı insan bu mazhariyete aşk sâyesinde erişir. Çünkü aşk insanın kendisine mahsus varlığını yâni benliğini yakar ve bu sûretle iki vücûdu bir kılar; yâni kul, vücûdunu Allâh'ın mutlak vücûdunda fânî kılar. Mum ışığının güneşin parlak ışığında hükmü kalır mı? Mumun şûlesi gece karanlıkta işe yarar. Bu dünyâ karanlığında da vücut mumunun ziyâsıyla yol alan bizler o ziyâyı bu muma atfetmek sûretiyle gaflete varmışızdır. Muma ebedî imiş gibi sarılırız. Fakat onun varlığı fânîdir, bâkî olan şûle ise hakîkat güneşinden dâim parlar.

Muhabbet asıldır, araz değildir. Hakîkî muhabbet insanı aslî hüviyetine kavuşturur. Kendinde hâkim olan ismi ortaya koyar ve secde ettiği mânâyı ona tanıtır. İşte bu, insanın kendini bilmesi, nefsini tanıması demektir ki, Hakk'ı bilmenin, tanımanın hakîkati de budur. Aşk efendidir. Hazret-i Mevlânâ der ki *"Efendi kimdir, ulu kimdir, bilir misin? Senin ayağından benlik zincirini koparandır."*

Evet, benlik kaydını silen ve kul ile Allah arasındaki hicapları ref eden ancak Allah aşkıdır.

*

Mevlânâ diyor ki **"Kur'ân-ı Kerîm'e nazar et ve bil ki bütün Kur'an, nefislerin kötülüklerini bildirmek ve onun ıslâhını göstermek şerhidir."**

Hazret-i Pîr burada nefsi ıslâh etmek husûsundaki şartlardan birincisine işâret buyuruyor. Bu en mühim ve en ziyâde dikkate şâyân olanıdır ki ismine ibret diyoruz. Kur'ân-ı Kerîm'de birçok târihî vâkıaların zikredilmesi bizim târih bilgimizin zenginleşmesi için değildir. Asıl gāye, geçmişte olanlardan ibret almak mes'elesidir. O ibret ki bize hâdiselerin bağında bir hikmet düğümü olduğunu göstericidir.

İbret, hayâtın mânâsını kavramamıza vesîledir. Onun için önüne ve ardına baktıkça şu dünyâ sahnesinden ibret levhasını seyredenler ve bu sûretle istikāmetini sağlayanlar selâmet yolundadırlar.

Bu dünyânın, bir yıldız olmak hasebiyle, beş köşesi vardır:

1- Mihnet köşesi,
2- Ganîmet köşesi,
3- İbret köşesi,
4- Hikmet köşesi,
5- Selâmet köşesi.

Birinci köşesinde bulunanlar bu âleme gelmekteki maksadı anlamamışlardır. Onlar kendi tâbirleriyle "vakit öldürmek" için yaşarlar. Bu vakit zevk ve safâ elinde ölür. Onlar yer, içer, eğlenirler ve hattâ nefislerinin zevkini devam ettirmek gāyesiyle civârında bulunanları dâimâ bedbaht ederler. Bunlar halkı zahmet ve teessüre salanlardır.

Şüphesiz ki kin, kibir, haset, riyâ şehvet ve benzerlerinden temizlenen kimse, hâdiselerin oyuncağı olmaktan kurtulur. Öyle ki, cefâlardan yerinmediği gibi safâlardan da sevinmez yâni lezzet ve haz iptilâsının esîri olmaz.

Ganîmet köşesinde bulunanlar bu âleme gelmenin mânâsını sezmişlerdir. Burada gāye ve maksat vardır ki bu gāye tekâmül etmek esâsına dayanır. İnsan kalıbında olanlara fırsat verilmiştir, insanlığını bulsun için. İnsanlık nasıl bulunur? Buna en kısa cevap olarak *"Allâh'ın ahlâkı ile ahlâklanınız ve sıfatı ile muttasıf olunuz"*[19] emr-i ilâhîsini göstermek îcap eder. Hadîs-i şerîfte de buyuruluyor ki: *"Nefislerinizi hesâba çekiniz, orada hesâba çekilmezden evvel... Amellerinizi burada tartınız, orada tartılmazdan evvel... Ölünüz, ölmeden evvel!"*

"Ölünüz" emri, nefsinizin kötülüklerini öldürünüz mânâsınadır. Şüphesiz ki kin, kibir, haset, riyâ şehvet ve benzerlerinden

19 Hadîs-i kudsî

temizlenen kimse, hâdiselerin oyuncağı olmaktan kurtulur. Öyle ki, cefâlardan yerinmediği gibi safâlardan da sevinmez yâni lezzet ve haz iptilâsının esîri olmaz. Bu sûretle hakîkî fâil olan Allâh'ın her işlediğinden râzı ve hoşnut olup îtirâzı bırakır ve cemiyete âzamî derecede faydalı olmak için çalışır.

İşte ganîmet köşesinde bulunanlar bu hakîkati sezerler. Lâkin nazarî olarak bildiklerini amelî sâhaya intibak ettirmek için tekâmül seyrine devam ederler ki, üçüncü köşenin ehli olsunlar!

İbret köşesi, insanları gafletten kurtaran ve nefsin tuzaklarından koruyan emîn bir köşedir. Bu âlemin bir mektep, bir öğretim diyârı olduğunu öğretir. Ders ve imtihan vardır.

Şehvetler yâni nefsin haz aldığı şeyler iki kısım olup birincisi hissolunan ve âşikâr olan zevkler, diğeri gizli lezzetlerdir ki, ibret köşesinde bulunanlar bunların zararlarını gerek hâdiselerin sahîfelerinden okurlar, gerek şahısların âkıbetlerinden öğrenirler. Böylece dâimâ uyanık bulunmak gâyesindedirler.

Dördüncü köşe hikmet köşesidir. İbret nazarı ile tekâmülünü sağlayanlar bu köşeye doğru seyrederler. Hikmet ehli "Hayır olandadır" hadîs-i şerîfini hâl etmiş zümredir. Çünkü hikmet ehline göre iki türlü hikmet mevcuttur. Birincisi, görülen ve işlenilen işlerdeki âşikâr sebep ve mânâ; ikincisi, hâdiselerdeki gizli mânâ. Birincisi, meselâ çalışmayan talebenin sınıfta kalması gibi tabiî ve âşikâr bir hikmettir. İkincisi ise, farazâ bir mazlûmun görünüşe göre haksız olarak zulüm görmeye devam etmesi gibi mânâsı âşikâr olmayan gizli bir hikmettir.

Bu gizli hikmette iki sâik vardır:

1- Gelen belâ ve cefâ, evvelce işlenilen bir isyan ve günâhın cevâbıdır.

2- O belâlar soru mâhiyetindedir. İmtihan sorusu olarak bir kimsenin karşısına gelir: Hakîkî fâil kimdir?

Her şeyin hâlıkı olan Allah, kulunu dener. Verilene sabrediyor mu ve Yaradan'dan her ne bahâsına olursa olsun hoşnut mudur? Kul sâdıksa sıdkını isbat eder. Onun ecri ve mükâfâtı da bu terakkînin içindedir.

Demek ki gizli hikmet ya bir adâlet icrâsı için ya da bir kimsenin sınıfı geçmesi yâni mânen mertebesinin, rütbesinin büyümesi içindir. İkinci şıkta mühim cihet şudur ki terakkî eden kimseden bâzan da geniş bir halk kütlesi istifâde eder. Çünkü tekâmül eden insanın cemiyete mutlakā hayrı ve hizmeti olur.

Beşinci köşe selâmet yurdudur. Selâmet ehli *"Allah Rabbimdir de ve istikāmet et!"*[20] dînî emrinin sırrına varan zümredir. Emrolunduğun vechile hareket edip tedbir ve reyini kullanmamakla cüz'î irâdeyi Allâh'ın irâdesine salan zümredir bu.

Gizlilikte âşikâr ve âşikârlıkta gizli olan Yaradan'ı temâşâ ederek hattâ hakîkati kendinde bularak *"Nefsini bilen Rabbini bilir"*[21] sırrına eren zümredir bu.

Selâmet ehli, nefisini öyle pâk etmiştir ki o nefis ruhtan ayırt edilemez. Onun kendi hakîkatine hitâbı şöyledir: *"Ben yâ Allah diye nasıl nidâ edeyim? Yâ uzağa işârettir. Sen bana şah damarımdan da yakın geldin Allâh'ım!"*

Selâmet ehli Kur'ân-ı Kerîm'in mânâsını tamâmiyle öğrenmiş olup halkı Hak bilir, halkı incitmez, halktan incinmez.

*

20 Ahkāf Sûresi/13. âyet ("Rabbimiz Allah'dır deyip sonra da dosdoğru yaşayanlara korku yoktur ve onlar üzülmeyeceklerdir.")

21 Hadîs-i şerîf

Hazret-i Mevlânâ **"Ey insan, bir kötü şey işlediğin ve mâsiyet kıldığın vakit Allah'tan kork, emîn olma! Çünkü yaptığın iş bir tohum ekmek gibidir. Allah onun mahsûlünü âkıbet sana getirir"** diyor.

Hazret-i Pîr, bir başka ifâde ile aynı mânâya temas ederek bu cihânı bir dağa, fiilerimizi de nidâya benzetiyor. Nasıl ki dağa doğru seslendiğimiz zaman aksisadâ bize geliyorsa, işlediğimiz işlerin karşılığı da mutlakā bizi bulacaktır. Buna bir delil şu ilâhî emirdir: *"Kim zerre ağırlığınca hayır yapmışsa onu görür ve kim zerre ağırlığınca şer yapmışsa onu görür."*[22]

Evet, yapılan kaybolmuyor, kaydoluyor ve günün birinde o şer veyâ hayır, sûret değiştirerek karşımıza çıkıyor. Ekseriyâ kendimizi pek mâsum hissettiğimiz anda evvelce açılan hesâbın ödeme makbuzunu elimize alıyoruz. Biz hâdiseleri unutmuş olabiliriz. Ama öyle bir şuur var ki bütün hesapları inceden inceye görüyor ve mutlak sûrette adl-i ilâhîyi yerine getiriyor. Esâsen unutmak bize mahsustur. Eflâtun'un dediği gibi, öğrendiklerimiz de evvelce bilip sonra unutmuş olduğumuz şeyleri hatırlamaktan ibârettir.

Şu hâlin içinde hem mâzî, hem de istikbâl gizlidir. Büyüklerin *"dem bu demdir"* diye kıymetini bildirmek istedikleri hâl, hakîkaten bütün bir ömrün değerini kendinde gizlemektedir. Zîrâ hâl bize mâzînin mahsûlüdür. Evvelce bu dünyâ pazarında hangi metâın yükünü çekmişsek hâl, dağarcığımızı açar ve seneler boyunca sırtımızda taşıdığımız ve tâlibi olduğumuz o metâı çıkarır, önümüze koyar. Olabilir ki bu âlem pazarından sevip satın aldığımız maddî veyâ mânevî değer, hakîkatte değersizdir.

22 Zelzele Sûresi/7-8. âyetler

Biz vaktiyle gizli veyâ âşikâr ihtirasların müptelâsı olmuş da onların hazzını içimize sindirmişsek hâl bizi nedâmet ve hüsran içinde bırakır. Şüphesiz o nedâmeti hissetmek de doğru yola yaklaşmak demektir. Hâlbuki bunu hissedemeyen mahkûm, ilelebet elem ve ızdırapla haşrolur. Hâl aynı zamanda istikbâldeki durumumuzu îlân edicidir.

Mark Orel'in dediği gibi *"İnsan meşgûl olduğu şeylerin kıymeti ile mütenâsiptir."* Evet, içinde bulunduğumuz zaman, bizi kendisiyle meşgûl eden hangi mefhumla çiftleşmiş ise, o hem bizim değerimizi, hem de ilerideki hâlimizi açıklar.

Eğer insânî kıymetlerin üzerinde duruyorsak bu, istikbâlde insanlık sıfatlarını hâiz olacağımızın delîlidir. Çünkü her şey seyirde ve bu seyir tekâmül cihetindedir.

İnsanoğlu, her nedense kendini gafletten bir türlü sıyıramaz. Bu âlem sahnesinde her nefes ibret alınacak hâdiseler cereyan ettiği hâlde onda bir iz bırakmaz.

Mesnevî-i Şerîf'de bir hikâyecik vardır: Müflis bir adam hırs ve tamâhı yüzünden herkesi dolandırmış, birçok kimselerin canını yakmış. Bu sebeple onu hapishâneye atmışlar. Fakat orada da rahat durmaz ve mahpusların yiyeceklerini, onları kandırmak sûretiyle ellerinde bırakmazmış. Bunu tekrar mahkeme huzûruna çıkarmışlar. Hâkim ona demiş ki: "Herkes senin iflâsına şehâdet ediyor. Şerîatın hükmünce bir kimse iflâsı sâbit oluncaya kadar kadar hapsolunur. Sâbit oldu mu onu zindanda bırakmak vâcip değildir. Sen de âzatsın!.. Şimdi seni bir deveye bindirsinler ve herkese hîlebazlığını ve tezvirciliğini îlân etsinler ve kimsenin sana veresiye bir şey vermemesini temin etmek gâyesiyle seni mahalle mahalle dolaştırsınlar, halk seni tanısın ve benim huzûruma senden dolayı kimse şikâyete gelmesin!.."

Böylece hükmü yerine getirmek üzere bu müflisi bir odun satıcının devesine bindirmişler ve sabahtan akşama kadar mahalle mahalle gezdirip muhtelif lisandan bağırarak onu şehir halkına tanıtmışlar.

Fakat ne çâre ki bu derece bağırmalar ve îtinâ ile îlân edişler, deve sâhibine tesir etmemiş. Akşam olup da müflis adam deveden indirilince, deve sâhibi onun yanına yaklaşarak "Efendi, devenin yiyecek parasını ver!" diye tutturmuş. Müflis ona demiş ki: "Be adam, senin aklın nerede? Şimdiye kadar niçin dolaşıyorum? Benim iflâs davulumun sesi yedi kat göğü aştı. Benim hakkımda duyduğun bu kadar sözlerden hiç uyanmadın mı ki, hâlâ benden bir şey ümit ediyorsun? Bu kadar nidâlardan hiçbiri kulağına girmedi mi?"

Evet, ne yazık ki bizim hâlimiz de odun satıcının gafletine benziyor. Hâdiseler lisân-ı hâl ile bize defâlarca "Yaptığınızın hesâbını göreceksiniz!" diye ihtarda bulunuyor. Geçmiş vak'alar ibret alabilmemiz için birer vesîka hükmünde duruyor. Fakat bizler uyanamıyoruz. Hâlâ "Ben yaşayayım" fikri ile nefsimiz nâm-ı hesâbına iş işliyoruz. Hâlbuki rûhumuzun hayâtiyetini söndüren bu fiilden dolayı göreceğimiz azap ve cefâ, elem ve ızdırap ne şiddetlidir... Ve bu takdirde bizim için yaşamak değil, ölüm mukadderdir; yâni hür olmak yerine, boynumuza tabiat zindanında hapsolmak veyâ süfliyete rücû etmek fermânını takıyoruz. Böylece en büyük fırsatı, "dem"i gaflete satmak sûretiyle kaybetmiş oluyoruz.

*

Hazret-i Mevlânâ buyuruyor ki: **"Allah'tan bize edep ihsan etmesini talep edelim. Çünkü edepsiz olan kimse Allâh'ın lûtfundan mahrum kalır. Bu felek edeple nurlandı; melekler edeple mâsum ve temiz oldu. Senin dahî**

rûhunun feleği edepli olursa yıldızlar ve ilimler ve bilgilerle münevver olursun. Aklın melek gibi edepli olursa, onun gibi ibâdet ve tâatde bulunursa ayıplardan ve hatâlardan temizlenirsin."

Şüphe yok ki, asıl talep etmemiz ve Allah'tan bize refîk olmasını her an dilememiz îcap eden hususlardan biri de edeptir. Edebin mânâsı pek büyüktür. Evvelâ bir kimseyi Hakk'ın emrine itaat ve inkıyat ettiren, onu doğru yola îtiraz ve âsîlikten koruyan edep nûrudur, çünkü hakîkati temâşâya sevk eder.

Edebin öz mânâsı vücûdu birlemektir. Ortada sebep ve âlet görmemek, binâenaleyh kimseden incinmemektir.

Her cihetten ve her zerreden tecellî eden ilâhî nur, saltanatının ve kemâlinin delîli olmak üzere muhtelif şanla nümâyan olduğundan, herhangi bir şeyi inkâr etmeğe ve abes görmeye mahâl yoktur. İşte edebin insanoğluna tâlim ettiği esas nokta bu!.. Zîrâ celâl ve cemâl sıfatlarının iktizâsı, lûtuf ve rahmetini müşâhede ettiğimiz gibi, kahır ve zulmeti de müşâhede edebiliriz. Ve bu ikisi yekdiğerinin varlığına sebeptir. Ve tekâmül bu zıddıyet yüzündendir.

Edebin hakîkî mânâsı halktan Hakk'a firar etmek, bu sâyede ortada bir âletten farksız olan halkın ef'âlini ayıplamaktan berî olmaktır. Şikâyeti terk etmek, şikâyet yerine şükretmek edeptir. Allâh'ın kazâsına rızâ ve belâsına sabretmek edeptir. Esâsen Cenâb-ı Hak *"Kazâma rızâ ve belâma sabretmeyen benden başka Rab arasın!.."*[23] buyuruyor.

Hâsılı edep, Âdem'e secde etmektir, yâni hakîkî insanın arşa tekābül eden gönlünde doğmuş olan Zât-ı Ulûhiyet güneşini görmektir. Cenâb-ı Hak, Âdem'e secde edilmesi için emir verdi. Ruhlardan bir kısmı bu emri yerine getirdiler ve Âdem'de ilâhî nûrun tecellîsini fark edince tekrar secde ettiler ki, bu zümre "saîd" damgası ile mühürlenmiş olanlardır.

İkinci kısım, emre itaat ettiler, fakat tecellîyi müşâhede edemediler. Bunlar önce ikrar, fakat sonra inkâra sapan zümredir.

Üçüncü kısım, Allâh'ın emrini dinlemediler, lâkin Âdem'de Hakk'ı görerek secdeye vardılar. İşte bunlar da önce inkâra, fakat sonra îmâna sâhip olanlardır.

Dördüncü kısım ne emre ne de müşâhedeye vâsıl olamadılar ki, bunlar "şakî" damgası ile mühürlenmiş olanlardır.

İşte edep, bir kimsenin "saîd" veyâ "şakî" olduğunu bildiren bir mihenktir. Mevlânâ der ki: *"Edep, ilâhî nurdan bir taçtır. Onu başına koyan her nereye giderse gitsin, onun için korku yoktur..."*

Hidâyetin nûru ile yolumuzu bir meş'ale gibi aydınlatan edep hakkında İlâhiyât-ı Ken'an'dan alınmış şu manzum parçayı beraber okuyalım:

Ten-i âdemdeki can bil ki edebdir
Dil ü çeşm-i beşerin nûru edebdir

---

23 Hadîs-i kudsî

Edebi olmayan âdem değil âdem
Ayıran âdemi hayvandan edebdir

Ser-i İblîs'i dilersen eğer ezmek
Gözün aç öldüren İblîs'i edebdir

Oku âyâtını Kur'ân-ı Kerîm'in
Göresin cümle maânîsi edebdir

Ulu Şems'in sözüdür bu, buna şek yok
Bizi makbul edecek Hakk'a edebdir

Edebi eylesin Allah bize tevfîk
İki âlemde felâh, Ken'an edebdir.[24]

Hazret-i Mevlânâ buyuruyor ki: **"İki elini dâimâ aramaya ve talebe vur! Çünkü talep bu yolda bize rehberdir. Elbette arayıcı, bir gün bulucu olur ve saati geldiği vakit de matlûbuna erer. Bu cematlıktan ve sûret âleminden canlar alemine git ki, bütün mevcûdâtın tesbih ve zikir sadâsını işitesin!.."**

Burada talebin mânâsı cehd etmektir. İnsan olana cehd ve cihad lâzımdır. Çalışmak için elimizde mevzûumuz vardır. Bu metin bir ömür boyunca sermâye vermekte ve yeni yeni safhalar arzetmektedir. Şüphe yok ki, âdemoğluna öğrenmek ve ders görmek husûsunda kendi nefsi yeten bir ilimdir. Öyle ya, bir kimsenin nefsi ile dış tabiat âlemi arasındaki münâsebetten tutunuz da iç âlemine, rûhî tekâmül seyrindeki nefs mertebelerine kadar her şeyi içine alan muazzam bir ilim, hakîkat ilmi ortadadır. Bu, üzerinde çalışılacak en

24 İlâhiyât-ı Ken'an, (Hazırlayan: Y. Ömürlü- D. Dalkılıç), İkinci Baskı, İstanbul, 1988, s. 36.

büyük mevzûdur. Bu sâyede zâhir ve bâtın her ilim şûbesini mümkün mertebe tanımak kābildir. Yazık ki zâhirî bilgileriyle iktifâ eden bilginler cemiyet için dâimâ tahripkâr olmuşlar, istenilen faydayı temin edememişlerdir. Bunun sebebi, mâneviyatla meşgûl olmamak ve bu sûretle gurur ve nahveti yenecek irâdeye sâhip bulunmamak keyfiyetidir. Âlim olsun, kâşif olsun, rütbe ve saltanat sâhibi olsun, kim olursa olsun, mâneviyatı kısır olduktan sonra o, insanlık için muzır, cemiyet için hayırsız bir varlıktır. O, noksan ve nâ-tamam bir kimsedir. Zîrâ insan tek vecheli değildir. Dış âlemle olan münâsebetini idâreye memur olduğu gibi, iç âlemini de kontrol etmeğe ve her iki yönde de terakkî etmeğe mecburdur.

İşte bunu idrâk etmeyen kimse, herhangi bir mahâret yüzünden dünyâ çapında bir varlık da olsa, hakîkat-i hâlde bir hayvandan farksızdır. İştihâsı, ihtirâsı, nefsânî arzûlara râm olması bakımından kurt, domuz veyâ bir başka hayvan sîretindedir. Evvelâ şöhretin esîridir; ona bir zarar gelmesin diye beşeriyet nâmına zararlı işler görmekten aslā çekinmez. Muhakkak ki egoist kimse "ego"sunu tatmin etmek için başkalarının her türlü hak ve salâhiyetine tecâvüz eder.

İşte cemiyetin temelini sarsan, mâneviyâtı çorak kalmış bu tip kimselerdir. Büyük mutasavvıf Ahmed er-Rifâî Hazretleri buyuruyor ki: *"Ey gāfil, sen nesin? Bir murdar sudan başlayıp bir kokmuş lâşede nihâyet bulacaksın. Bunların arasında nasıl lâyık ise öyle bulunmalı değil mi?"* Evet, rütbeler, nişanlar, unvanlar, şan, şeref, para, ikbâl, saltanat insanının evveline ve âhirine hiçbir şey ilâve etmez! İnsanoğlu çıplak geldiği gibi çıplak gidecektir; âciz geldiği gibi acz içinde gidecektir. İhtiyarsız geldiği gibi ihtiyârı olmadan, arzûsu ve irâdesi kāle alınmadan gidecektir. Acabâ neye güvenilir ki?

Elde edilenler hep fânî olduktan sonra, insanoğlunun eli boş değil de nedir?

Evet, rağbet ettiğimiz şeylerin hakîkî kıymetini araştırır da ona göre onlarla alâkalanır ve münâsebet derecemizi tâyin edersek vakit kaybetmemiş oluruz. Aksi hâlde kıymetsizi kıymetlendirdiğimiz ve süfliyete gönül verdiğimiz için değersiz ve süflî kalmak bizim için muhakkaktır. Kıymet ve ehemmiyet vermek îcap ediyorsa, geçici varlığa değil, her yerden, her yönden tecellî eden ilâhî varlığın nûruna ve bu nûrun insandaki kemâline nazar kılmalıdır. Kendi hakîkatine varmış hakîkî insanda bu nur kemâliyle tecellî eder. Ortada bir ikinci varlık yoktur artık; yâni o insanın benliği ayrı bir varlık teşkil etmez. Çünkü o, nurla birleşmiş, bir olmuştur. Çünkü nefis, terbiye edilince ruh olur.

Nefs, esâsen ruhtan ayrı değildir, ancak işlenmemiş bir külçe gibidir. Üzerinde çalışıp işlenince onun cevheri meydana çıkar ki, bahâ biçilmez bir mücevher olur. Madde ruhtan ayrı değildir, ancak rûhun kesif hâlidir, kesâfet peydâ etmiş, şekillenmiş hâlidir. İşte rûhun anâsıra taalluku bu cihettendir ki, bilsin ve tekâmülünü tamamlasın için. İnsan, bu âleme, bu hakîkati tahsîl etmek gāyesiyle gönderildiği hâlde, onun anâsırda kalması, tabiat âleminin esîri olması rûhunu tekâmül ve terakkîden alıkoyar ki, o zaman canlar âlemine geçip mevcûdâtın tesbih ve zikir sadâsını işitemez.

Bu tesbih ve zikirden murâd, kâinatta hâkim olan tek rûhun ve aslā mütegayyir olmayan ezelî ve ebedî bir vücûdun müşâhedesidir. Bu zikir ve tesbih, "lâ ilâhe illallah" kelime-i tevhîdinin ifâdesidir. İlâhın "bir" olduğu hâl ile bilinirse "ben" ilâhı ara yerden kalkar.

Mısrî Niyâzî'nin dediği gibi:

Ben beni terk eyledim, gördüm ki ağyâr kalmadı.

Evet, gayrı kalmaz. Hâlbuki şekle sarılan insan bilmelidir ki şekil fânîdir. Yâni mutlakā değişecektir. Devre mensup parlamalar bir gün olup sönecektir. Hakîkî akla erişilmedikçe dünyâ işlerine yarayan mahdut akıl, akl-ı maaş, asıl varlığı idrâk edemeyecektir. Bu yüzden şekilperest "ben" denilen iğreti varlığa tapacak ve bu sûretle donuk ve kesif yâni taş gibi katı kalacak, zulmânî ve nûrânî hicaplarla örtülü olduğundan hayvanca fiilerden kurtulamayacaktır.

Görülüyor ki nefs terbiyesi için cehd etmek insanın en ehemmiyetli ve mukaddes cihâdıdır. Bu, taleple olur; ancak hakîkati aramak ve arzûlamak sâyesinde cehd ve cihâda erişmek mümkündür.

*

Hazret-i Mevlânâ diyor ki: **"Bu feleğin cevri ve bu dünyânın mevcut olan her bir renc ve elemi, bil ki Allah'tan gāfil ve uzak olmak rencinden daha kolaydır ve Hak'tan gāfil ve uzak olmak elemi bütün renclerden daha güç ve daha şiddetlidir. Çünkü bütün bu bünyevî ve cismânî rencler geçer; fakat o uzaklık, gaflet, cehâlet ve kedûret geçmeyip insanla kalır. Saâdet ve devleti, Cenâb-ı Hakk'a gaflet ve cehâletten temizlenmiş bir âlim ve âgâh can tutar."**

Çünkü ızdıraplar, âdemoğluna sabrı, güzel ahlâkı tâlim eder, hırs ve hiddetten uzak olmayı öğretir. Elemler bu dünyâ mektebinde görülen derslerdir. Sınıf geçmek, imtihan vermek o dersler sâyesinde olur. Onları bilmek yâni onların mâhiyetini ve nereden geldiğini bilip öğrenmekle insanda hüzün ve kedere karşı muâfiyet başlar ve görülen şeylere îtiraz ve isyan ortadan kalkar.

Dünyânın bin türlü derdi, hayâtın acıları, elemleri ve ızdırapları ne kadar derin ve şiddetli olsalar da Allah'tan uzak olmak nasipsizliği yanında ehemmiyetsiz kalırlar. Çünkü dünyâya gelmekten maksat Hakk'ı bilmek ve Hakk'a kulluk etmek, Yaradan'ın rızâsı yolunda gitmek sûretiyle Hakk'a erişmektir. Mânâ ve maksat bu olduktan sonra, dünyevî elem ve ızdıraplar kāle alınmaz. Zîrâ onlar gaflet gibi yol kesici mâhiyette değildirler. Bilâkis hakîkate vâsıl olmak isteyen için onlar, hattâ ilerletici mâhiyettedirler.

Mark Orel der ki: *"Dikenler arasında bulduğun bir gül için, bu gül niçin dikenler arasındadır, deme! Dikenlerin içinde bir gül bulunduğundan ötürü şükret ve vukuâta rızâ göstermek san'atını öğrenmeye çalış!"*

İşin en kıymetli ve ehemmiyetli tarafı, vâkî olan şeyleri *"hayır olandadır"* hadîs-i şerîfi mûcibince hoş karşılamak mes'elesidir. Esâsen bir irfan ocağı olan bu dünyâ mektebindeki tedristen gâye ve maksat budur. Rızânın kıymeti öyle büyük ve ehemmiyetlidir ki lisan bunu ifâdeden âciz kalır. Zîrâ bu hâl mes'elesidir. Bu hâli giyinmiş kimse mahbûb-i ilâhî olur. Nefsin terakkîsinde, rûhun tekâmülünde mesâfeler kat eden gerçek güzellik "rızâ"dır. Nefsin mertebelerinde "râdiye" mertebesi kulun Allah'tan râzı olduğu makam, bundan bir ileri mertebe olan "merdiyye" mertebesi ise Allâh'ın kulundan râzı olduğu makamdır. Bundan ileri makāma "kâmile" denir ki bu makam Hakk'ın zâtı ve sıfatı ile tecellî ettiği kâmil insana ve Allâh'ın *"Habîbim, sen olmasaydın ben bu dünyâ ve mâfîhâyı halk etmezdim"*[25] buyurduğu mâşûk-ı hakîkîye mahsustur.

Rızâ, kazâya ve belâya sabrı telkin ve tâlim eder ki bu edeptir. Allah'tan hayâ ederek onun verdiklerini velev ki kahır da olsa minnetle karşılamak, yüce Rabbin her yaptığında kulun hayrına ve terakkîsine yarayan bir esas olduğunu idrâk etmek demektir. Yâni Allâh'ı bilmek, hakîkî fâili tanımak demektir. Cismânî ve dünyevî üzüntülerin Allâh'ın indinde kıymeti yoktur; kıymeti olan şey rûhun tekâmülüdür. Bahçıvan da ağacı budar ve dalları keserken bu dalların feryâdına kulak asmaz. Çünkü onun için ehemmiyetli olan, ağacın budanmak sâyesinde neşvünemâ bulacağı keyfiyetidir.

Netîce îtibâriyle şu anlaşılıyor ki, gaflet âdemoğlunu rızâdan, dolayısıyla edepten ve nihâyet terakkî ve tekâmülden alıkoyar. İnsanoğlunu hakîkatine vâsıl olmaktan, Hakk'ı ve halkı tanımaktan alıkoyar. Şu hâlde gaflet, dâimî üzüntü, renc ve belâdır. Onun geçmek ihtimâli yoktur. Gafletten temizlenmiş kimsenin kazandıkları ise dâimî saâdet ve devlettir. Onun kalbinde huzur hüküm sürer ki, cennetin bir mânâsı da budur.

25 Hadîs-i kudsî

Mevlâna Hazretleri rızâ mertebesine vâsıl olan kimseye hitâb ederek buyuruyor ki: *"Benim indimde senin sesin Hakk'ın sesidir. Çünkü –hâşâ- âşık mâşuktan ayrı değildir."*

*

Hazret-i Mevlânâ **"Geçmiş zamanda Hazret-i Yûsuf'a ezâ ve cefâ etmişlerdi. Bil ki sen de onların hâline müştereksin. Senin ezâ ve cefâ ettiğin Yûsuf kimdir dersen, kalbin ve rûhundur..."** buyuruyor.

Kalbi ve rûhu zulmette bırakmak demek, nefsin arzûları ve iştihâları uğruna rûhun hayâtiyetini söndürmek demektir. Kalp hayâtı dumûra uğrayınca kişinin rûhânî güzelliği, derûnî kıymeti- ki bu ahlâk ve vicdan selâmetidir –sıfıra müncer olur. O kimse müflistir, kıymetini kaybetmiş ve mânen iflâs etmiş olduğundan ona ruh cücesi demek münâsip düşer. Beşeriyet için en büyük tehlike, ne harp ne de tabiat felâketleridir. İnsanlık için korkulacak âfet, rûhen kısır ve çorak kalmış bir cemiyettir. Bu cemiyetin ferdi kötü huyludur.

Yine büyük Mevlânâ der ki: *"Cenâb-ı Hakk'ın mukaddes zâtı hakkı için söylüyorum: Yılan, insana fenâ arkadaş ve kötü huylu kimseden daha iyidir. Çünkü yılan bir kimsenin hayvânî rûhunu alır, fakat kötü huylu yâr ve dost o insanın dînine, îmânına zarar verir ve onu elemli azaplara sürükler!.."*

Evet, kötü huyluların cemiyeti dünyânın dört bucağına zarar vericidir. Çünkü insanlar nefis okşayıcı, benliği tahrik edici hayat tarzına elem ve ızdıraplara göğüs germek, sabır ve metânet göstermek keyfiyetinin tam aksi olan kolay yaşama yoluna dâimâ meylederler. Kötü bir cemiyet bu tuzakla irâdesi zayıf olan ekseriyeti avlar. Neden ekseriyetin irâdesi zayıf diyoruz? Çünkü nefsini terbiye etmiş olan, cüz'î irâdesini küllün emrine salmak sûretiyle kuvvetli gelen kimse şüphesiz ki her kişi değil, er kişidir. İnsanoğluna nefsen fedakârlık etmek sanki muhâl bir şey! O kibrini nasıl yener ki her vesîle ile "kendini" göstermek ve senelerini bu arzûnun avucunda harcamaktadır. Hırsını nasıl bertaraf eder ki nefsi cehennem gibi her an "Daha yok mu?" nidâsı ile onu ya zevke, eğlenceye ya paraya, mala mülke iptilâ etmiş, irâdesini ezmektedir.

Mürâîliği nasıl bırakır ki günün adamına dalkavukluk etmek, mevkîini sağlamak fikr-i sâbiti dimâğını gece gündüz işgāl etmektedir. Hâsılı hep benlik!...

Ekseriyette hâkim olan sıfat bu... Arzûlar ve iştihâlar uğruna her şeye diş geçirmek, insanoğlunu Hak ve hakkāniyet esâsından, mutlak varlıktan alıkoyar.

Ruh esir oldukça fert de gülmez, o ferdin cemiyeti de... Çünkü kalp huzûru, kişideki vicdan hürriyetine bağlıdır. Bu derûnî hürriyet ancak ruh terbiyesi ile ele gelir.

Kalbin hür olması mânâsında hicaplardan kurtulma mes'elesi vardır. Gerek zulmânî gerek nûrânî hicaplar, rûhu tabiat zindanında bırakırlar. Bu sûretle rûhun güzelliği o kesâfet ardında hapsolur kalır. Zulmânî hicaplar herkesce mâlum olan ve kānûnen de yapılması cezâ ile karşılanan kabildendir.

Lâkin nûrânî hicapların meşrû bir cezâsı yoktur. Tekâmüle mutlak sûrette engel olan bu ikinci nevi hicapların zararı doğrudan doğruya rûhadır.

Rûhûmuza ezâ ve cefâ etmekle hem kendi şahsiyetimizin, hem de cemiyetin şahsiyeti mânâsını kaybetmiş oluyoruz. Rûha ezâ ve cefâ etmekle mânen anormal yetişiyor, verimsizleşiyor ve başkalarının kıymet ve meziyetlerine ortak oluyoruz. Rûhun esâreti îmânımızı sarsıyor. Şu hâlde selâmet kapısının yegâne levhası önünde duralım: *"Îman ciheti ile kâmil olanınız, ahlâkı güzel olanınızdır!..."*[26]

26 Hadîs-i şerîf

HAK VE HALK YOLUNDA MEVLÂNÂ

Mevlânâ'nın, damarlarımıza
akıttığı sevgi aşısı ile, içimizde
her yaradılmışa karşı müşfik
olmanın sağlığını buluyoruz.
Çünkü o, hasta ile hasta,
dertli ile dertli, üzgün ile
üzgün...

HAK ve HALK YOLUNDA MEVLÂNÂ

Bu yazımızda, fikirlerinin izinde, tefekkürünün eşiğinde, aşk ve edebinin sevgisinde yanıp tutuştuğumuz Mevlânâ'nın kalplere kurduğu muazzam ve ölümsüz saltanatına küçük ve âciz parmağımızla işâret etmek istiyoruz ve bu sâikle soruyoruz:

Niçin onu herkes ve her çağ seviyor? Acabâ neden, yedisinden yetmişine, hiçbir kimse ondan eli boş dönmemiştir? Evet, neden din, mezhep, ırk farkı gözetmeksizin mecûsîsi, budisti, hıristiyanı, mûsevîsi ve müslümanı, zencîsi, beyazı, hep gelenler, etrâfını halka halka çeviriyor? Ve neden onun canının şûlesi önünde pervâne oluyorlar?

Örfî kendine, hakîkatte ise bütün insanlara hitâben *"Ey Örfî, sen o derece yüksel, güzelleş ve olgunlaş ki, öldüğün vakit müslümanlar seni zemzemle yıkamak, mecûsîler ise ateşte yakmak istesinler!"* demekle, kemâle ulaşmanın sırrını açıklamış oluyor.

Gerçekten kemâl, her yolun yolcusuna "o bizdendir" dedirten hasbî bir sevgi, menfaatsiz, karşılıksız bir dostluk ve samimiyet hazînesini elde tutmak değil midir?

İlmi, san'atı, tefekkür kābiliyet ve salâhiyetinden mâadâ, Mevlânâ'da bulduğumuz insanlık aşkına doyamıyoruz. Asırlar, ellerindeki meş'aleyi birbirine devreden koşucular gibi geçtikçe, bu muhabbet meş'alesinin şûlesi de zamanı ve mekânı kaplıyor.

Bugün Şark ve Garb, bu irfânın genişliği ve inceliği önünde derin derin düşünür olmuştur.

Mevlânâ'nın, damarlarımıza akıttığı sevgi aşısı ile, içimizde her yaradılmışa karşı müşfik olmanın sağlığını buluyoruz. Çünkü o, hasta ile hasta, dertli ile dertli, üzgün ile üzgün ve memnun ile sevinç duyuyor. O, suçlunun suçundan kendi yapmış gibi mahcuptur. İnsanlarla öylesine bir ve berâberdir ki, onların nefsânî bünyelerini, kaba ve haşin ahlâklarını sevgi ateşi üzerinde yumuşatıp nefs hamurunu yoğurarak o mayadan beşeriyete ruh gıdâsı temin eder. Bu sûretle de, ele aldığını, cemiyete faydalı kılar. Ondan etrafına yayılan muhabbetin sıcaklığı, bencil nefsi sarınca, buram buram menfaat kokusu tüten varlığını temizliğe kavuşturur. Gāyesi, sevgi nüvesi etrâfında kütlelerin iç nizâmını düzenlemek, cemiyet bünyesinin özünü mayalamaktır.

Onun kalplerde kurduğu ölümsüz saltanatın sırrı budur işte! Onun içindir ki ne zaman baksak, Mevlânâ'yı karşımızda güler yüzle görüyor; lâtif, yanık, içli sesi ile dâimî dâvetini, ezelî çağırışını duyuyoruz.

"Gel, her ne isen gel! Yüz tövbeden dönmüş isen de gel, yine gel!"

İnsanlık âlemi içinde, onun aşk ahlâkına ve ezel dostluğuna dayanmasını bilen zümreler ne bahtiyardır.

Mevlânâ'nın izinde giderken alıcı cihâzını muhabbetle işleten âşık, onun sebil olan varlığından ahlâkını, irfânını, ilmini, sevgisini, cemâl ve kemâl nurlarını ve ilâhî sırları almakta, beşerî duygularını insânî vasıflara döndürmektedir. Onun yolunda bulunmak dalâleti verip hidâyeti satın almanın tâ kendisidir.

TASAVVUF

Hz. Mevlânâ tasavvuf hakkındaki düşüncesini şöyle îzah buyuruyor: **“Bir kimse, bir zattan tasavvufun mânâsını öğrenmek istedi. O zat, cevap olarak ‘Gam ve belâ geldiğinde kalbinde ferah bulmaktır’ dedi.”**

Hz. Pîr’in işâret ettiği bu çok mühim nokta, insanın olgunlaşması demek değil de nedir?

Kibir, riyâ, haset, şehvet, hırs, kin, nefret vs. fenâ huylardan arınmak, bunların yerine iyi ve güzel ahlâkla bezenmek için yaşadığımızı bilmemiz gerek.

İnsanoğlunun, beşer kalıbı içinde hayvanca fiiller ve sıfatlardan sıyrılması, farazâ bir pars gibi yırtıcı, bir yılan gibi sokucu ve incitici, bir domuz gibi haram yiyici, bir maymun gibi mukallit olmak yollu kötülüklerden kurtulması, insanlık îcâbı değil midir? Kibir, riyâ, haset, şehvet, hırs, kin, nefret vs. fenâ huylardan arınmak, bunların yerine iyi ve güzel ahlâkla bezenmek için yaşadığımızı bilmemiz gerek. Devamlı bir öğrenme ve öğretme durumu içindeyiz. Öyle ki, bebeklikte, okulda, iş ve cemiyet hayâtında, gençlik ve yaşlılık devrelerinde, insanoğlu, ilâhî ve beşerî nizamlar tarafından, bir yandan terbiye olan, bir yandan da terbiye edendir.

Allâh'ın azamet ve hikmeti, bir güneş gibi, bu dünyânın, bu irfan diyârının semâsında parlamaktadır. Her nefes daha güzele ve daha iyiye gitmek yolunda bir vesîle ve fırsat vererek kulların tekâmülü ve terbiyesini sağlayan ulu Allâh'ın şu tertip ve nizâmına hayran kaldığı için irâdesini küllî irâdeye teslim eden büyük Mevlânâ, terbiye olmuş insanın huzûrunu şöylece îlân ediyor: *"Gam ve belânın gelmesi vaktinde kalpte ferahlık duymak!.."*

Mâdemki her vesîle, insanı tekâmüle iten bir kuvvettir, mâdemki her hâl ve tecellî, insana insanlığını buldurmaya yarayan bir sebeptir, şu hâlde gerek ferah ve sevinç, gerek gam ve keder, Allâh'ın lûtfundan başka bir şey olamaz. Bu olgunluğa eren, bu huzûra varan kimseden, acabâ cemiyet nasıl faydalanır?

Nasıl mı? O kimsenin hiçbir kişiye düşmanlığı yoktur. Gene o kimse, îmânını, huzûrunu, muhabbet ve bilgisini cemiyete aktarmak için hazır ve âmâdedir. Böylece de o, en emîn durak ve sığınaktır. Resûlullah: *"Yâ Ali, Allâh'a giden yollardan sen bir kâmilin gölgesini ihtiyâr et!"* buyurarak en kestirme yolu îlân etmemiş midir?

AŞK ERİTEN KUDRET

Aşk sultânı Mevlânâ diyor ki: **"Âşıkların hoca ve müderrisi, dostun hüsnüdür. Yârin cemâli onlara yokluk ilmini öğretti; onların defterleri ve dersleri, dostun güzel yüzü ve özüdür."**

> **Aşk imamdır bize, gönül cemâat,**
> **Kıblemiz dost yüzü, dâimdir namâzımız.**

Riyâsız ibâdeti, saf alışverişi, mânevî sermâyeyi Allâh'ın aşkında bulduğumuz için, aşkı kendimize rehber edindik. Aşk, hırs ve ayıpları eriten o kudret ki, kişide bir nam tanımaz, benlik bırakmaz. Âşık can, gerçek tevâzûu, yokluğu ve hiçliği özünden öğrenir.

Her şeyin var oluşundaki hikmet, aşk yüzündendir. Bunu, Allâh'ın Resûl'üne hitâbından anlıyoruz: *"Eğer sen olmasaydın, ben bu dünyâ ve mâfîhâyı halk etmezdim!.."*[27]

Bu aşk ve şevki, Cenâb-ı Hak, Kur'ân-ı Kerîm'de *"Âdem'e secde ediniz!"* demekle ortaya koymuştur. Hakk'ın nûrunu Âdem'de gören ruhlar o güneş etrâfında birer gezegen gibi devredicidirler.

Şu var ki, bu âlemde, aşkın ismine veyâ sıfatına âşık olanlar da ne çok! Paraya, mala, şöhrete, evlâda, ibâdete, kerâmete vs. müptelâ olanlar hep buna birer örnek.

---

27 Hadîs-i kudsî

Fakat aşkın gerçeğine, özüne ulaşmış olanlar, sırf Allah için olanlar, kahrı ve lûtfu hoş karşılayanlar, belâyı bal edenler, şikâyet yerine şükredenler, Hakk'ı halkta temâşâ edenler, işte ezelde Hakk'ın nûrunu Âdem'de görüp secdeye varanlardır.

Bununla berâber herkes ve her şey aşk için hayat bulmuş, aşk için yaşamakta...

Büyük Mevlânâ hakîkate erenlere işâret ediyor. Onlar yüzünü Hakk'a çevirmişler, Âdem'i bulup secdeye vararak ondan aczi, tevâzûu ve yokluk ilmini öğrenmişler; bu uğurda varlıklarından sıyrılıp ihtiyâcı olanlara ilim, irfan, edep, sevgi ve şefkati sunmuşlardır. Artık bunlar halkın hizmetinde gönüllü olanlardır.

Herkes ve her şey aşk için hayat bulmuş, aşk için yaşamakta...

Aşk sultânı, bir vücut memleketine ayak basınca, orada hüküm sürenlerin varlığından eser kalmaz; orada hırs, tamah, riyâ, haset, kin vs. damarları kurur. Benlik sevdâsı ile sarhoş olanın elindeki mey kadehi kırılır ve gönlü insanlık aşkı ile çarpar ki, o gönül kâinat vücûdunun kalbi mesâbesindedir.

Gayb hazînesinin anahtarını, aşkın özüne eren serdengeçtinin elinden alalım ve kalbimizin kilidini açalım!.. Hakk'ın sırları, bu kilidin ardındadır.

HAK YOLUNDA KÂFİR KİM?

Bu suâlin cevâbını Mevlânâ şöyle veriyor: **"Kâmil insandan, onun îmânı gibi îmanlardan habersiz olan... Ölü ise, onun canından habersiz bulunandır."**

Bâyezîd-i Bistâmî zamânında bir hıristiyanı müslüman olmaya dâvet etmişler, o da "Benim nasıl müslüman olmamı istiyorsunuz? Eğer Bâyezîd gibi olmam gerekiyorsa ona tâkatim yok, fakat îmânım var. Lâkin sizin gibi müslüman olmamı istiyorsanız buna ihtiyâcım yok" demiş.

Yeryüzünde, müslümanların kaç milyon olduklarını hesaplayabiliriz. Doğuştan İslâm kaydı ile dünyâya gelmiş olanların hepsi hakîkatte müslüman mıdırlar?

Bir müslüman ne gibi mes'ûliyetlerin yükü altındadır, bunu hiç düşündük mü?

"Müslüman odur ki, onun elinden ve dilinden başkaları emîn olsunlar!" Bu hadîsin mânâsı üzerine dikkatle eğilebildik mi?

Emîn olma keyfiyetinin başında vefâ gelir. *"Rabbim de ve istikāmet et!"*[28] ilâhî emri ile, döneklikten kurtulmak ve sabırlı olmak vefâ îcâbıdır. Sözde ve özde doğruluk, emniyetin esâsı olduğu gibi, *"Efrâd-ı beşerden her fert cinsiyette berâberimiz,*

28 Ahkāf Sûresi/13. âyet

insâniyette birâderimizdir" diyen Hz. Ahmed er-Rifâî'nin yolunda gitmek emniyetin kendisidir. Bu, ancak kötü hâl, çirkin huy ve fenâ ahlâktan arınmakla mümkündür.

Ve işte Mevlânâ, olgun ve kendisinden emîn olunan kâmil insana şöyle işâret ediyor: Bu kişi cüz'î irâdesini küllün emrine bağlayıp aksi yöne kürek çekmek gafletinden kurtulmuştur. Bu kişinin îmânını tanımak gerek. Bu olgun îmandan habersiz kalana ne yazık... Hakk'ı ve halkı ayrı vücutlarda görmek sûretiyle *"Allah'tan başka fâil yoktur"* inancını inkâr eden, sebep ve âlet mevkîinde olan şahsı fâil gören kimse, şirkini isbat etmiyor mu?

"Müslüman odur ki, onun elinden ve dilinden başkaları emîn olsunlar!"

Hadîs-i şerif

İşte çile, bu düşünce ve irfandan uzak yaşayan, gaflet içinde ömür süren kütle ile birarada olmaktır. Çile, gerçekten habersiz kalanlarla geçen müşterek hayattır.

Hz. Ahmed er-Rifâî'nin uyanıklığa çağıran sesini duyalım: *"En büyük fakirlik, ölü mesâbesinde olanlarla ünsiyettir."*

İNSAN DÜNYÂNIN KIYMETİNİ NASIL BİLMEZ?

Mevlânâ diyor ki: "**Hakîkate vâsıl olan kimselerin yoluna ne dünyâ bulutu, ne de rûh güneşinin gurûbu tesir eder. Bu kimseler üzüntü verici ayrılıktan kurtulmuşlardır. Onlar öyle bir visâle ermişlerdir ki, hicran ve firâkı isteseler de bulamazlar.**"

Hakîkat ehline bu dünyânın her türlü meşgûliyeti, elem, keder, ızdırap ve sevinçleri, nefs ile mücâdelede en lüzumlu vâsıtalardır. Nefs ile girişilen harpte bu vâsıtalar birer cephâne hükmündedir. İnsanoğlu için, ızdıraplar, kazâlar ve belâlar, tabanca, tüfek, bıçak, kılıç olup arzûları, iştihâları, hırs ve emelleri vurmaya, gazabı, kîni, kibri öldürmeye sebep olan âletlerdir. Bu dünyâ bir savaş meydanı gibidir. Hâdiseler, ya nefsânî hâllere nişan alıp onları tepelemiş yâhut da îmânı kurşuna hedef kılmış ve sâhibini ebedî hayâtı tanımaktan yoksun bırakmıştır. Kazanç ve kayıp, bu âlemde oluyor demektir. Şu hâlde insan bu dünyânın kıymetini nasıl bilmez?

Dünyâya, bir kimsenin gerçek değerini ortaya koyan ve iddiâlarına, bizzat kendi tutumu ile cevap veren ibretler diyârı demişler. Dünyâ alışveriş yeri olsa gerek. Neyin müşterisi ve neyin mağlûbu isek, avucumuza konan da o değil midir? Bu alışverişte arzû ettiğimiz şeyin kıymetine göre değer veririz. Bâzan hakîkî bir cevhere bağlanır, neyimiz varsa bu uğurda harcarız. Bâzan da sahtesi için koca ömrü tüketir, acımadan sarfederiz.

Dünyâ alışveriş yeri olsa gerek. Neyin müşterisi ve neyin mağlûbu isek, avucumuza konan da o değil midir?

Şu hâlde dünyâ, geçici hayâta müptelâ olanlara iptilâlarının karşılığını, îmânı ve canı ile ödetirken, gözünü, gönlünü mânâya kaptırmış olan hakîkat ehline de tekâmül ve kemâli sağlayan emîn bir duraktır. Zîrâ bu menzilin başında meydana çıkan er, nefsin izzetine ok vurmuş ve fakat rûhun izzetine yol bulmuş, yâni kendi için değil, Hakk'ın şânı için, muhabbeti için seferber olmuştur.

Şu hâlde dünyâyı, insanın cüz olan aklı ile küll olan aslı arasına giren bir bulut olarak da görsek, oradan yağan rahmet, Hak ehlinin vücûdu toprağına inince, şüphesiz orada hamd çiçekleri açar ve onlar Hakk'ı öylesine zikr ederler ki, âşık fânî varlığı nâmına hiçbir menfaat düşünmeyecek hâle gelir. Aradan mesâfe kalkar; beşer vasfı, kendine âit nâmı, rahmetin istîlâsına uğrayıp dağılır ve "asl"a rücû eder, döner. Bu ölmeden önceki ölüm hâlinde ayrılık nasıl bahis mevzûu olsun? İnsan, kendini Hak'ta eritmiş ve fakat Hak'la yeniden dirilerek dâim kalmıştır artık... Hak erinin gönlüne, bu dünyâ bulutu sevgi selini akıtıyor. Demek ki mutlak güzelliği sevmek ve onun şânını yüceltmek dünyâ sâyesindedir.

Abdestiz namaz olur mu?
Kâmilin yolunda bulunan bir
kimsenin de murâdını, Dost'un
murâdında fânî kılmadıkça,
ilerlemesine imkân yoktur.

ALLAH HERKESE LÂYIKINI VERİYOR

Mevlânâ, Hak yolcusunu şöyle ikāz ediyor: **"Ey çok söyleyen kimse, sen benden uzak ol! Benimle oturmak istersen ve uzak durmak istemezsen gözlerinle ayıp görme, kalbin ile hiçbir şeye îtiraz etme, cevap verme! Eğer benim dediklerimi tutamayıp kendi bildiğine gidecek olursan, üstâd-ı kâmil sana bir şey söylemese bile, mânâda sen ondan uzak olursun. Abdestiz namâza devâm olunmadığı gibi, senin dahî o kâmil insanın huzur ve hizmetinde bulunmaklığın, onun dediklerini tutmadığın hâlde, abdestsiz namaz kılmak gibidir."**

Olsa istîdâd-ı ârif kābil-i idrâk-i vahy
Emr-i Hak irsâline her zerredir bir Cibril

Dünyâda abes yoktur ve her şey hilkatine münâsip ve uygundur.

Bu beyitte ifâde olunduğu gibi, şu âlemde her bir zerre, birliğin mânâsını söyleyen bir tecellîdir. Ve kahır olsun, lûtuf olsın, her ne sûrette ise de, o tecellî aslā abes ve mânâsız değildir. Bir hakîkatin ifâdesi, bir ibret, bir âyet hükmünde olup, ekseriyâ kalpte mânevî ve uyarıcı hamle yapar, gafletten kurtulmanın yolunu açar. Dünyâda abes yoktur ve her şey hilkatine münâsip ve uygundur. Sâdî der ki:

An ki heft iklîm-i âlem râ mihâd
Herkesî râ lâyıkı Hudâ dâd

Kürbe-i miskîn eğer per dâşti
Tohm-i gunceşk ez zemîn ber dâşti

"Bu yedi iklîmi yaratan Allah herkese lâyıkını vermiştir. Eğer miskin gördüğün kediye acır da, bunun neden kanadı yok dersen, bil ki onun kanadı olsaydı yeryüzünde serçe kuşunun tohumu kalmazdı."

"Firavun, Hz. Mûsâ'ya 'Sizin Rabbiniz kimdir?' diye sordu. Hz. Mûsâ cevâben şöyle dedi: 'Bizim Rabbimiz o Allah'tır ki, her şeye lâyıkını vermiş ve onu hilkatinin icâbı olan yola sevketmiştir.' "[29]

Her mevcut, her oluş, her olan ve olacak olan şeyler Küllî Şuûr'un emrinde olduğundan mânâsına münâsip ve uygundur. Bizim görüşümüze göre çirkin, kötü ve hayırsız olabilirler. Ancak unutmamalı ki, her şeyin Hâlık'ı olan Allâh'ın murâdını ve gizli hikmetini bilmekten âciz olan bu cüz'î akıl, küll'ü kavrayıp idrâk edemez ve onu kuşatamaz. Bu sebepten, farazâ Kur'ân'da buyrulduğu gibi, Hz. Mûsâ'ya bir müddet için arkadaşlık eden Hızır'ın, mâsumların malı olan bir gemiyi sakatlaması, görünüşe göre nâhoş bir iş ise de sonradan sebebi izâh edildiğinde, sakat olmayan her gemiye el koyan

29 Tâhâ Sûresi/50. âyet

bir zâlimden mâsumlarınkini kurtarmak kastı ile yapılan bu hareketin, ne kadar doğru ve güzel olduğu meydana çıkar.

Şu da muhakkak ki, kemâli her an âşikâr olan Küllî Şuûr'un, her yaptığı doğru ve güzel ve mutlak sûrette hak edilendir.

Şu hâlde cüz'î aklımız ile Küllî İrâde'yi kuşatamayacağımız ve onun yaptıklarındaki gerçek mânâyı kavrayamayacağımız için bize edepli olmak düşüyor. Yâni *"Gözlerinle ayıp görme, kalbinle hiçbir şeye îtiraz etme!"* deniyor.

Kâmil insan, îmânının ve muhabbetinin sevki ile aslına erişmiş ve irfan âleminde bir alışverişe girişmiştir. Satışa çıkardığı kendi fânî benliği, mukābilinde sâhip olduğu ise, acz ve hayret duygusudur.

"Aklı sat, hayreti satın al, tevâzu ile yürü!" diyen büyük Mevlânâ:

Akl râ kurban kün be-pîş-i Mustafâ
Hasbiyallah gû ki Allâhem kefâ

Diyor: "Aklını Mustafâ'nın önünde kurban et ve hasbiyallah de ki Allah kâfîdir."

Abdestiz namaz olur mu? Kâmilin yolunda bulunan bir kimsenin de murâdını Dost'un murâdında fânî kılmadıkça, ilerlemesine imkân yoktur.

Ey aşk dâvâ eden insan! Kendi şeker gibi lezîz arzûnu ihtiyar ettikçe âşık olamazsın! Âşık kişi dilediğini Sâhib'in rızâsında eritmek gerek!..

Dost'u gören ancak O'nun
köyünden olandır. Çünkü
Dost, yalnız ezelden âşinâ
olduğu cana yüzünü gösterir,
cemâlini âşikâr kılar.

DOST'U KİM GÖRÜR?

Büyük Mevlânâ açıklıyor: **"Nâmahremin yâni hakîkatten habersiz olanın canı, Dost'u göremez. Onun cemâlini gören can, asıl onun köyünden olandır."**

Ezelde Allâh'ın nûrunu görmeyenler bu âlemde de kör oldular. Ancak onların körlüğü, gönül gözlerindedir. Hâlbuki ten gözleri görmeyenler içinde öyleleri vardır ki, kalp gözleri Allâh'ın aşkına açık ve hakîkati seyredicidir.

Gönül gözleri âmâ olanlar, öyle bir gafletin esîridirler ki, bağlı oldukları dünyâ hırslarının ve peşine düştükleri hayâllerin peşindedirler. Evet, öyle bir gafletin esîridirler ki, ebedî hayâtı tanımak istemez ve fânî zevklerin zebûnu olup kalırlar ve nasıl olur bilinmez, şöhretin, saâdetin devam edeceğine inanırlar. İşte bu da Allâh'ın azametine bir misâl! Hakîkat bir güneş gibi can âleminde parlamakta iken, kudret ve kuvvetin insanda olmadığı, hergünkü hadîselerin dilinde dolaşırken, ölüm denen kıyâmetin kopacağı muhakkak iken bu âşikâr gerçekler büyük kütlelerce görülmemektedir. Tıpkı bakar körler gibi... Bunlar akl-ı selîmden uzak, hayırlı ve hayırsız olanı birbirinden ayırmaktan mahrum, çocuklar gibidir. Çocukların, kendileri için zararlı da olsa, sevdikleri, ısrarla isteyip tercih ettikleri şeyler vardır. Onlara hoş geldiği ve netîcesini düşünemedikleri için, farazâ kesici ve incitici âletlerle oynamak isterler, Mîdelerini alt üst edecek bir nesneye atılırlar. Kendilerine verilmek istemeyen bu kabil maddelerden dolayı büyüklerine küsenler, oyunlarından alıkoyuldukları için tepinen, ağlayan ve büyüklerini zâlim görenler pek çoktur.

İptilâlarının esîri olan insanlar da çocuklar gibi sevdikleri şeylerden ayrıldıkları zaman isyan ve inkâra saparlar. Meselâ mal, mülk, para, şöhret, evlât ve sâireye karşı aşırı düşkünlük yüzünden esir durumundadırlar. Tıpkı çocuklar gibi oyalanmak ve düşünmeksizin hareket etmek zorunda kalır ve bir topaç olup üzüntüden neş'eye, zevkten yeise düşer, gidişâtın peşinde sürüklenirken bütün güçleri ile nefisleri yolunda didinir dururlar. İşte *"Ahmaklar olmasaydı bu dünyâ harap olurdu"* hadîs-i şerîfinin mânâsı böylece açıklanmış sayılır.

Dünyâyâ bel bağlayıp ona tapan bir kimse, rûhen gelişmemiş olduğundan, ruh cücesi ismi ile yâd olunur. Bu bîçârenin, şu dünyâdan daha güzel, daha geniş bir âlem olabileceği hakkında inancı yoktur ve zevklerinin üstünde bir zevkin gönlünü ihyâ edeceğine dâir îmânı da mevcut değildir.

Hani **Mesnevî**'de bir hikâye vardır: Bir yahûdî pâdişâhı mûsevî dînini kabûl etmeleri için halkı zorlayıp şiddet ve zulüm yaparmış; plânını tatbik husûsunda da her türlü çâreye başvururmuş ve böylece îman etmeyenleri ateşe atmak için hazırlığını tamamlayıp bir anayı şefkati cihetinden mağlûp etmek istemiş. Kucağındaki çocuğu, diri diri yakmak üzere kadından ayırınca ana çılgına dönmüş ve îmânından dönmek üzere olduğu esnâda, yavrusu kendisine hitap ederek şöyle demiş: "Anacığım, ben senin karnında iken ve yalnızken ve yalnız kanın ile beslenirken o rahim denen dünyâdan başka bir dünyâ olduğunu bilmiyordum. Senden aldığım gıdâdan başka bir leziz gıdâ olabileceğini ve nice nîmetleri bulunan bir âlemi görebileceğimi ummuyordum. En geniş âlemim orası ve en leziz gıdâm da senden aldığım kan idi. Hâlbuki bu âleme gelince, buranın evvelkine nazaran nasıl güzel ve muazzam olduğunu görerek hayret içinde kaldım. Anacığım, îmânından dönme, ateşe gel! Zîrâ şimdi dünyânın da fevkinde olan nûrânî bir diyârın ışıklarını sezmekte, onun rûhânî gıdâsının tadını damağımda duymaktayım. Korkma anacığım, gel! Vücut ve varlığını ateşe ver! Benim gibi sen de bu gerçek diyârın yolunu hayretle seyr et!"

İnsan bilmediğinin münkiridir. Bunun için nâmahremin yâni ruh cücesinin canı Dost'u göremez ve gönül zevkini bilemez. Gönül denilen o sonsuz genişliğin, âlemleri yaratan mutlak varlığa karargâh olduğunu sezemez. Muhabbet sofraları kuran yanık sîneleri bulamaz ve o aşk ziyâfetine eremez.

Dost'u gören ancak O'nun köyünden olandır. Çünkü Dost, yalnız ezelden âşinâ olduğu cana yüzünü gösterir, cemâlini âşikâr kılar. Ezelde birbirleriyle yâr olanlar, bu âlemde de tanışık çıktılar. Dostluk ve âşinâlık, zaman ve mekân içinde değil, ezelde elde edilir. Gördüler ki aşk ve şevk, lâ-mekândadır ve aşkın tek kıvılcımı yedi cehennemin ateşinden de üstün olup her hicâbı, Allah'la kul arasına giren her perdeyi yakmaktadır.

Kâmil insandan kalbin
selâmetini elde edecek feyzi
almalı! Bir kimse ancak kâmil
insan sâyesinde, bu varlığın
Hak varlığını âşikâr kılan bir
kitap olduğunu öğrenecektir.

UMMAN GÖNÜL

Mevlânâ diyor ki: **"Sen kendi kalbini kalb-i selîm zannediyorsun. Bu sebepten gönül ehlini terk ettin. Ey habersiz kimse, gönül o gönüldür ki bu yedi âsuman gibi yedi yüz âsuman gelse, orada kaybolur. Böyle gönül kırıntılarına gönül deme! Gönül sâhibi altı yüzlü ayna gibidir; bunun altı yüzünden de Hak tecellî kılmış ve altı cihete nâzır ve mütecellî olmuştur."**

Resûl-i Ekrem Efendimiz *"Mâ arafnâke hakka ma'rifetik yâ ma'rûf: Seni hakkıyle bilemedik yâ Allah!"* demekle, umman olan bir gönüle işâret buyurmuştur. Hakîkî gönül öyle bir vüs'at ve muhabbet âlemidir ki, orada tecellî güneşinin bütün ışıkları parlasa, ilimler ve mârifetlerin cümlesi birleşse, gene de isteyen, dileyen, doymayan bir rûhu sırrında gizleyen bu gönül, gene de sonsuzluğun peşindedir. Onu hiçbir şey doyurmaz. Çünkü gönül, aşkın zaman ve mekâna sığmayan varlığına giriftâr olmuş, ateşten ateş, dertten daha baskın, nârdan daha yakıcı olan aşk, o gönlü sarmış ve sâhibini sidreden öte geçirmiştir.

Burada menzil yok, mertebe yok, durak yok, ezelden ebede seyir var… İstîdat kabı sınırlı olan bir gönüle, gönül kırıntısı diyorlar. Zîrâ hakîkî gönlün hududu yoktur. Büyük kova, küp veyâ havuz da suyu içine alır. Lâkin genişlikleri eş midir? Bir bardak, bir küpün istiap ettiği suyu nasıl alır? Deryâ ise, bardakla küple ölçülür mü? Hak'la vüs'at kazanmış gönlün içinde de denizler vardır. O, her şeyi içine alan yâni zâta mahsus ve mazhar olan bir âlem olarak, altı yüzünden de Hak tecellî etmiştir. Cenâb-ı Hak o yolla eşyâya nazar kılar ve yine o vâsıtayla âlemlere nur salar. Yere göğe sığmayan Allah işte bu gönüle sığmıştır:

Kendi hüsnün vech-i dilberden hüveydâ kıldı aşk
Çeşm-i âşıktan dönüp ânı temâşâ kıldı aşk
Sığmadı arz u semâya hüsn ü aşkın leşkeri
Bü'l-acep ki sîne-i uşşâkı me'vâ kıldı aşk

Böyle bir gönül sâhibinin gölgesinde bulunan kimseye ne mutlu! Köke merbut olan daldan meyve alındığı gibi, aşk erbâbının elinde bir nay gibi içi dünyâ kirlerinden arınmış olan candan da kalp nûru, kalp huzûru cümle âleme yayılır. Binâenaleyh kâmil insandan kalbin selâmetini elde edecek feyzi almalı! Bir kimse ancak kâmil insan sâyesinde, bu varlığın Hak varlığını âşikâr kılan bir kitap olduğunu öğrenecektir. Kendi kitabını okuyacak insan, vücûdu eserinde kâinat ilmini görerek Allâh'ın kemâlini, azametini hayretle seyredecek, kâinatta her ne varsa insanda da onu görecektir.

Farazâ, insanın bedenî yapısı fizik, kimya, matematik ve tabiî ilimlere örnek değil midir? Aklî ve rûhî âlemi de, mantık ve metafizik bilgilere bir misâl. İnsanın, gerek aklının gerek bedeninin muvâzenesi cemiyetteki nizâma işâret olup bu bakımdan da, sosyoloji ilmine bir örnek teşkil etmez mi?

Kâinatta buyruk yürüten aşk, herkesi kendi istîdâdına göre, herhangi bir şeyin meclûbu kılar. Yüzlerce iptilânın, yâhut da yalnız birinin esîri olan kimseye kâmil insan şunun için lâzımdır ki, bu zincirleri koparsın ve onu dünyânın değil, sâdece

Rabb'in kulu kılsın! Yâni mecazdan alıp hakîkate ulaştırsın! İnsan tek başına bu yolları kat edemez. Zîrâ benlik her yönden hatırını saydırtır. Sırasında benlik, hayır ve hasenat, ibâdet ve tâat yolundan da baş gösterir. Keşif ve kerâmet, nefse pâye verdirir. Ama, ben cehlimi îlân ettim ve irâdemi Küllî İrâde'ye ulaşmış o kâmile teslim ettim, diye karar aldıktan sonra ve onun emirleri ile nefsin ıslâhı yolunda ilerledikten sonra kurtuluş durağı görünür ve bu mübârek durak, Hak yolcusunun konağı olur. Buradan geriye dönülmez, buradan yükselmek gerekir. İnsan böylece, derûnî bir seyahate çıkar. Hakk'ın sevgilisi olan hakîkî insan "rızâ" vizesi vermedikçe iç âlemindeki terakkî yolculuğu nasıl mümkün olsun?

Cenâb-ı Hak bir kudsî hadiste şöyle buyuruyor: *"Ey takvâ sâhibi ve ibâdet edici! Bana bir gönül sâhibinin gönlünü getir! Eğer o gönül sâhibi senden râzı olursa, ben de senden râzı olurum."*

O sevgili ki, Hak ile Hak olmuş, ondan tecellî eden nûra melekler, ruhlar secde kılmıştır. Onun için Hz. Pîr *"Enbiyâ ve evliyâyı beşer bilme! Allâh'ın nûrunun bir kâmil insanın vücûdu maşrıkından doğduğunu bildiğim hâlde, ben nasıl eflâk cânibinde yüz götürür, nurları ondan talep ederim?"* demekle Allâh'ın nûru tecellî eden o kalb-i selîm insandan baş çevirip nasıl felekler tarafına bakar da nur ararım, diye hayret ediyor.

Can ve nur, selîm aklın mahsûlüdür ancak.

Allâh'ın muhabbeti ile parlayan hakîkat nûrunu görmeli ve orada gönül sâhibini bulmalıyız. O gönül deryâsında da mârifet ve hayret gemisini yüzdürmeliyiz. Bu sefer için de aşk gerek.

AŞKLA ÇİFT OLMAMIŞ AKIL NURSUZ GÖZ GİBİDİR

Mevlânâ soruyor: " **'İnnâ a'taynâke'l-kevser' sûresini okudun mu? Eğer okudunsa ve 'kevser'den murâd ne olduğunu bildinse, niçin kuru dudaklı ve susuz kaldın? Bu dünyâda ilim ve amelden olan hayrı içmen lâzımdır; tâ ki Allah âliminin kalbi havuzundan ilim ve mârifet kevserini can ağzı ile içip Hak'tan gayrı demek olan mâsivâyı unutasın!...**"

Bilenler için dünyâ hayâtı, iki ezelî sütuna bağlı bir perde üzerinde seyretmektedir. Bu sütunlardan biri ilim, diğeri ise ameldir.

Yâni önce öğrenmek, sonra da o bilgi ile iş görmek üzere vazîfeliyiz. Perde bizim rûhumuzun örtüsü, yâni vücûdumuzdur. Nitekim herkes ilminin gösterdiği yönde hareket etmektedir. Bu iş vücut perdesinde meydana geliyor.

Sâdece kendi nefsinin iştihâsı ve zevki ile yetinen kişiye sözümüz yok. Kezâ körükörüne, sırf naklî bir îmâna bağlı kalanlara da sözümüz yok. Bunlar, taklitte kalıp Hakk'ı değil halkı gören, tevhîde varamayıp Yaradan'ını tanımasına imkân olmayan bîçârelerdir. Mevlânâ der ki: *"Yâ Rabbî, benim sözlerimi, anlamayanlardan ört! Ayıp addedenlerden gizle! Sözlerim onların küfürlerini artıracaktır."*

Şu hâlde sözümüz, insan mertebesini bulmaya çalışan, dış yüzü gibi iç yüzü de insan etmeye uğraşan Hak yolunun yolcusunadır. O düşünür: Hakîkat ilmi nedir? İnsânî hareketin, ibâdetin mânâsı ve faydası nedir ve kimin içindir? Bu ilim nasıl öğrenilir? Cemiyetin nizâmı ve cemiyet bünyesinin kuvvetlenmesi için atılacak adım ne yönde olmalıdır?

Görülüyor ki akıl, insanı düşünmeye sevkediyor. Akıl, bilginin yolunu açar. Bilmek, hakîkati, özü bilmek ve Hakk'ın kemâlini görebilmek için ilim dallarından biri veyâ birkaçı üzerinde çalışmak şüphesiz ki gereklidir. Çünkü bütün ilimler hakîkat ilmine doğru yükselen bir merdiven, birer basamak hükmündedir. Hangisini inceleseniz hayrette kalır, hayranlık hislerinizin derinleştiğini görürsünüz. Bir insanın vücûdunu ele alalım: Bu makinenin çalışmasındaki tertip ve intizam, sizi hayretten hayrete düşürmez mi? Bir âmirin emrinde binlerce memur, hiç şaşırmadan vazîfe görüyor. Tek ana damara bağlı birçok damarlar ve onların ucunda derinlere kadar giren kılcal damarlar vücûdun her zerresine hayat götüren kanın yolunu tâyin ediyor, yön çiziyor. Onlar ağ gibi vücûdu örmüşlerdir. Kandaki âlem ise bambaşka! Burada âdetâ milletler ve onların karakterleri var; aynı karakteri hâvi olanlar birbirlerini destekliyor. Farazâ aynı kan grubundan olanlara kan vermek ve bu sûretle hayat bahşetmek, tıpkı meselâ hürriyeti seçen milletlerin aralarında anlaşma yaparak hayatlarını idâme ettirmelerine benzemez mi? Bugün vücuttaki herhangi bir organın temel taşı hükmünde olan her bir hücre için kimyevî tahliller yapılıyor. Mâlûmdur ki, her birinin kimyevî bünyeleri ayrı ayrıdır.

Bir vücûdun fizyolojik tedkîki, insana, türlü problemler getiriyor. Onların çözülebilenleri dahî insanı hayretler içerisinde bırakmakta... Bunları yaratan kudretin, bir damla sudan, aklı ile, iz'ânı, hisleri, duyuları ile, derin rûhî âlemi ve muazzam fizyolojik bünyesi ile bir bütün, bir şâheser meydana getirdiği ve bir eserin diğerinden farklı olması yüzünden, nasıl bir zenginliğe sâhip olduğu, kemâlinin saltanatının bir misâli değil midir? Bugün, maddenin en küçük ve parçalanmayan hâline atom dendiği hâlde, onun dahî parçalanıp maddî varlığı âdetâ kaybolunca nasıl bir enerji ile karşılaşıldığı ve o enerjinin akılları durduran bir kudret olduğu, bu ilimle uğraşanların meçhûlü değil. Her şey, her mevcut, Allâh'ın eşiğinde akılları âciz bırakan ilmini ve başı sonu olmayan mârifetini söyleyici ve göstericidir.

Şu hâlde üç-beş bilgi dalını incelemekle "ben" diyen ve Hakk'ı unuturcasına her şeyi bilirim iddiâsında bulunan bilgiçlerin peşinde sürüklenmek gafletinden kurtulmalı ve Hakk'ı tanıyıp sevenlerin kapısını çalmalıyız. Böylece de Allâh'ın muhabbeti ile parlayan hakîkat nûrunu görmeli ve orada gönül sâhibini bulmalıyız. O gönül deryâsında da mârifet ve hayret gemisini yüzdürmeliyiz. Bu sefer için de aşk gerek. *"Aşkla çift olmamış akıl nursuz göz gibidir"* diyen ârif ne doğru söylemiş! Bu dünyâda ilim ve amelden hâsıl olan hayır, kâmil insanın kalbindeki kevserdir. O kevserden içen susuz değildir. Yâni hayat iksîri bulan kişi ölmez; hissiz, bilgisiz ve hayvan misâli kalakalmaz. Aslına olan aşkı yüzünden insanlığını bulur; nefsini bilir, hakîkatine secde eder.

İşte ibâdetin mânâsı! Gafletten kurtulup Allah sevgisi ile dirilen kimse, cemiyetin menfaatini, nizâmını muhâfaza edici, seviyesini yükseltici, hayırlı bir varlıktır. Başkalarının rahatı ve huzûru için ferâgat sâhibi olanlar, bunun karşılığı olarak, vicdan rahatlığı ile mükâfatlanır ve kötülüklerden uzaklaşırlar.

Onun için muhabbetin özünü
kâmil insanın gönlünde buluruz:
*"Ben sana bir gönül sâhibinden
nazar ederim; yoksa ibâdetin
yüzünden değil"* sözü, ne büyük
bir hakîkati açıklar.

AŞK
YALNIZ İNSANA VERİLMİŞTİR

Aşk sultânı Mevlânâ demi kaçırmaması için muhabbet ehline hitap ediyor: **"Hacıya Kâbe'yi tavaf etmek nasıl lâzımsa, mânevî âb-ı hayâta susamış olan âşıka da öylece üstâd-ı kâmilin etrâfını dolanmak ve ondan ölümsüz hayâtın sırrını işitmek lâzım. Cenâb-ı Hak buyuruyor: '*Her şeye sudan hayat verdik.*'[30] İşte kâmil insanın vücûdu bu hakîkat suyuna nehir gibidir."**

Âb-ı hayat aşk çeşmesinden elde edilir. Eğer bu aşk, sırf aşkın hakîkati içinse, yâni sevmek hiçbir menfaate dayanmamışsa, gerçek muhabbettir. Herkesin mânâda bir kıblesi vardır; kişinin gönlünde yatan her ne ise, o, ona kıble olmuş demektir. Şu hâlde herkeste aşk mevcut. Lâkin bu cezbe geçici bir varlığa karşı duyulmakta ise, ölümsüz hayâta erişmek mümkün olamaz. Meselâ bir kimse paraya âşıktır, şöhrete âşıktır, evlâdına âşıktır veyâ güzele âşıktır vs. Fakat bunlar, aşkın hakîkatini bilmek, tanımak demek değildir. Aşkın hakîkati öyle bir ateştir ki, yedi cehennem dahî bu aşk ateşinin bir kıvılcımı hükmündedir. Bu gerçek muhabbetin zerresi bir kalbe düşse, şâirin *"Zerrece aşk odu, yakar bütün varlığını"* dediği gibi, nefsin ayıplarını, hırslarını eritir ve kül eder, benliği yakar ve mahv eyler. Bir kimsenin, farazâ paraya âşık olması

30 Enbiyâ Sûresi/30. âyet

demek kendi nefsine âşık olması demektir. Yâni o, kendine meftun, kendi zevklerine düşkün, kendi kendinin harîsidir. Hâlbuki aşkın hakîkatinc âşık olanın nefsi mevzû-i bahis olamaz. Çünkü ondaki gerçeği sevme duygusu, her türlü nefsânî duyuşları ve zevkleri kendi ateşinde kül etmiştir. O, bu muhabbet sâyesinde, halkın hizmetine gönüllü girmiştir; yüreği Hak ve hakîkat için çarpmaktadır. Ölümsüz hayâta lâyık olan kimse Allâh'a lâyıktır.

Aşkın hakîkati öyle bir ateştir ki, yedi cehennem dahî bu aşk ateşinin bir kıvılcımı hükmündedir.

Onun için muhabbetin özünü kâmil insanın gönlünde buluruz: *"Ben sana bir gönül sâhibinden nazar ederim; yoksa ibâdetin yüzünden değil"* sözü, ne büyük bir hakîkati açıklar. Çünkü ibâdetin mânâsını bildiren ve kişiyi şirk ve küfürden temizleyen aşk, kâmil insanın, erbâbına armağanıdır. Onun vücûdu hakîkat suyuna öyle bir nehirdir ki, ezel ve ebed bu nehirde seyreden hakîkate yol bulur.

Acabâ biz bir kemâl sâhibinden neler öğrenebiliriz?

Hemen cevap vermek gerek: O hakîkî aynada kendimizi, kendi iç âlemimizi buluruz; kalbimizin saklı hazînesi bize oradan âşikâr olur. Biz gönlümüzde mevcut gayb hazînesinden habersiziz; biz kendi hakîkatimizden gâfiliz. Kur'ân'da

"Ruhûmdan ruh üfledim"[31] buyrulduğuna göre, gerçek nûra erişen Âdem, yâni insan değil mi? Cemâdâta ve arza teklif edilip kaldıramayacağı anlaşılarak gönle sunulan aşk, yalnız insana verilmedi mi?

Kâmil insan bize iki türlü sükûtu öğretir:

1- Lisânın susması, yâni beyhûde söz söylememek, dedikodudan dili muhâfaza etmek. Mark Orel der ki: *"Nazarını komşusunun yaptıklarından ziyâde kendi üzerine çevirmiş olan kimse, ne çok vakit kazanır."*
2- Kalbin susması; yâni şu bize verilmiş olan cüz'î akıl, Hâlık'ı ihâta edemeyeceğinden ve küllî aklın işlerindeki sebep ve hikmeti de kavrayamayacağından, olanlara kalben îtiraz etmemek.

Her olanda bir mânâ ve maksat gizlidir. Bâzan bu sebep ortadadır; fakat bâzan da âşikâr olmaz. Şu hâlde olanlara îtiraz etmek, Sâhib'e îtimat ve teslîmiyetin olmamasından ileri gelir. Hâlbuki cüz'ün Küll'e baş kaldırması ne gülünçtür! Biz câhiliz, bilici olan ise Allah'tır! Bir mes'elenin iç yüzünü bilmeyen kimsenin ona îtiraz ve isyan etmesi yerine, susması daha doğru olmaz mı? Allâh'ın ilmine vâkıf olan kemâl sâhibi, hâdiselerin gizli hikmetine âşinâ olduğundan, îtirazdan kurtulmuştur. Onun için, kâmil üstaddan ne öğrenebilirim, diye düşünen kimseye, edebin mânâsını ders edineceği bildirilmeli!

31 Hicr Sûresi/29. âyet

Allah âşıkları ki, sevginin rengine
batmış ve boyanmışlardır,
Sâhip'ten gayrı bir şey nasıl
görürler? Onlar her hâl ve kârda
memnun ve hoşnutturlar.
Çünkü alışveriş Dost'ladır.
Başka neyin kıymeti olabilir?

GÖNÜL HAK'LA ZİNDE OLSUN

Büyük Mevlânâ **"Sabır ilâcı ki, nefsin arzûsunu vermemektir, gözün perdeleri olan cehâleti, zulmet, gaflet ve dünyâ sevgisini yırtar"** diyor.

Kim ki yârin cemâli ile hoş olmuştur
Onun gözü önünde bu cihânın zevkleri boş olmuştur.

Allâh'ın aşkı ile mest olanların indinde kahır ile lûtfun arasında mesâfe kalır mı? Yâni her iki tecellî de onların indinde müsâvîdir. Öyle ki cemâl ve celâl görünüşü, hakîkatte aynı nûrun ayrı ayrı şanla tezâhürü sayılmaz mı?

Hz. Ahmed er-Rifâî der ki: *"Bu âlem halkı iki kısım olsa ve biri güzel kokular sürüp beni zevk ve rahata salsa; diğeri ise beni makaslarla kırpsa, bu iki fırka da nazarımda birdir."*

Bayezîd-i Bistâmî ise *"Eğer cehenneme de girecek olsam, cennette imiş gibi zevk içinde olurum"* diyor.

Bir sarhoş bile içkinin verdiği mestlik hâli yüzünden nerede olursa olsun, ister kâşânede ister izbede, kaldığı ve yattığı yeri ayırt etmez ve etrâfı görecek göze sâhip olmazsa, Allah âşıkları ki, sevginin rengine batmış ve boyanmışlardır, Sâhip'ten gayrı bir şey nasıl görürler? Onlar her hâl ve kârda memnun ve hoşnutturlar. Çünkü alışveriş Dost'ladır. Başka neyin kıymeti olabilir?

Kahrın kahır olduğunu fark edip onun ağırlığı ve üzüntüsü ile hastalananlar için ise, sabır ilâcı bulmak kolay olmaz. O rûhî maraza müptelâ olan kişi, bu ilâcı elde ettikten sonra bile, kendini tedâvî için hırs ve kibre karşı sıkı bir perhize tâbî olmak ve hastalığın şiddetine göre ilâcın miktarını ayarlamak zorundadır.

Bu, ruh doktoru denilen kâmil insanın önce teşhis koyan, sonra şifâ bahşeden feyz ve nûrunu görüp kabûl etmekle mümkün olur.

Nasıl ki, herhangi bir hastalığa tutulmuş olan kimse hekimin tavsiyelerine riâyet etmek ve kendi aklı ile hareket etmeyip kendi bildiklerini unutmak zorunda ise, haset, riyâ, kibir, hırs, düşmanlık vs. hastalıklarına müptelâ olan ve mânen hastalanarak benlik, inkâr ve isyan vâdîlerinin uçurumuna sürüklenen kişi de, irâdesini kâmil insanın irâdesine teslim etmelidir ki, hastalıkla vîran olan gönlü Hak'la zinde olup sıhhate kavuşsun! İşte o zaman gafletin esîri değil, emîri olur. Cehâlet ve zulmetten kurtulur. Dünyâ sevgisi ve dünyevî zevkler rûhunu tatmin etmez veyâ kederler, iç âlemini sarıp akl-ı selîmini tahrip etmez.

Carlyle'ın dediği gibi: *"Allâh'ın irâdesini kendisi için en uygun ve en hayırlı olarak kabûl eden kimse, kendi irâdesi ile Yaradan'ınki arasında bir âhenk kuran kimsedir ki boş yere aksi istikāmete kürek çekmiyor demektir."*

Ben, bugüne kadar bundan güzel, vazîfenin târîfine rastlamış değilim.

TÖVBE NEDİR?

Mevlânâ, insanoğlunun karanlık yolunu gündüz gibi aydınlatıyor: **"Çabuk ol, tövbe atına bin ve hırsız olan dünyâya ve şeytana erişip çalınan ömür cevherini hırsızın elinden geri al! Tövbe vâsıtasıyle kötülüklerini iyiliklere tebdil et! Çünkü tövbe atı, seni bir lâhzada süflî mertebeden âlâ mertebeye çıkarır."**

Ey hüsnün ve lûtfun sâhibi koca sultan! Ey âlemleri cemâlinin nûru ile aydınlatan! Gönüllere âteşîn mânâdan bir can bahşedip, kalp denen kandili feyz şûlesi ile uyandırıp aşk yolunda hizmete koyan! Tabiat zindanının karanlık yollarına ay gibi doğup hakîkati arayanlara şevk ve muhabbet mehtâbını ulaştıran ulu cânân! Dudağının ve elinin yakını olana neyi duyurmadın, neyi söylemedin ki, bu ilim bilinmemiş olsun? Yalnız şunu iyice anlıyoruz ki, her işiten ayrı anlayışın, ayrı istîdat kabının adamı... Onun için:

Sırr-ı men ez nâle-i men dur nîst
Lîk çeşm ü gûş râ an nûr nîst

"Benim sırrım benim nâlemden uzak değildir. Lâkin onu görecek gözde ve işitecek kulakta nur yok" diyorsun.

Dünyâya tapanların cenneti, fakat mü'minlerin kendilerini içinde garip ve mahpus hissettikleri bu tabiat âlemi bir zindan gibidir. Dünyâ bir hırsız sanki! İnsanoğlunun ömrünü çalmakta ve onu zevklerinin esîri yaparak sermâyesiz çılgın bir hayat sürdürüp, nefeslerini hiç uğruna tüketmektedir. Zavallı dünyâperest kişinin inancı şu: Mâdemki ölüp gideceğim, artık fırsatı kaçırmadan nefsimin zevklerine ve rahatına bakayım! Hak ve hakîkat de ne demek? Bunlardan kurtulmak, dünyânın zevklerini yaşamak gerek.

Dünyâ aç gözlüdür, ona âit olan insanlar da öyle... O insanlar ki hırsın, bitmez tükenmez ihtirâsın zebûnudurlar. Bu çeşit kimseler cemiyet için felâket üstü bir felâkettir. Onlar, öyle bir vefâsızlık içindedirler ki, kim onlara ihtiyaç elini uzatsa, onlar, bu muhtaçları, bir kurban hükmünde görür ve elemleri ile istihzâ eder, eğlenirler. Kendi zevklerine hizmet bâbında ise, hiçbir fedakârlıktan kaçınmazlar.

Ey nefsinin emîri olan Allah arslanı! Dünyâ ve onun ehline cevâbın ne güzel!... İşte Hz. Ali'nin sesi kulağımızda: *"Dünyâ bana sol elini uzattı, ben sağ elini de geri çevirdim. Dünyâ harâmını teklif etti, ama ben helâlinden de geçtim. Zîrâ gördüm ki muhtaç olan ben değilim, odur."*

Evet, dünyâ ile işbirliğine girişen, onun hırsızlığına ortak olan kimse, başkalarına âit olan hak yükünü sırtına yükleyip de kaçarken gerçi memnundur. Çaldığı maldan varlık-dirlik bulmuş, eğlence ve zevk payı çıkmıştır. Fakat korku içinde olduğu da gözden kaçmaz. Zîrâ beklenmedik bir darbe, bir anda, onu mahva götürüp hor-hakîr edebilir, nesi var nesi yok, elinden alarak hayâtını darmadağın edebilir. Dayanacak îmânı da olmadığından, perîşan olup gider.

Taptığı dünyâdan sille yiyip bir kenara atılmış olan bu bîçâreye verilecek cevap bellidir: Sana akıl ihsan olduğu hâlde düşünce ve idrâkini hırsınla kör ettin, hayvanla müsâvî oldun.

Lâkin hayvana akıl verilmediği için onun mes'ûliyeti yoktur. Mes'ûl olan sensin; o hâlde sen hayvandan da aşağı oldun, insan olma fırsatını kaçırdın. Hayat, zannettiğin gibi ölümle bitecek değildir. Hayâtın başlangıcı yoktur ki sonu olsun. Târihin yazılmaya başlandığı bir devreden îtibâren bu âlemi tanıyorsun, ama ondan önceki mâlûm olmayan zamanlarda yaşanmış bir hayat olduğunu bilmen lâzım. Geçirdiğin devreler gibi ölüm de bir devre, bir merhaledir. Toprak olan bu beden, aslına dönmekle şeklini değiştiriyor. Ya ruh? Tekâmüle tâbî olarak seyrediyor. Ancak, ya terrakî edecek yâhut da geri giderek imkân ve fırsatlardan mahrum kalacaktır. Bu takdirde azap görmek mukarrerdir. Biraz düşün! Bu hakîkati cemiyetlerin hayâtındaki ibretler âşikâr kılmıyor mu?

İşte Hz. Pîr'in îkâzı da bu yoldadır. Tövbe mevkîinde toplanmayı kötülüklerden kurtulmanın ilk şartı olarak kabûl ediyor. Tövbe, sâde men edilen şeylerden baş çekmek mânâsında değildir. Aynı zamanda "lâ fâile illallah" ("fâil Allâh'tır") hakîkatinin hâricinde her düşünüş ve hâlden vazgeçmek mes'elesidir.

Tövbe, benlik dağını niyaz ve gözyaşları ile eritmek, gönül ateşiyle parçalamak demektir. Tövbe, halktan Hakk'a firar etmek, kaçmak mânâsında olup, vakti ve kalbi Allâh'a teslim etmek mazhariyetidir.

Benlikten vazgeçmek, kendinde bir varlık görmek sevdâsından kurtulmak için tek çâre, nefsinin emîri olan "merd"e boyun eğmektir. Şeytan'ın Âdem'e secde etmeyişi de, bu teslîmiyeti bulamamış olmasındandır. Şu hâlde, terbiye esnâsında insanın kendi bildiklerini unutması, nefsini arkaya atması îcap eder.

HAKÎKAT -İ MUHAMMEDİYE KÂMİLİN SÎNESİNDE ÂŞİKÂR OLDU

Hz. Mevlânâ mânevî yükselişin özüne temasla buyuruyor ki: **"Sen o üstâd-ı kâmilin sohbeti sefînesine girdiğin zaman, gemide oturan kimseler gibi, iyiden kötüden ayak çekmen lâzımdır. Tâ ki can mâşûku cânibine rûh-i revân gibi gidici olasın! Rûhânî sefer ve mânevî seyir kılasın! Hattâ o mevkîe kavuşasın ki, onda hakîkî mâşûku bulasın!"**

Bâzı kimselerin bir irşat ediciye, doğru yolu gösterip terbiye ediciye ihtiyaçları olmadıklarını zannetmelerine kat'î bir cevap olan yukarıdaki sözler, incelendikçe hayret ve heyecan bahşeder. Kâmil insanın huzûru, Hz. Nûh'un gemisi gibi halâs ve necat, kurtuluş merkezi olduğundan, rûhun mânevî seyri bu merkezden başlamaktadır. Ruh, tekâmüle giden yolculuğunda, bir vakitler bu mânevî seferi tamamlamış olan kâmilin sohbeti gemisine erişince emniyette olur ve ulaşacağı mevkîe kadar, teslîmiyetinin mükâfatı olarak, hiçbir zahmet ve eziyetin hükmü altına girmez. Mâdemki dümenin idâresi kendisine değil, geminin kaptanına âittir, şu hâlde gemiye giren, emre itaatle vazîfelidir. Şöyle ki, insanın cüz'î irâdesi nefsinin tehlikeli arzûsu yolunda değil, teslim olduğu küllî irâdenin yüceltici emrince iş işlemesi lâzım geliyor.

Şurası muhakkak ki, benlikten vazgeçmek, kendinde bir varlık görmek sevdâsından kurtulmak için tek çâre, nefsinin emîri olan "merd"e boyun eğmektir. Şeytan'ın Âdem'e secde etmeyişi de, bu teslîmiyeti bulamamış olmasındandır. Şu hâlde, terbiye esnâsında insanın kendi bildiklerini unutması, nefsini arkaya atması îcap eder. Her çeşit bilgi terbiyesinde de bu böyle değil midir? Piyano çalmak isteyen kimse hocasının tarzına inanacak, bağlanacak ve fakat kendi başına hareket edip gelişigüzel tuşların üstüne basmayacaktır.

Bir matematik problemi çözmek gibi, hâdiselerin iç yüzündeki hikmet düğümünü açan, çözen merd-i kâmil, kendisine tâbî olan bahtlının rûhî seviyesini, istîdâdını hemen görür ve anlar. Onu eline alıp iç âleminde bir hamle yapabilmesi için tekâmül seyahatine çıkarırken, önce nefsinin "zaaf" hastalığına teşhis koymuş ve ilâcını hazırlamıştır. Her ne çeşit zaafın mağlûbu ve hangi zararlı alışkanlıkların müptelâsı ise rûhunda arıtacağı nokta orasıdır. Bâzan bu yolcunun iyiliklere karşı zaaf derecesinde iptilâsı da olabilir. Farazâ aşırı merhametlidir. Gerçi şefkat insanı Allâh'a yaklaştırır, lâkin bu güzel hâlin dahî zaaf ve Hakk'ın işine karışmaya varacak kadar ileri gitmiş olması, netîcede "edep" noksanı ve Allâh'ın tek fâil olduğunu unuturcasına ondan hesap sormak gibi bir haddini bilmezliğe dayanması olmaz mı? Bütün bu incelikler hakîkat-ı Muhammediye'de gizli, hakîkat-i Muhammediye ise kâmilin gönlünde âşikâr... Onun gönlü, hakîkat ummânına ulaşan tek emîn yol olduğundan bu muhabbet gemisinde yol alanlar, aynı zamanda deryânın derinliklerine dalmayı öğrenirler. Dipte buldukları saf incilerle rûhen ziynetlenirler, süslenirler. Şöyle ki, çile çekseler, kahır görseler zengin olan kalpleri yüzünden şikâyet yerine şükrederler.

Mesnevî'de bir hikâye vardır: Bir adam kâmil insana ulaşmak ve feyzinden nasip almak için pek uzaklardan gelmiş, fakat o zât-ı muhteremi evinde bulamamış; hanımından nerede olduğunu sormuş ve sırf bu büyük yolculuğu o zâta kavuşmak için göze aldığını anlatmış. Lâkin kadıncağız zavallı bir gönül fukarâsı imiş; zevcinden hiçbir mânevî koku almadığı için yolcu ile alay etmiş, hâline gülmüş. Aynı zamanda kocası aleyhinde ileri geri pek çok şey söylemiş. Sonunda yolcu, aradığı zâtın ormanda odun kesmeye gitmiş olduğunu öğrenerek yola koyulmuş. Yalnız, içinden kendi kendine şu suâli sormuş: Bu büyük zat, böyle bir kadını, nasıl yanında alıkoyuyor?

Ormanın içinden, bir arslanın sırtında olduğu ve elinde yılandan bir kamçı bulunduğu hâlde gelmekte olan o zât-ı muhterem, yolcuyla karşılaşır karşılaşmaz, ona şunları söylemiş: "Oğlum ben o kadının yükünü çekemeyecek olsaydım, hiç bu erkek arslan benim yükümü çeker miydi?"

Yolcu mahcup olarak susmuş ve belki de şöyle düşünmüş: Nefsine ağır gelen şeyden küsen insan, insan olamaz!

Er kişinin her hâli, bize bir ders
ve ibrettir. Onun nefsi köyünü
aşk vîran etmiştir. O, sevgili
uğruna baş vermiş, muhabbet
toprağında şehit düşmüştür.
Şehit kanlı da olsa yıkanmaz.

VÎRAN OLAN KÖYDEN VERGİ ALINMAZ

Aşk pîri Mevlânâ âşıkların şânını belirtiyor: **"Âşıklar için her nefes aşk ateşine yanmaklık vardır. Vîran olmuş bir köy için vergi aranılmaz. Eğer hatâ söylese de âşıka hatâ edici deme! Muhârebede şehit düşen kimse, kanlı da olsa, yıkanmaz. Âşıkların hatâ ve günâhı, âşık olmayanların yüz sevâbından daha iyidir. Deryâda yüzen kimse için ayakkabıya ve baldır dolağına lüzum yoktur."**

Aşk, Allâh'ın en büyük lûtfu ve kalbe koyduğu en güzel niyaz ve en asil duygudur. Aşka lâyık olan Allâh'a lâyık oluyor.

Hz. Ahmed er-Rifâî'nin *"Allâh'a giden yolların kapılarını kalabalık gördüm, ancak yokluk kapısından içeri girdim"* buyurduğu vechile, bir kimsenin nefsini yokluk mevkîine ulaştıran yegâne gerçek, aşktır. Aşk, dağınık fikirleri ve dağınık hisleri, arzû ve emelleri tek noktaya toplamaya muktedirdir. Bu bakımdan âdemoğlunun hırs ve iştihâsına, tamah ve şehvetine bir kalem çizer ki, Hz. Pîr'e *"Aşktan kimin elbisesi yırtılmışsa o, hırs ve ayıplarından kurtulmuştur"* sözünü söyletmiştir.

O tek nokta, Hak ve hakîkati istemek ve her şeyin özüne eğilmek demek olduğuna göre, sathî hiçbir zevkin olgun insanı tatmin etmeyeceği pek tabiî değil mi? O hâlde âşık, dünyâ-nın iniş çıkışına kapılan, gün ve gece üzüntüden, mihnetten, pişmanlık ve azaptan nafakalanan, yolunu şaşırmış bir zavallı değildir ki kayıpta olsun?

Aşk, insana vaktini ve kalbini kazandırır. Kalbini gerçeğe, vaktini insânî düşünüş ve hareketlere bağlar. Çünkü âşık, hakîkatin hayrânıdır, ölmeyen hakîkat de âşıkın kıblesi olduğuna göre, onun nazarı derûna yâni gönüledir. Âşık, dünyâ dedikodusundan arınmış, ancak kendi hâline ve sırrına dalmıştır.

Koca âşık Râbia Adeviye'ye dedikodulu bir mes'ele hakkında suâl sormuşlar; cevâben *"Ben Hak'tan baş alamıyorum ki gayrından haber vereyim"* demiş.

Âşıkın sevdiği bir, taptığı bir, gördüğü birdir. Aşk, âşıkın eline her türlü iptilâ ipini kesip koparan bir hançer verir. Nefsin çeşitli arzûlarını ören ipler bir bir kesilince ve nefsânî her hâl, süflî bir mal gibi ortaya dökülünce, nefs sermâyesini tüketmiş yâni yokluk makāmına ermiş olduğundan kalbi, esâretten kurtulup hürriyete kavuşur, başı sonu olmayan Vahdet âleminin nûrunu sezer ve yükseklikler doğru seyredip gider. Bu sonsuz nûrânî âlem gerçek âşıkın vatanı ve asıl yurdu olduğu için âşık, herhangi mânevî bir makāmın, rütbenin dahî esîri olmaz. Şu hâlde bu bahtlı kul, "oldum" dâvâsında değildir. Onun dâvâsı dâvâsızlıktır. Onun gidişinde, bulmak ve bilmekten maksat, Allâh'ın ahlâkıyla ahlâklanmaktan başka bir şey değildir. Onun yol alışı,

Bilmek değil imiş bulmak
Bulmak değil imiş bilmek
Evliyâya gönül vermek
Rengine boyanmak imiş

kıt'asının mânâsına uygun düşer. İşte âşık, sevgilinin murâdı için nefes alıp vermekte, onun emri uğruna murâdını eritmekte, her hâli ve tavrı ile edebin ne olduğunu göstermektedir. O, hâdiselerle değil, onların fâili ile alâkalı, Yaradan'la meşgûldür.

Aşk, Hz. Pîr'e *"Beni asıl öldüren, Rabbimin bir benzeri olmayan lûtfudur"* sözünü söylettiği gibi, *"Yâ Rabbî, ben senin kahrına da âşıkım"* ibâresinin açıkladığı mutlak teslîmiyeti de gösterir.

"Ben derdime sevgilimin hoşnutluğu dolayısı ile muhabbet bağladım; nâle ederim, inlerim, onun hoşuna gider de onun için" diyen koca sultan, hakîkî aşkta Dost'un neş'e ve meşrebinden ayrı bir düşünce bulunmadığını âşikâr ediyor.

Şu hâlde, Sâhib'in muhabbeti ile gönlü ganî olan er kişinin her hâli, bize bir ders ve ibrettir. Onun nefsi köyünü aşk vîran etmiştir. O, sevgili uğruna baş vermiş, muhabbet toprağında şehit düşmüştür. Şehit kanlı da olsa yıkanmaz. Yâni onun gönlü kötülüklerden arınmış, dünyâ ve ukbâ sevgisinden, kibirden, hırstan, cennet ümîdi ve cehennem korkusundan soyunmuştur: *"Onlar ki Rabbim Allah der ve istikāmet ederler, onlar için korku ve hüzün yoktur."*[32] Onun sevgisi menfaat tanımaz, onun alışverişi hasbetenlillahtır, sırf Allah içindir. O, mârifet ve hikmet sâhibidir, gönlünün deryâsında seyreder. İlmini, ibâdetini Sâhib'in rızâsından dolayı zenginleştirir. Ve men olunan şeylerden, sırf yârini hoşlamak için vazgeçer. Âşık, dünyâya Sâhib'i için geldiğini ve zuhur âleminde Allâh'ı sevmek uğruna vücut bulduğunu bilir de, İbrâhim Hakkı Hazretleri gibi, şöyle söyler:

32 Ahkāf Sûresi/13. âyet

Âşık-ı yârim anınçün bu diyâra geldim
Yoksa ben deyr-i cihân içre ne kâre geldim
Himmetim çok bülend idi ezelden hâlâ
Hoş temâşâ-yı rûh u zülf-i nigâra geldim
Aşk meydânında lâyık yok idi bir binek
Ten burâkıyla revân bûs-i kenâra geldim
Ger bana olsaydı onda müyesser bu murâd
Pes ne içün şehr-i ademden bu diyâra geldim

ALLAH SABREDENLERLE BERÂBER

Büyük Mevlânâ orucun fazîletlerini açıklıyor: **"Oruç insanı bütün zevklerin ve güzelliklerin kaynağı olan yokluğa götürür. Biz Süleyman'ın yüzüğünü her şeyde aradık. Onu, sonunda fakrda, yoklukta bulduk. Allah sabredenlerle berâberdir."**

Nefse hâkim olmak, irâdeyi sağlam ve sıhhatte tutmak, önce küçük işlerden başlamaz mı? Farazâ bir bardağı yıkarken yavaş ve dikkatli hareket etmek, gerek bardağın temizlenmesi ve kırılmaması, gerek yıkayanın vazîfesini iyi görmesi bakımdan ehemmiyetli değil midir? Bütün dikkate rağmen bir kazâ olduğu takdirde yıkayan mes'ûl değildir.

Amma vazîfeyi küçümseyip kıymet vermediği için kazâ yaparsa doğan sonuçtan sorumlu olmaz mı? Küçük işlere âit olan hâl ve tavır büyük işlerdeki tutumu hazırlar. Şu hâlde, insan kendini dâimî kontrole tâbî tutmalı ki cemiyet için zararlı bir varlık olmaktan kurtulsun. Nefis terbiyesinde en mühim olan nokta, arzû ve isteklerin aşırılığını ve korkunç doyumsuzluğunu önlemek keyfiyetidir. İnsanı, taşkınlık ve azgınlıktan koruyan irâdenin sağlam ve sıhhatte olması için gereken şartlardan biri de, oruç olsa gerek. Fukâranın her günkü yarı açlığına iştirak edip yoksulların ihtiyaç içindeki hâllerini tanımak ve onlara şefkat, merhamet duymakta orucun, uyarıcılığı ne kadar büyüktür. Oruç, insanın nefsini zayıf bıraktığı için, gazap ve şehvet, vücutta siner. İrâdenin kuvvetlenmesi yolunda oruç bir başlangıç noktası olup fazîlet ve faydaları pek çoktur. Gerçekten kişiyi bütün zevklerin ve güzelliklerin kaynağı olan yokluğa götürür. İnsanın sorumlu olacağı yaşından îtibâren yaşadığı müddetçe yasak olan düşünüş ve hareketlerden uzak olması, küllî irâdeye tâbî olduğunu gösterir. Şu hâlde, kendinde bir vücut ve varlık görmeyen kişi, mutlak varlığa ve tek vücûda îman etmiş olur ki, bu, yokluk mevkîine erişmek ve gene bu, Hak'tan ne gelirse hoşlukla kabûllenmek demektir.

Fukâranın her günkü yarı açlığına iştirak edip yoksulların ihtiyaç içindeki hâllerini tanımak ve onlara şefkat, merhamet duymakta orucun uyarıcılığı ne kadar büyüktür.

Kahır veyâ lûtuf, Sâhib'in emri olmadan kula erişemez. Mâdemki emri bu yolda tecellî etmiştir, şu hâlde olanlar, Dost'tan dolayı kabûle şâyandır!

Oruç, avam için sabahtan akşama yemek ve içmekten perhiz etmez olduğu hâlde, işin hakîkatine varanlar için oruç, her zaman edeptir. Cüneyd Bağdâdî'nin *"Cüneyd otuz yıldır Hak'la alışverişte idi. Âlem de onu halkla berâber sandı"* dediği gibi, her hâl ve vakitte Allah için olmak, Sâhib'in dâimâ hayra doğru seyreden lûtfunu görmek, birer ayna gibi olan her bir varlıkta Allâh'ın nûrunu müşâhede etmek, her şeyin mânâsına varanların orucudur. Bu orucun vakti kalpte sevginin doğmasiyle başlar. Aşk ehlinin iftarı ise Allâh'ın cemâlidir.

Hz. Ebû Bekir Sıddîk, *"Kendisine visâl için aczden başka bir şey yaratmamış olan Allâh'a şükürler olsun!"* diyor. *"Süleyman'ın yüzüğünü yalnız fakrda bulduk"* diye seslenen Hz. Pîr de, aynı mânâya işâret ediyor. Her kilidi açan, her sırra ulaşan Süleyman'ın mührü, nefs malını Allah uğruna gözden çıkarıp nefsinin kibir, gurur, kin, yalan, hîle gibi hakîkatle arasına giren sıfatları yenmiş olan erin elindedir.

İşte oruç, gerçeği tanımak üzre bilinir ve sevilirse pek değerli ibâdettir, kulluk vazîfesidir. Kur'ân-ı Kerîm sabredenlerin mükâfâtını her vesîle ile zikreder. Oruç insana sabrı öğretir ki, dînin temeli ahlâk olduğu gibi, ahlâkın da temeli sabırdır. Sabırlı kişi îtirazdan kurtulur. Başına gelen şeyin kahır olduğunu bilse de, şikâyeti yoktur. O kalben susmasını bilmiş, affın hakîkatini öğrenmiştir.

Hz. Nûh'a ümmeti inanmadığı için ve getirdiği tek Allah fikrini de kabûl etmediğinden eziyet eder ve onu döğermiş. Hz. Nûh bu türlü işkencelerden baygın düşer, ayılır ayılmaz da şöyle duâ edermiş: *"Yâ Rabbî, sen bu gâfilleri affet! Onlar cehâletleri yüzünden böyle hareket ediyorlar. Onları hakîkati bilmedikleri için mâzur gör Allâh'ım!"*

Bu sevgi ve îman, sabır ve af, bütün yaratılmışlara karşı olan sonsuz şefkat, nefsini emir altına alan, türlü zevk ve isteklere perhiz eden, varlık ve vücut kaydını silen Hak ehlinin kârıdır.

Sabır, pasif değil, aktif bir
nurdur. Durgun ve uyuşturucu
bir ruh hâli değil, aksine
canlandırıcı ve yapıcı nurdur.
İnsanı doğru yola yürütür;
uğraşmaya, çabaya sevkeder.

BÜYÜK CİHAT

Mevlânâ diyor ki: **"Sen bu güzelliğin Yûsuf'usun; bu âlem kuyu gibidir. Bu kuyunun ipi ise Allâh'ın emrine sabretmek; sabır ilâcı da nefsin arzûsunu vermemektir."**

Hz. Yûsuf'a kardeşleri dahî düşmandı. Onu, babası tarafından sevildiği için kıskanırlardı ve gördüğü rüyâları söylediği için çekemezlerdi. Nitekim dost olmayan kimselerin fenâlıkları temiz kimseleri dâimâ hedef almıştır.

Yûsuf'u kör bir kuyuya bırakmışlardı. O, bu kuyuda bir müddet bulunmakla, hisleri ve rûhu dünyânın dedikodusundan âzat olarak tekâmül etti, yükseldi. Sonunda sabır ipine sarılıp oradan kurtuldu ve Mısır'a sultan oldu.

İnsan da âlem kuyusunda perhiz ederse, yâni gönül karartıcı ve azgın isteklerden çekinir, hasedinden, kibrinden, kîninden, riyâsından uzaklaşır, kötü huy ve düşüncelere oruçlu olursa, bu husustaki sabrı, bir kurtuluş ipi olur. Gözlerini örten perdeler kalkar; cehâlet, zulmet, gaflet ve dünyâ sevgisi erir, yok olur. Rûhunu kederler, üzüntüler sarsmaz ve onu, türlü aşırılık ve zevklerin gafleti yoldan çıkartmaz.

Şu anlaşılıyor ki sabır, pasif değil, aktif bir nurdur. Durgun ve uyuşturucu bir ruh hâli değil, aksine canlandırıcı ve yapıcı nurdur. İnsanı doğru yola yürütür; uğraşmaya, çabaya sevkeder. Sabır, zannedildiği gibi, bir kenara çekilip elini kolunu kıpırdatmadan beklemek mânâsında alınmamalıdır. Hz. Pîr'in *"Eğer nefsin zevk aldığı şeyler olmasaydı sabretmek de olmazdı"* buyurdukları üzre, sabır, bir harbe girmek ve onu kazanmak demektir. Bu nefs harbinin en büyük mücâdele olduğunu, Peygamber Efendimiz gazâ meydanından dönerken açıklıyorlar: *"Cihâd-ı asgardan, cihâd-ı ekbere dönüyoruz."* Yâni meydan muhârebesinden nefs ile mücâdeleye, küçük harpten büyük harbe gitmekte olduklarını bildiriyorlar.

İyilik, doğruluk ve güzelliğe ulaşan kemâl yolu sabır nûru ile aydınlanır. Sabır, kulun hükmünden korkmadan Hakk'ın hüküm ve irâdesine tâbî olmaktır. Hz. Ayşe, Muâviye'ye yazdığı bir mektupta der ki: *"Resûlullah'tan duydum: Eğer bir kimse, Hakk'ın rızâsı için kulun arzûsuna muvâfık hareket etmezse, Cenâb-ı Hak onu gelecek her türlü zarar ve kasıttan muhâfaza eder. Fakat eğer kulun rızâsı için Hakk'ın rızâsını çevirirse, Allah da onu kulların eline bırakır, vesselâm..."*

Kulların eline kalmak ne fecî bir sonuç! Sırasında bir insan arslan ve kaplandan daha vahşî, menfaati için yılandan daha zehirli değil midir? Yılan insanın maddesine zarar verir, fakat sînesinde kibir ve benlik zehiri dolu olan kimsenin saldırışı, kişinin mâneviyâtına, rûhuna huzursuzluk, kalbine îmansızlık illeti akıtır.

İşte sabır, bu tehlikeye karşı silâhlı bulunmak demektir. Halka hoş görünmek sahteliğinden kurtularak Hakk'ın emrine bağlanmak sabırdır.

"Dünyâda cehennem nedir?" diye sorulsa, insanın huzûrunu bozan ve onu gaflet, şirk vâdisine sürükleyen iptilâlardır denebilir, işte bu dünyâ cehennemdir.

Dünyâ sevgisi bir kimsenin kendisi ile hakîkati ve aslı arasına girmiş olduğu için ve insanoğluna, aslını unutturmak üzere şehvet ve lezzetler sunduğu için, cehennem ateşi olarak, o kimseyi içten içe yakar ve onun kıymetlerini, meziyetlerini kül eder. O insan mânen iflâs etmiş, sıfır olmuştur. Ancak hakîkî aşktan nasîbi olanlardır ki cehennem ateşinden kurtulurlar.

Âşık da ateş içindedir. Ama o, Hakk'ın aşk ateşi ile yanıp tüter. Bu yüzden de cehennem, âşıka hitap ederek der ki: "Ey gerçek âşık, uzaklaş! Çünkü senin yangının benim ateşimi sönük bırakıyor ve senin yanında benim hükmüm kalmıyor."

Bir kimsenin kalbinde Hak muhabbeti doğunca, dünyâ sevgisi yâni gaflet, zulmet ve cehâlet ateşi söner. Çünkü bu ateşi körükleyen nefsin havası esmez olmuştur.

Bir pırlantayı pırlanta olarak meydana koyan, onu temizleyip yontan elin mahâreti olduğu gibi, cevheri temiz ve kābiliyeti üstün bir kişinin de cemiyetin hizmetine yarar hâle gelmesi için bir rehber insanın eline düşmesi îcap eder.

BİRİ İKİ GÖREN BİZİZ

Büyük Mevlânâ gözümüzü ve gönlümüzü hakîkate çeviriyor: **"Asıl işler ezelde kararlaşmış olan levh-i mahfuz hükümleridir. Bu dünyâda meydana gelen her şey, ezel pazarlığının îcaplarıdır vesselâm."**

Allâh'ın indinde iki levh olduğu mâlûmdur. Bunlardan biri levh-i mahfuz, diğeri ise levh-i muallâk, yâni değişebilen kaderdir. Birincisi *"Şakî şakîdir, anasının karnında. Saîd, saîddir, anasının karnında"* buyuran Peygamber Efendimiz'in açıkladığı gibi, eşkiyâ daha anasının karnında iken eşkiyâdır, evliyâ dahî ana karnında evliyâdır. İşte bu, değişmez kaderin hükmüne giriyor. Kur'ân'da *"Sen onlara bir şey yapamazsın; çünkü onlar mühürlüdür"*[33] buyrulduğu gibi, bir kimsenin gönül gözünün açık veyâ örtülü olduğu mes'elesinin ezelî bir dâvâya dayandığı âşikârdır.

Ezelî dâvâ ise, ilâhî emre itaat etmek veyâ etmemekle başlamış; şeytan ve şeytan sıfatlıları, Hakk'ın nûrunu Hz. Âdem'de, yâni kemâle ermiş insanda görememişler; bu yüzden de, Allâh'ın emrini kabûl etmemişlerdir. Hâlbuki îmânı gerçek olanlar bu nûru, kâmil insanda görüp emre itaat ederek secdeye

33 Bakara Sûresi/6-7. âyetler

varmışlardır. Resûlullah Efendimiz için *"Bu da bizim gibi insandır, aramızda ne fark olabilir?"*[34] demişler.

Kur'ân buna cevap veriyor: *"De ki, ben de sizin gibi beşerim, ancak bana vahy olur."*[35]

Ezelde Cenâb-ı Hak ruhlara hitâben sordu: "Ben sizin Rabbiniz değil miyim?" Ruhlar da *"Evet, Rabbimizsin!"*[36] cevâbını verince, dildeki dâvâya elde delil gerek hesâbına göre, dâvâlarını isbat etmek için işte bu âleme gönderildiler. Böylece de dünyâ, kazanç veyâ kayıp durağı oldu.

Aslında sözünün eri olup olmadıklarını görmeye ve göstermeye gelenlerin mâhiyeti, Allah indinde belli idi. Fakat bize bizi öğretmek ve kendimizi bildirmek, insanlık damgasına bu âlemde hak kazanmak üzere şu fânî diyâra gelmiş bulunuyoruz.

Bizim insan veyâ şeytan oluşumuz ezel nasîbimizdir. Bir kimsenin benlik dâvâsı ile bir domuz gibi haram yiyici, yâni başkasının hakkına tecâvüz edici olması ve nefsini üstün kılmak için bir diğer nefsi yılan ve akrep gibi sokarak incitip küçük düşürmek sevdâsına kapılması, nefs şeytanının *"Ben onlardan hayırlıyım"* ezel sözünü bu âlemde tekrar etmesinden ibârettir.

İnsan sûretinde şeytan pek çoktur ve gıdâları da ezel lokmasından başka bir şey değildir. Bir bahtlının ise dert ve belâyı, nefsini terbiye için birer ders hükmünde görerek, ezâ ve cefâlara göğüs gerip *"Senin Rabbin değil miyim?"* suâline hâl ve harekâtı ile cevap vermesi, kibrini, cehlini, kînini gidermek

34 Furkān Sûresi/7. âyet ("..Bu, nasıl peygamber? (Bizim gibi) yemek yiyor, çarşılarda yürüyor!..")

35 Kehf Sûresi/110. âyet

36 A'rāf Sûresi/172. âyet

için insanlık öğrenimi yolunda bir an doğrudan ayrılmaması, gerçekten bir ezel nasîbi değil midir?

Ancak şu var ki, bir pırlantayı pırlanta olarak meydana koyan, onu temizleyip yontan elin mahâreti olduğu gibi, cevheri temiz ve kābiliyeti üstün bir kişinin de cemiyetin hizmetine yarar hâle gelmesi için bir rehber insanın eline düşmesi îcap eder. O hâlde levh-i muallâk, insanlık edebini tahsil için bize verilmiş olan cüz'î irâdeyi lehimizde veyâ aleyhimizde kullanarak, bizzat çizdiğimiz kader çizgimizdir. Bu değişen levha, bir hatânın veyâ bir kârın cevâbı olsa gerek. Meselâ *"Sadaka belâyı def eder"* sözünü ele alalım. Kişinin hemcinsine faydalı olmak üzere çalışıp etrâfına şefkatle muâmele ederek dîgergâm olması kulun irâdesine bırakılmak sûretiyle kendi kendisi için çizdiği kader çizgisidir. İyi iş gören kimseye gelen menfî bir olay, o şahısta, kendi cinsine benzer bir keyfiyet bulamadığı için geri dönmek zorundadır. Cenâb-ı Hak bu levhada, verilecekleri şarta bağlamış olduğu cihetle, iyiliğe iyilikle mukābele ederek belâyı def etmektedir.

Olayları nefis için bir mücâdele mevzûu addenler, ezelî nasipleri yönünden, cemâl sıfatına sâhip olanlardır.

Hâdiselerin rüzgârı önünde yuvarlanan ve nefsânî havaya uyarak dünyâ sevgisi uğruna insanlık devlet ve saâdetini satışa çıkaran zavallılar, isyan ve inkâr yolunda huzursuz ve mesnetsizdirler. *"Asıl iş, ezel pazarlığındadır vesselâm. Bu dünyâ pazarlığından geç!"* buyuran Hz. Pîr, tek olanı çift gören nazarımızı doğrulamak için, elimize gözlük vermektedir. Bu gözlük gösteriyor ki, aslında vücut birdir. Fakat kendimize sahte bir vücut ve varlık vermekle biri iki gören biziz.

Şuûrlu îman ve bilerek, görerek yapılan ibâdetle, Hakk'ın halktan görünüşünü seziş, kütlenin hukukuna riâyet etmede hassas ve titiz oluş, tahkîk ile ele gelir. O muhabbetli kalbin sunduğu ölümsüz hayat, insanı görücü göze sâhip kılar. Kendi vücûdumuzda Sâhib'in vücûdunu bularak öze, mânâya, esâsa gider, hikmetin nûru ve ibretin aslını tanır, kalp hazînesinin anahtarını gönül sâhibinin elinden devralırız.

Nasıl ki ilimlerin gāyesi hakîkat ilmini bildirmekse insanoğlunun da tekâmülü kemâle ulaşmak ve Hakk'ın isim ve sıfatının bir mazharı olduğunu anlamak değil midir? Eğer böyle olmamış olsa idi Cenâb-ı Hak *"Âdem'e secde edin!"*[37] emrini verir miydi?

37 Bakara Sûresi/34. âyet, A'râf Sûresi/11. âyet, İsrâ Sûresi/61. âyet, Kehf Sûresi/50. âyet, Tâhâ Sûresi/116. âyet

EMROLUNDUĞUN ÜZERE HAREKET ET

Büyük Mevlânâ, nefeslerini İsrâfil sûru üfler gibi, insanları gafletten, bilgisizlikten uyandırmak için harcamıştır: **"İnsanın nefesleri sayılıdır. Bunları boş yere sarfetmeyin. Her nefesin yerine Allâh'ın rızâsını kazanmaya ve dünyâda iken dâimî hayat bulmaya çalışın. Tâ ki 'vescüd vakterib'[38] ('secde et, yaklaş!') âyet-i kerîmesinden maksat ne olduğunu anlayasanız ve her secdeye vardıkta Allâh'a yaklaşasınız."**

Bu sözlerde ilk nazar-ı itibâre alınan kısmın, Allâh'ın rızâsını kazanmak mes'elesi olduğunu anlıyoruz. Öteden beri insanoğlunun ilâhî rızâyı kazanmak mevzûunda en kestirme yolu araştırıp durduğu âşikârdır. Ancak şu var ki, ekseriyâ kısa diye tercih edilenin, uzun ve dolambaçlı yol olması yüzünden, tehlikeli yolculuğunda ilerlemek müşkül oluyor. Meselâ ibâdet etmek ve hayır yapmak da, aslında birer vâsıta olduğu hâlde, bunu gāye edinenler için, asıl maksat unutulmuş demektir. Çünkü nefsin hazzını desteklediği ve bundan benliğine bir pâye çıkarttığı takdirde bu tarz gidiş, Hakk'ın değil, nefsin rızâsı uğruna yönelmek demektir. Kezâ dünyâda bulunmaktan maksadın hakîkat ilmini öğrenmek ve bu anlayış ile hareket etmek demek olduğu şüphe götürmez bir

38 Alâk Sûresi/19. âyet

gerçektir. Ne var ki, hakîkate varmadan, onun basamaklarında oyalanıp kalmak yazık değil mi?

Gāye, canın ve hayâtın kaynağına ulaşmak, özü ve mânâsı ile alışveriş eylemektir. ***"Secde et ve yaklaş" emri, bizi secdenin hakîkati üzerinde düşündürüyor. Anlıyoruz ki, secde, kendini hükümdar mevkîinde tutan nefse baş eğdirmektir.*** Secde, kendini beğenen ve ilâh edâsı ile her emrine, fertleri de cemiyeti de hizmetkâr eden nefsin, vücûd-ı mutlak önünde eğilmesi, benliğini yıkmasıdır. Şu hâlde Allâh'ın rızâsını kazanmayı dileyene sormalı ki: Önce kendisi Yaradan'dan râzı mıdır? Sâhib'in verdiklerinden hoşnut mudur? Yaradan'ın ona hazırladığı hayâtın şartlarından şikâyetsiz ise ve bütün güçlüklerin, üzüntü ve kederlerin, kendisini bilgisizlikten bilgiye yükselmeye ve gafletten uyanmaya itmeğe mâtuf birer mürebbî olduğuna kānî ise, Allâh'ın hoşnutluğunu kazanabiliyor demektir.

"Secde et ve yaklaş" emri,
bizi secdenin hakîkati
üzerinde düşündürüyor.
Anlıyoruz ki, secde, kendini
hükümdar mevkîinde tutan
nefse baş eğdirmektir.

Cenâb-ı Hak her nefes alışverişimizde bize suâl tevcih ediyor: İrâde, kudret, kuvvet, ilim ve hayat sermâyenizi ne sûretle sarfediyorsunuz? Ve onlara karşı neyin alıcısı oluyorsunuz?

Bu dünyâ tarlasında size zirâat için kazma ve bel gibi olan el ve ayak verdim. Bu âletleriniz ile ne hâsıl ettiniz ve ne mahsûl aldınız, ne topladınız?

İşte mühim olan nokta bu! Boş geçecek tek dakîkamız, gafletle ziyan edilecek tek nefesimiz olmamalı. Zîrâ bir ikincisini alıp vereceğimiz belli değildir. Hasat zamânı güzel ahlâk zahîresini toplayabilmek için, insan vücut toprağına rızâ tohumunu ekecek olursa, evvelâ nefsinin fenâ ve çürük mallarını gözden çıkaracaktır. Çünkü o, nefsânî duygu ve arzûları vermekte cömert davranmayı ve kendi isteklerini Sâhib'in arzûsu ve emri uğruna harcetmeyi secdenin hakîkatinden öğrenmiş oluyor.

Cenâb-ı Hak *"Emrolunduğun gibi dosdoğru hareket et!"*[39] diyor. Secdenin mânâsı bu değil midir?

39 Hûd Sûresi/112. âyet, Şûrâ Sûresi/15. âyet

İnsanoğlunun zihnen ve
rûhen tekâmül etmesi ve
insânî değerlere sâhip
olabilmesi için mücâdelelere
atılması ve eninde sonunda
ilâhî güçle bilişip barışması
gerekmektedir.

YÂR AĞYÂRSIZ, GÜL DİKENSİZ OLUR MU?

Güzeller güzeli Mevlânâ diyor ki: **"Sevgili senin belâ ve cefâya sabretmeni isterse bundan sıkılma; çünkü o, belâlar içinde sana bûseler verir. Hazîne yılansız, yâr ağyârsız, gül dikensiz olmaz!"**

Bu âlem sahnesi önce şu ibret, gözlerimizin önüne seriyor: Her canlı her an bir alışverişin yâhut suâl ve cevaplı bir dersin, yâni bir imtihanın îcâbı ile karşı karşıyadır. Bu âlem, boşuboşuna ve tesâdüf eseri olarak kurulmamıştır. Şuûrsuz bir irâdenin elinde hayat bulmamıştır. Bu âlem Küllî İrâde'nin plân ve gāyet ince hesap ile hazırladığı bir meydan, bir tekâmül bucağıdır. Nebat âleminin, hayvan mertebesinin ve insan şuûrunun sıra sıra boy atışları mâcerâsı, cüz'î aklın çözemeyeceği bir düğümdür. Bunu ancak, hakîkate varan bir kalbin basîreti, her şeyin aslını görüp anlayan bir gönlün ferâseti çözebilir.

Târih boyunca geçmiş hâdiselerden anlıyoruz: İnsanoğlunun zihnen ve rûhen tekâmül etmesi ve insânî değerlere sâhip olabilmesi için mücâdelelere atılması ve eninde sonunda ilâhî güçle bilişip barışması gerekmektedir. Bu şuûru elde eden insan ise, hatâların cevâbını ve hayırlarının mükâfatlarını gecikmeden kazanır.

Bir buğday tânesinin ekmeklik vasfını kazanabilmesi için çektiği çileler göz önüne getirilirse, onun gadre uğradığına hükmolunur. Değirmenlerde öğütülerek ve ateş üzerinde pişirilerek türlü eziyetlere göğüs geren o buğday, netîcede insana faydalı olmak pâyesine erişiyor. Öyle bir yükseğe varış ki, insan yediği ekmek sâyesinde kuvvet buluyor ve ilmini, ibâdetini, irâde ve hayâtiyetini her ne sermâyesi varsa hepsini zenginleştirip kendini cemiyetin hizmetinde buluyor.

İnsanoğlunun da, meselâ sabır hâlini kazanmak için, benlik sıfatlarını böyle cefâ değirmenlerine yollaması ve bu ayrılık âleminin türlü dert ateşinde cehâletini yakması lâzım gelir ki, pişip ve olgunlaşıp mânâsından insanlara fayda eriştiren bir varlık olsun!

Üzüm koruk iken, yine aynı üzüm olduğu hâlde, yenmez. Hâlbuki tatlılaşınca, hem lezzeti hem de gıdâsı bakımından pek değerli olur. İnsan da, ham iken, nefsânî zaafları yüzünden etrâfı eziyete saldığı hâlde, yine aynı insan, olgunlaşıp tekâmül edince, sabrı ile fedâkâr, hilmi ile vefâkâr, muhabbeti ile affedici ve müsâmahakâr olarak hemcinsine bir hâmî, bir sığınak kesilir. Başkalarının acılarını kendinde duyan, neş'elerinde saâdet bulan gerçek bir dost olur. Bu yüzden de, çileler, mânen ilerlemeyi sağladığı ve insanı tekâmüle götürdüğü için hor görülmeyecek bir nîmet değil midir?

Büyük mutasavvıf Ken'an Rifâî'nin **İlâhiyat** adlı eserinden alınan ve dâvâmızı anlatan şu şiirine kulak verelim:

Diyor cânâna can niçin bütün âlem esîridir
Niçin uşşâkına cevr ü cefâ zevk-ı elîfindir

Niçin rahat duran kalbe celâl etmektesin âyâ
Niçin kan ağlayan gözler senin şevk-ı celîlindir

Diyor cânan niçin yok fi'lime hiçbir suâl olmaz
Cihâna can veren ben, o nasıl cânâna kul olmaz

Cefâ verdimse uşşâka cefâda çok safâ verdim
Celâlimden yanan kalbde cemâlim hiç nihân olmaz

Figān u âh-ı sûzândır benim aşkım budur zevkim
Benim derdimle her kim ağlasa yansa fenâ bulmaz

Edebdir Hak yolu Ken'ân sükût olsun sana tevhîd
Hudâ'nın aşkını buldun ise bil hiç niçin olmaz[40]

40 İlâhiyât-ı Ken'an, (Hazırlayan: Y. Ömürlü- D. Dalkılıç), İkinci Baskı, İstanbul, 1988, s. 179.

İlâhî saltanatı ve
büyüklüğünü gösterip
öğreten ve tek varlığın
sonsuz zenginliğinden
örnekler veren gerçek ilim,
yaşamamızın sebebi olan
hakîkati açıklamaktadır.

LÂ İLÂHE İLLALLAH

Mevlânâ'dan içtiğimiz hayat suyuna el atalım: **"Halkın cisimleri başı bağlı ve üstü örtülü kâseler gibi... Her birinin içinde bir nevi hâl, sıfat, huy var. O kâselerden biri mânevî âb-ı hayat ile, bir diğeri nefsânî ölüm zehri ile doludur. İlim ve irfan, islâm ve îman, tahkîk ve ikān, şuhut ve ıyân âb-ı hayat gibidir. Cehl ve gaflet, küfür ve mâsiyet, şek ve şüphe vs. ölüm zehri gibidir. O hâlde sen, eğer vücut kâselerinin içinde olan sıfatlara nazar edersen, elbette mânâ adamısın. Eğer dışa, şekil ve sûrete nazar kılarsan gümrahsın."**

Kur'ân-ı Kerîm'in özü, nefsi tanıyıp bilmekten ibârettir. Çünkü nefsi bilmek, lâ ilâhe illallah – Allah'tan başka ilâh yoktur- hakîkatini öğretir. Sahte vücûdun hayrânı olan bize ve kendimizde bir varlık görmekle Hakk'ı ikileyen, şirk işleten gafletimize, lâ ilâhe illallah, gerçek bir cevap değil midir?

Günlük hâdiselerinin peşinden koşup bâzan kederin ve ızdırâbın esîriyiz; bâzan da sevincin tesiriyle giydiğimiz cehl libâsı içinde, gafletin zehrini içmiyor muyuz? Hakîkatle temâsa geçmeyişimiz, ömrün sayılı fırsatını kaybettiriyor. İnsanlarla alışverişimizde nazarımızı gördüğümüz gölgelere inhisar etmişiz. Hâlbuki içe bakan kimse, hem kendi huzûrunu hem de başkalarının huzûrunu birlikte temin ediyor, aldanmıyor ve pişmanlık duyacak her hâlden uzak oluyor. Başı bağlı kâseler gibi olan vücutlarımız, ezel istîdâdımıza göre sâhip olduğumuz iyi ve kötü sermâye, hayat veren yâhut da zehirleyen muhteviyâtını birer kâse gibi olan vücutlarımızda gizlemiştir. Sahte varlığına kul olanlar, Hakk'a kulluk etmeye lâyık olmadıkları cihetle, kâselerindeki gaflet ve cehâlet zehrini ortaya dökmüşlerdir.

Hâlbuki içinde âb-ı hayat bulunan kalpten alacaklarımızın başında ilim gelir. İlâhî saltanatı ve büyüklüğünü gösterip öğreten ve tek varlığın sonsuz zenginliğinden örnekler veren gerçek ilim, yaşamamızın sebebi olan hakîkati açıklamaktadır.

Müsbet ilimler de aslında, Allâh'ın azametine birer delildir. Meselâ matematik ilmini ele alalım: Adetlerin sonsuzluğu ve hep o "bir"in tekrârından doğan sayılar, tek vücûdun çok sıfat ve ismine işâret değil midir? Bir arı kovanında göze çarpan geometrik esas, mîmârîye dahî fikir vermiyor mu? Arının vücûduna uygun olduğu hâlde, yuvarlak değil de köşeli oyuklar açması, bu şekilde inşâ ettiği binâyı boşluk bırakmadan örmesi, kudretin ona bahşettiği bir husûsiyettir ki, az malzeme sarfı ile yapılacak sağlam binâya ilham kaynağı olmuştur. Bunlar Allâh'ın hikmetine açık birer misâl değil midir?

RESÛLULLÂH'IN YOLU

Merd-i kâmil büyük Mevlânâ açıklıyor: **"Bu dünyânın erzâkı ve emvâli ve ziyneti ve şehveti vs. tâvûsun kanadı gibidir. Ey İslâm dîninin bağının tâvûsu, bu zâhirî ziynet ve emvâli izâle etme! Belki kalbini onun muhabbet ve alâkasından kaldırıp kopar. Mâlûm ya, a'dâ, düşmanlar olmazsa, cihat da olmaz."**

Nefsânî hâller ve zevkler mücâdeleye zemin olmaları sebebiyle kıymeti bilinecek mâhiyettedirler. İnsanda bulunan kin, kibir, haset gibi sıfatların bir derûnî mücâdele ile yenilerek, yerlerine, güzel ahlâkı getirmek için vazîfeli oldukları nasıl şüphe götürür? Şöyle ki, bir güzel huy kötünün mağlûbiyeti ile kazanılıyor. Çalışmak ve güzel huyu kazanmak, ona zıt olan ismin ve sıfatın sâyesindedir. Gaflet olmasa uyanıklık bilinir miydi?

Terbiye esnâsında nefsânî hazların ayaklanmaları ile mücâdele başlar. Her işinde bir menfaat, bir gösteriş kokusu tüttüğü anlaşılan benliğe esaslı hücumlar gerek. Tâ ki nefsin azgınlıklarını önlemek için harekete geçmek mümkün ola! Meselâ kibir, irâdenin emrine girdiği zaman, zarar yerine fayda vermek zorunda kalır. Şöyle ki, bir kimseden tabasbus kalkınca, mevkî ve şöhret sâhibinin imtiyazlarından dolayı eteğini öpmek zilleti ortaya çıkmaz olur; vekarını sağlamayı kazanmış kimse, ölçülü olmayı öğrenir, amma başkalarını küçük görmek gibi bir gizli bir kibre de düşmez.

İslâm'ın rûhu olan sabır, elini kolunu bağlamak, bir kenara çekilip nefsânî arzûları zorla susturmak mânâsında değildir. Sabır, nefis ile olan mücâdelede ısrar etmek, devamlı çalışmak, derûnî terbiyeden vazgeçmemek, irâdeyi sıhhat ve selâmete götürmek demektir. İptilâ hâlindeyken korkunç derecede zararlı olan nefsânî zevkler sanki yüksek ateşli hastalıklar gibidir. Hâlbuki vücûdun tabiî harâreti, bünyenin sağlığı ve kıvâmı demektir.

Muhabbet, Resûlullâh'ın yolu değil midir? İçinde bulunduğu gerçek aşk yüzünden o, bir sevgi terbiyesi kurmamış mıdır?

Anlaşılıyor ki, bu dünyâ bir irfan bucağıdır ve her insan, vücûdu mektebinde ders görmektedir. Sabır dersinin imtihanını verebilmek için hırsın yenilmesi şart koşulmuş ve dünyâya âit olan sevgi Hak sevgisi tarafından alt edilince, insanlık berâtı hayâtının mânâsı olarak kişiye sunulmuştur. Berâta sâhip olan bu insan, Hudâ'nın aşkını halkı sevmekte bularak mânevî zenginliğini ve maddî gücünü umûmun hizmetine harceder olmuştur. Kazandığı fazîlet, bir mücâdelenin eseridir. İnsanoğluna bütün bu hamleleri yaptıracak olan kudret, yaradılmışlara karşı şefkat hissi ile dolup taşan muhabbetli bir kalbin hamle ve hareketidir.

İşin kıymetini niyete bağlamakla, mânâya verdiği değer, dâvâsına açık bir delil olmamış mıdır? Peygamberimiz, niyet hâlis olsun istiyor ve göğsünü göstererek *"Asıl takvâ buradadır"* diye işâret etmekle samîmî ibâdeti, menfaatsiz dostluğu övüyordu. Nitekim büyük Mevlânâ *"Peygamberimizin yolu aşk yoludur. Aşk anamızdır, biz aşktan doğduk"* diyor.

Eğer bir kimsede bu muhabbetin zerresi varsa o, mücâhedeye girişecek ve nefsine karşı çıkarken, yine nefsin sâyesinde yükseldiğini göz önüne alarak onun değerini ve yaşamanın mânâsını bilecektir.

Sevenin içindeki kudsî
ateş, ona kendisini
göstermekten ve iğreti
benliğine esir olup ona bir
vücut vermekten yakar,
temizler, kurtarır.

NAZARLARIMIZ HAKÎKAT GÜNEŞİNE ERİŞMELİ

Hakîkat güneşi koca Mevlânâ şöyle söylüyor: **"Senin bize vâsıl olmaklığın için durmayıp aradığın çâreler ve çalışmalar senin kendinden olmayıp bizim cezbemizdendir ve ayağının kaydını çözüp onu açtığımızdandır. Senin Hak yolunda korkun ve aşkın dahî kendinden olmayıp o da bizim sana lûtfumuz îcâbıdır."**

Mânen yükselme kābiliyetinde olan rûha, yukarıdaki sözler gerçek bir îkazdır. Zîrâ aşktan murâd, benliği besleyen bir fenâ huyun, her kötü düşünüş ve hâlin yerine güzel ve doğru ahlâkı getirmek için kulun geçici varlığını Allâh'ın mutlak varlığında eritmesidir. Yoksa aşk dâvâsında bulunan kişiye şu cevâbı vermek gerekir:

Bir âşık mâşûkuna dert yanmış. "Ben senin için yemekten içmekten kesildim. Ben senin için bütün sevdiklerimden geçtim. Ben senin için..." diye devam ederken karşısındaki ârif gülümsemiş ve "İyi ama oğlum, sen şu 'ben'den kurtulmadıkça buna gerçek aşk nasıl dersin? Sen âşık değilsin, âşık olmaya özeniyorsun. Seven odur ki, murâdını ve gāyesini dostun murâdından ötürü yakar" demiş.

Evet, sevenin içindeki kudsî ateş, ona kendisini göstermekten ve iğreti benliğine esir olup ona bir vücut vermekten yakar, temizler, kurtarır. O, kalbindeki muhabbetin, şu çırpınışın, içini aşk ile yoğuran Sâhib'e âit olduğunu bilir.

Aşk, insanın mânevî terkîbini önce dağıtmak sonra da birleştirip güzelleştirmek üzere verilmişse *"Zerre kadar aşk odu, yakar bütün varlığını"* diyen şâir, haklı çıkar. Fakat aşkın ilk devrelerine âit türlü zevk ve hâllerden birine takılan kimse, bulunduğu yerden öteye geçemezse, aşk sâdece dâvâ ediliyor ve kişiyi rûhî tekâmülden alıkoyuyor demektir.

İşte Hz. Pîr bu mevzûa hassâsiyetle temas ediyor. Parasının, malının, çocuğunun aşırı sevgisini Hak muhabbetine ortak kılıp açıkça ikilik işleyenler gibi, mânevî mevkîlere düşkünlük de saf ve katışıksız Allah aşkına karşı gizli ikiliktir. Meselâ gece gündüz ibâdet eden bir kimsenin kendisini, kendini ibâdete vermemiş kimselerden üstün görmesi, Hak muhabbetinin sâfiyetini bozar.

Yaptığı ibâdete ve işlediği hayra bir karşılık beklemek, ticârete girişilmek, ibâdetini satışa çıkarmak gibidir. Allâh'ın emri, esâsen, kulun hayrı için olduğuna göre, bu emirler mûcibince hareket edenin mükâfâtı, zâten emrin özünde, onun mânâsında belirmez mi? Onun için yapılanları kendinden zannedip nefsini başkalarından kıymetli addeden ve bu sûretle kendine süs verip hayırlı hareketlerinin karşılığını bekleyerek, verenden gāfil olduğu gibi, şükrünü yerine getirmekten de mahrum olur. Onun Sâhib'ine sığınması sırf muhabbetinden ötürü ise, şikâyeti kimdendir? Herkes ezelî nasîbini görmüyor mu? Her hâdise Allâh'ın irâdesi ile meydana gelmiyor mu? Şu hâlde îtiraz, isyan kimden kimedir? Sonra, kalbimizdeki sevgi, tıpkı bu âleme gelirken reyimiz olmadığı gibi, yine bize sorulmadan verilmiş değil midir? Şu hâlde projektörü sînemize tutan el, ya bunu bir müddet sonra başka tarafa çevirirse, iç yüzümüz sönük ve çorak kalmayacak mıdır? Bunca gāfilâne güvenimiz nedendir?

Anlıyoruz ki, her araştırdığımız mes'elede edeple yürümek zorundayız. Nazarlarımız hakîkat güneşine erişmeli. Güneş, topraktaki nîmetleri oldurmak için ışınlarını her tarafa nasıl yayıyorsa, vücut toprağında rûhânî gıdâları kemâle erdirmek ve insanlık tohumunu meydana çıkaracak cihan güneşi olan kâmil insan da, Allâh'ın nûrânî ışığını temiz kalplere salmaktadır. Sebep şu ki, kin ve hırs yerine tevâzû ve şefkat ekini elde edilsin! Saf ve pürüzsüz sevgi, kalp anbarında saklanarak, mahsûlü ayıp ve hatâ çöpünden temizlensin!

İnsan geniş bir âlemdir.
Çünkü bütün âlemleri
kuran, meydana çıkaran
kudret, özünü insan
yüzünden âşikâr kılmış.

İNSAN
GENİŞ BİR ÂLEM

Hakîkat ilminin âlimi büyük Mevlânâ açıklıyor: **"Âlimler ilimden binlerce şeyler bilirler, yazık ki kendi canlarını bilmezler. Hâlbuki Hakk'a mensup olan âlimler insan cevherini böyle bilirler ki, insan geniş bir âlemdir. Kâinâtın ve mevcûdâtın hulâsasıdır, rûh-ı izâfî ile tâzim olunmuş bir halîfe-i ekremdir. Kendini yakînen böyle bilmeyen ve cevhere bu türlü ârif olmayan kimse, bir merkep gibidir."**

Hakîkî insan, Yaradan'ın azametini özünde seyreden bir ârif ve tefekkürü sâyesinde varlığının ilmini okuyup çözen bir âkil değil midir?

Budda *"İnsan demek aşk demektir, aşkı olmayan insan demek değildir"* diyor.

Bu sevgi sebebiyle canı bilmek, araştırıp hakîkatini bulmak insan olana mahsus bir hâl olmaz mı? Evet, insanın varlığından maksat, özü ile temâsa geçmek, onu tanıyıp görmektir, tâ ki kendinden görünenin Hakk'ın bir ismi, bir sıfatı, varlığının bir nûru olduğunu anlasın. Bu bakımdan insan geniş bir âlemdir. Çünkü bütün âlemleri kuran, meydana çıkaran kudret, özünü insan yüzünden âşikâr kılmış. Fakat her âlim kişi, bu gerçeği bilmez. Bunu bilen, ezelde Allâh'ın nûrunu Âdem'de seyrederek, kemâl ve cemâlin ondan göründüğünü anlayan bahtlıdır.

Kâinatta ne varsa insanda mevcut değil midir? Âdem'in gerek bedenî yapısı gerek aklî ve rûhî bünyesini içine alan mânevî dünyâsı, yer ve gök âleminin bütün husûsiyetlerini ortaya koymaz mı? Hayvanın en vahşîsine denk düşen şeytan gibi insan, yâhut melek misâli güzel huylu kimse olduğu gibi, kayalar gibi taş yürekliler, nebat âlemine örnek kısır şûurlu kişiler, hep iç âlemleri dışa vurmuş kimseler değil midir? Has kul, ay gibi nurla dolu yüreğini, bu dünyâ karanlığında önünü görmez olanlara karşı tutmuş, hilmi, sabrı, vefâsı ile onlara yol gösterici olmuştur. Kâmil insan ise, Allah âlimi olduğundan, güneşe benzeyen gönlünün nûrânî ışıklarını âlemlere rahmet olmak üzere salmış, kalplere Hak sevgisini sunmuştur.

Hakîkî insan, yâni mânâsı yönünden insanlığa kavuşmuş olan, cömertliği bakımından deryâya, şefkati bakımından güneşe, tevâzûu bakımından toprağa benzemez mi? Onun da bağrı toprak gibi yetiştirici, nîmetleri olgunlaştırıcı ve sînesindeki sevgi ve doğruluk tohumunu umûma verici değil midir? O sîne, muhabbetle öyle verimli olmuştur ki, oraya kötü bildiğimiz bir görüş düşse, tıpkı toprakta olduğu gibi, derhâl iyiye döner, iyinin hizmetine girer.

Görülüyor ki cemat, nebat, hayvan, şeytan, melek, yıldızlar, ay, güneş, yeryüzü, gökyüzü insanoğlunun varlığı kitabında yer bulmaktadır. Fakat kemâle ulaşan insanda bunların hepsi mevcut. İşte o, bir bütün ve her şeyi içine almış büyük bir âlemdir. O, nefis şeytanını müslüman etmiştir. Bu bakımdan onda kötülükler iyinin emri altındadır. *"Bizde de şehvet var, lâkin biz şehvetin esîri değil, emîriyiz"* diyen kâmil insan *"O, hevâdan söylemez, ona vahy olur"*[41] âyetinin mânâsına ermiştir. Çünkü aslı ile temâsa geçmiş, alışverişe girişmiş, nefsin hükmünden kurtulup Hakk'ın emrinde ve gerçeğin izinde karar kılmıştır.

İşte kâmil insan, bu bakımdan geniş bir âlemdir. Evet, mutlak varlığın özünde erimekle sonsuzluğa kavuşan beşerî nâmını ve nişânını Hudâ'nın saltanatı içindeki azamete terk eden bir müstesnâdır.

41 Necm Sûresi/3-4. âyetler

Ferâgat, gerçek aşkın icâbı
değil mi? O aşk ki, insanın
benlik dağını berhavâ
eder, kibrini çiğner, onun
haysiyetini Sâhib'in evsâfına
tahvil eder, çevirir. O kimsenin
cehâleti ve gafleti gider.

SENİ GÖREN BENİ GÖRÜR

Hz. Mevlânâ diyor ki: **"Nefsinin hazzından kesip Hakk'a borç verirsen onun bedeli, gönül bahçesinde birçok mânevî çemen husûle getirir."**

Çocukların annelerini gerçekten sevdiklerinin işâreti, analarına itaat etmeleri ve onları memnun etmeleri değil midir?

Kezâ, birbirini seven iki kimsenin muhabbetine de delil, yekdîğeri için ortaya koydukları fedâkârlıklardır.

Kul, yine kul nâmına türlü fedâkârlıklara girişip bağlılığını çeşitli tarzda isbat ederken, bir başka iddiâda bulunur ve Allâh'ı, zenginliğine had-hudud olmayan, lûtfun sâhibi Tanrı'yı her şeyden üstün sevdiğini söyler. Fakat bütün bu iddiâlı sözlerine rağmen, Hak için bir küçük seferi dahî göze almamıştır ki, elde hüccet, dâvâyı isbâta girişsin. O, bu âleme gönderildikten sonra renkli ve göz alıcı zevklerin tuzağına çabuk düşmüş, dilde kabûl, gönülde red ve isyan, hakîkatten öylece bahseder olmuştur. Cenâb-ı Hak kuluna karşı şu suâli soracak olsa yerinde olmaz mı?: "Hem beni sevdiğini söylüyorsun, hem de dediklerimi dinlemiyorsun, başkaldırıyorsun. Bu sevgiye sen kendin de inanıyor musun?"

Evet, Hak uğruna gizli ve âşikâr zevklerinden, arzû ve emellerinden geçen ve vaktini, rahatını muhtaç olanlara sarf eden kimse, gerçeği nefsinde tanır. Çünkü muhabbet-i ilâhî bu kimseyi kendine lâyık ve münâsip bulmuş, rahmete karşı açık olan kalp, birlik deryâsına salınmıştır.

Nefsinin hazzından, zevkinden kesip Allâh'a borç veren, onun bedeli olarak insanlığını kazanır.

Mevlânâ der ki: *"Allah buz gibi olan bu fânî cismi alır, onun karşılığında bizim vehim ve idrâklerimizden hâriç büyük bir mülk verir. Gözyaşından birkaç damlayı alır, onun mukābilinde âb-ı kevseri verir ki, şeker ona gıpta eder ve halâvetini kaybeder. Onu içenlerin derûnu, ne kadar neş'e ve zevk, saâdet ve huzur güllerini vücûda getirir. Hudâ yanık olan âh'ı, âh edici, feryat kılıcı kullarından alır, onun mukābilinde bu kulları yakınlık mertebesine erdirir."*

Anlaşılıyor ki, bu fânî cisim ve bu beşerî sıfatlar ölümle elimizden alınmadan önce Allâh'a ödünç verilirse, yâni Hudâ'nın irâdesine tam teslim olunursa, Sâhip kendi ahlâk ve sıfatını ve zâtına mahsus olanı, o kuluna lâyık görüyor ve onunla öylesine birleşiyor ki, kuldan görünen Hakk'ın hâli oluyor. Nitekim *"Benim sıfatlarımı hâiz olarak kullarımın meyânına çık, seni gören beni görür"* hadîs-i kudsîsi buna âşikâr bir delildir.

Ferâgat, gerçek aşkın icâbı değil mi? O aşk ki, insanın benlik dağını berhavâ eder, kibrini çiğner, onun haysiyetini Sâhib'in evsâfına tahvil eder, çevirir. O kimsenin cehâleti ve gafleti gider. Nefsinin zevklerini şikâyetsiz ve kolaylıkla veren odur. Başkasına gerçekten merhamet eden odur. Başkasının hazzını kendininkinden üst tutan odur.

İslâm'ın kemâl seviyesini her hâli ile gözlerimizin önüne seren büyük Peygamber, Kur'ân'la ikizdir. Nitekim Hz. Ayşe'ye Efendimiz'in meşrepleri sorulduğu zaman verdiği cevap, *"Kur'ân okuduğumuz yok mu? Onun ahlâkı, meşrebi baştan aşağı Kur'ân'dır"* demek olmuştur.

Ferâgat ve sabır, her nefeste Sâhib'in irâdesine itaat eden ve intibak eden kemâl ehlinin kârı olsa gerek... Çünkü onlara bu nurlu mîras Resûlullah'tan kalmıştır.

Allâh'ın yaptıklarını güzel
kabûl ettiğimiz zaman da
ancak Hakk'a karşı vefâkârız;
ama îtiraz ettiğimiz vakit
soysuzlaşıyor ve vicdânî
mes'ûliyete sırtımızı
çeviriyoruz.

BASTIĞIMIZ ŞU TOPRAK GEÇMİŞLERİN YANAĞIDIR

Büyük Mevlânâ ilmin özüne işâret ediyor ve **"Eğer sen bir kimseyi asrın en büyük âlimi de görsen, onun ahd ve peymânına vefâ edip etmediğine bak! İlim kabuk gibidir; ahde vefâ ise, o ilmin köküdür"** diyor.

Ezelde verilen bir sözün isbâtı uğruna gönderildiğimiz bu âlemde önce zamâna bağlandık. Sonra da hayâtın renkli ve çeşitli zevklerinin tuzağına yakalandık. Hâlbuki zaman da hayat da, içinde duraklamadan geçilmesi gereken bir imkânlar âlemi iken, gāyemiz hâline gelerek, ezel ahdimizi de aslımızı da unutuverdik. Güneş ve ayın batması, gecenin günü tâkip etmesi, ilkbaharda dirilenin sonbaharda ölmesi, açan çiçeklerin bir müddet sonra solması ve bunun gibi bizi intibâha dâvet eden tabîatın binbir çeşit îkazlarından hiçbirini düşünmez olduk. Tefekkür kābiliyetimiz nefsânî iştihâlarımızın elinde hebâ olup gitti. İlmimiz, bir adım da olsa, bizi hakîkat semtine götürecek olan ibreti ve hikmeti âşikâr kılarken, bildiklerimizle birden mağrur olarak şöhretin kolunda salınıp durduk. Bu âlemde paralı olmanın, sırf insanları hayırlı işlere sevkedecek bir vâsıtaya sâhip olmaktan ibâret olduğunu düşünmedik. Zenginliğin bize bir pâye bahşeden sarhoşluğu ile sendeledik. Kibir ve riyâ havasını ciğerlerimize çekip vefâsız dünyânın elinde sürçtük, zora gelince dönek olduk.

Hâlbuki bir kimse bütün maddî hattâ mânevî bilgileri nefsinde toplayıp büyük hamleler yapsa Allah onun ilmine ve ameline değil, önce ahdine vefâlı mıdır, değil midir, ona bakar. Mühim olan, halkla muâmelesinde sözünün eri olup olmadığıdır. Böylece kula vefâlı olmak gibi, Allâh'ın yaptıklarını güzel kabûl ettiğimiz zaman da ancak Hakk'a karşı vefâkârız; ama îtiraz ettiğimiz vakit soysuzlaşıyor ve vicdânî mes'ûliyete sırtımızı çeviriyoruz. Şüphesiz bu bize pahalıya mâl olmaktadır; fakat yine ibret alamıyoruz. Gaflet, dünyâya âit kârlarımızın acı netîcesi olsa gerek!

Âdemoğlunun, temas ettiği insanların sâfiyeti ve güveni ile lâubâlî olması, gerçeği aramadığına delâlet eder. Evet, o keşkülünü uzatmış ve fakat hakîkat altını ile dolduramamıştır. Belki de onu iltifâtı taşa ve toprağadır. Zîrâ Hz. Ahmed er-Rifâî'nin buyurdukları vechile şu toprak geçmişlerinin yanağı, alnı ve dudağı değil midir?

Gāfile hakîkat güç gelir ve hiçbir şeyin ciddisi ve derini onu hoşlamaz. O, sözünde sâbit ve ahdinde sahih değildir. Nitekim Kur'ân-ı Kerîm de ahde vefânın merde mahsus olduğunu bildiriyor. **İlâhiyât-ı Ken'an**'dan dinleyelim:

Nefsini bil nefsini, senden sorarlar hep seni
İlm ü irfandır hemen dünyâya gelmekten garaz

Merdliği bil merdliği, merd, nefsin ıslâh eyleyen
Nefsi ıslâh eylemektir aşk-ı Rahmân'dan garaz

Bil ki nefsindir adüvv-i ekber-i cânın senin
Ona hâkim olmadır bu ilm ü irfandan garaz

Kim bilirse nefsin, Allâh'ın bilirmiş şüphesiz
Vuslat-ı Hak'tır, değil dünyâ bu dünyâdan garaz

Aç gözün Ken'an, bu nefse hiç sakın aldanma sen
Nefse mağlûp olmadır bil nâr-ı dûzahdan garaz[42]

42 İlâhiyât-ı Ken'an, (Hazırlayan: Y. Ömürlü- D. Dalkılıç), İkinci Baskı, İstanbul, 1988, s. 182.

Kişinin iç âlemi karanlık
ve hattâ paslı olunca,
ilâhî güzellikler, ürkek
nazarlarla, bu kimseden
uzaklaşır, saf ve temiz bir
kalp tarafına çekilirler.
Çünkü insânî kıymetler açık
ve samîmîdirler, döneklik
bilmezler, lekesizdirler, pis ve
kötü ahlâkla birleşemezler.

HAYAT BİR İMTİHAN, ÇİLELER BİRER DERS

Mevlânâ âşinâ câna sesleniyor: **"İnsan mertebesi nâsut âlemidir; ondan geç ve kıyl ü kāl mertebesinden ileri git, vecit ve hâl şarâbını iç! Tâ ki rûhu'l-kudsün canı deryâsının kenarı olan Ceberut âlemini seyredesin! Hakîkat deryâsını akıllar ve ruhlar dalgaları ile gördükten sonra Hz. Peygamber'in büyük rûhu sana 'Sırrı açıklama!' diye işâret eder."**

Dünyâ âleminde ölçülerini hemcinslerinin düşüncelerine ve görüşlerine göre ayarlayan insanoğlu, çekindiği bir şahsın önünde dize gelir de vicdânını nazar-ı îtibare almaz. Benlik nümâyişleri zamânını öyle almıştır ki aklı, günlük akıl olur da ötesine işlemez. İlim yaparken dahî o ilmin esâsı ve mânâsı üzerinde durmaz, şöhret ve gösteriş tarafına kendini harcar. Üstünc titrediği ömrünü bir solukta satışa çıkarır. Hem de hiç uğruna, falan kimse veyâ filan kimselere beğendirmek sevdâsına...

İnsanların çoğunun satıhta kalması, gösteriş yüzünden değil mi? Şeref, nâmus, haysiyet gibi iç değerler dahî bu tehlikenin tuzağına düşen kimsede sahteleşir ve riyâkârlık alıp yürür. İnsanların zamanlarını, yâni ömürlerini seve seve harcadıkları değerler, kibirlerini desteklediği içindir. Bu bakımdan kişinin iç âlemi karanlık ve hattâ paslı olunca, ilâhî güzellikler, ürkek nazarlarla, bu kimseden uzaklaşır, saf ve temiz bir kalp tarafına çekilirler. Çünkü insânî kıymetler açık ve samîmîdirler, döneklik bilmezler, lekesizdirler, pis ve kötü ahlâkla birleşemezler. Bundan dolayıdır ki Hz. Mevlânâ *"Sûret âleminden geç"* buyuruyor.

Evet, bir şahsa yaranmak için değil, Allah rızâsı için hareket tarzımız doğru olmalı, güzeli ve doğruyu bulmalıdır. Ancak bu takdirde vecit ve hâl şarâbı içilir. Mes'ûliyetlerimizin hesâbını kendimize vermekten haz duyar hâle gelirsek, âdil pâdişâha bağlanmanın zevkine ereriz. Hakîkat deryâsı gönül yolu ile keşfolununca, söyleyen ve dinleyenin iki ayrı şahıs olmayıp mânâda Tek Varlık'ın çeşitli şan ve sıfatlardan zuhûra geldiği anlaşılır. İşte o zaman Peygamber'imizin büyük rûhu *"Sırrı açıklama!"* emrini verir. Yâni biri iki gören halka, hakîkat hazînesinin sende olduğunu bildirme, sırrı belirir. Zîrâ halk bu irfâna, bu anlayışa erişmediği ve mânâsının hakîkatine vâsıl olamadığı için inkâra sapar. Zâhirde de bu böyle değil midir? Meselâ eğitim sisteminde ilkokul imtihanlarına mahsus suâl programı, lise öğrencisine sorulmaz ve küçük çocuğa da büyüklerinin bilgileri sorulmaz. Çünkü birinci şıkta ilerlememek, olduğu yerde kalmak, ikinci şıkta ise hazmedememek mevzû-i bahistir. Eğitim sisteminin iyi yürümesi için öğrencinin akıl ve ilim seviyesine göre ders hazırlayıp bilgiyi ona göre ayarlamak lâzım gelmez mi?

Mânevî eğitim de böyle değil mi? İyilik ve insanlık vasıflarını kazanmak ve ilahî aşkla yüreği dağlamak, kötü düşünce, fenâ huy ve îtiyatları bırakmak husûsunda tatbik edilen yolda ilerlemek için ihlâs ve samîmiyetle gayret gerek. Şu âşikâr ki yükselmek isteyene hayat, başlı başına bir imtihan ve çileler de birer ders olsa gerek!..

ARA, BİL VE BUL

Büyük Mevlânâ açıklıyor: **"Nur deryâsı olan kalp, yüzbinlerce havas ve avamda bulunmaz. Bir kimsede olur, iki kimsede olmaz. O hangi kimsedir, ara, bil ve bul!"**

İnsanoğlunun benliğine ve kibrine delil, kalp gözleri açık olan kimseyi "Bu da benim gibi bir adam!" diyerek reddetmesi ve onun sohbetinin feyzinden uzak kalmasıdır. Nitekim peygamberlerin gelmesi ile birçokları şek ve şüpheden kendilerini kurtaramamışlardır. Onlara inanmayarak ve yakın olmanın hakîkatini anlamayarak şaşkınlık ve sapıklıkta devam ettiler. Doğru yolu gösterene sâdece cefâ ve eziyet etmekle mukābelede bulundular.

Hz. Muhammed'in *"Kâmil insan, kavmi içinde bir peygamber gibidir"* diye işâret buyurduğu hakîkî Âdem'e, zamânında anlayış göstermeyen câhil veyâ sözde münevver zümre, dâimâ karşı koymuşlardır. Kendilerinde de gönül var zannedenlere karşı Hz. Pîr *"O nur deryâsı olan gönül bir kişidedir. Ara ve bul!"* diye hitap ediyor. Evet, su sudur. Lâkin bulaşık ve kirli suda insan temizlenemez. Dıştan insan şeklinde olan herkese "âdem" denir. Lâkin ancak güzel huy ve ahlâkın kaynağı olan kalptir ki, vefâ, hilim, edep, irfan ve aşkı kendinde birleştirerek insanlık nûruna sermâye olmuştur.

Hâli ile kendi yokluğunu ve fakat Allâh'ın varlığını isbat edene ne mutlu! Böyle bir öze sâhip insanın, benlikle gaflete düşmüş sahte insanla bir olması mümkün müdür? Dışta insan, içte hayvan olan kimse, içi ve dışı insan olan kâmile yaklaşmayı gurûruna yediremez, kibrine halel geleceğinden korkar. Ve insanlığın da tahsil edilecek bir ilim olduğunu bilmek istemez. Sonunda ise, kalbi zulmet içinde kalır. Çünkü ilmin gāyesi gerçeğe ulaşmak ve onunla birleşmektir. Tedkik edildikçe görülüyor ki, bu âlem ve bütün mevcûdat gāyet ince hesaplarla ve akılların esir olduğu hârika bir nizâma bağlı bulunuyor. Hâlbuki bilinenler bilinmeyenlerin yanında bir damla hükmünde değil mi?

Şu hâlde kendini birlik deyâsına salan bir kalp, nurdan ışık alır ve sermâyesi güzelliklerin ve iyiliklerin kaynağıdır.

Mevlânâ *"Birlik ummânından haber veren tek damlaya yedi deniz esir olur"* diyor.

Dışta insan, içte hayvan olan kimse, içi ve dışı insan olan kâmile yaklaşmayı gurûruna yediremez, kibrine halel geleceğinden korkar. Ve insanlığın da tahsil edilecek bir ilim olduğunu bilmek istemez. Sonunda ise, kalbi zulmet içinde kalır.

Evet, câhil olsun, bilgili olsun yüzbinlerce insanın gafleti yanında, kâmil insanı, ezel âşinâsı olan ruhlar tanır ve onun tarafına cezbolur, yönelir. Nitekim sazından, sözünden, ilminden ve özünden anlayarak koşup gelen nice âşıklar Mevlânâ zincirine birer halka oluyorlar.

Aşk, âşıkı mâşûkun şahsı ile
meşgûl olmaktan kurtarmıştır.
Yâni sevdâlı, sevgilisini hâriçte
aramak hevesinde değildir.
Zîrâ onu kendi gönlünde
bulmuştur.

AŞK

Canın Mevlânâ'sı şöyle söylüyor: **"Sâdık âşık mahbûbunun zikri ile meşgûl olsa, aşkın gayreti onda bütün fânî olan mâbud ve mahbupları terk eyler. İşte 'lâ ilâhe' kelimesinin sır ve mânâsı bu olur; 'illallah' kelimesinin sır ve mânâsı da hakîkî mâbûdu isbât etmek ve âşıkın gönlünde onun meyl ve muhabbetini bırakmaktır."**

Hakîkate âşık olan kimse putları kırıcı ve nefis îlahını gerçek mâbûda emir eri kılıcı kudrettedir. Aşk, âşıkı günlük güzelliklere bırakmaz ve ten üzere gönül koymaz. Aşk, ezelî ve edebî saltanatına yakışır sûrette âşıka yâr olmuştur. Onun ruh iklîmini ateşiyle sarmış ve bitmez tükenmez nazını çekecek sînede karar kılmıştır. Âşık böyle bir istîdâda sâhip ise, mâşûkundan ziyâde, ona duyduğu aşk ile uğraşmaya koyulur. Aşk, âşıkı mâşûkun şahsı ile meşgûl olmaktan kurtarmıştır. Yâni sevdâlı, sevgilisini hâriçte aramak hevesinde değildir. Zîrâ onu kendi gönlünde bulmuştur. Lâkin aşkın gayreti, onu bu hâlde de bırakmaz, benliğinden soymaya başlar. Daha üstün bir ilerleyişte âşık, beşerî sıfatlarını ve kendi varlığını pervâne gibi ateşe bırakınca, evvelce, sevgiliyi içinde bulduğu hâlde, bu defâ kendini onun sonsuz varlığı deryâsına atmış olur. Hakîkatle bir ve berâberdir artık!

Âşıklık cihetinden murâdsız ve adsız ise de, mâşukluk cihetinden irâde ve şânı yüce olan odur.

Şu hâlde âşıkın bütün mahbupları terk edip gönlü evine çekilmesi "lâ ilâhe" kelimesinin hakîkatini arz ediyor. Ve o hânede aşkın meyini içerek mestliği sebebiyle vücut ve varlık kaydını silmesi, orada hüküm sürenin yalnız mâşuk, yâni sevilen Allah olduğunu âşikâr kılıyor. "İllallah" kelimesinin de sırrı bu değil midir?

Nefsi, emri altında tutan, hattâ onu cismânî hâllerden nûrânî ve rûhânî olgunluğa kavuşturan gerçek aşk insanda beşerî bir taraf bırakmaz mı? *"Ben de sizin gibi beşerim, ancak bana vahy olur"*[43] meâlindeki âyette Peygamber Efendimiz hakkında buyrulduğu gibi, âşıkın vahdet sarayına girip birliğin zâtında her şeyin bir ve berâber olduğunu görerek kesret âlemine dönüşü demektir ki, ikinci defâ doğmuş gibi mâsum ve tertemizdir.

Gerçi âşık gene beşeriyetle kayıtlıdır. Ancak içteki hürriyet yüzünden ilâhî makamlara yükselir ve kader levhasının değişmez hükümlerinden haberdâr olur. Burada *"Bana vahy olur"* hakîkatinin sırrı beliriyor.

Aşk öyle bir mertebe sıcaklık mâdenidir ki, nefsânî duyuşları ve hâlleri yakar, gönülleri muhabbetin mührü ile dağlar, istîdat erbâbını da kendi gibi kavî ve yakıcı kılar. Gerçek aşk, nârı nur eden mübârek bir sevgidir. O, her zerrede bir nur ve her katrede bir zuhur gören, her şeyin yerli yerinde olduğunu ve kendi hilkatine lâyık ve münâsip düştüğünü müşâhede eden bahtlıdır. Onun için artık "gayr" yâni "başkası" bahismevzûu olamaz. Çünkü o *"Ben beni terk eyledim, gördüm ki âğyâr kalmadı"* diyenlerden olmuştur.

43 Kehf Sûresi/ 110. âyet

Vücûdunda her sır ve mânânın, her kademe ve seviyenin, her duyuş ve inanışın toplandığı kemâl kitabından hangi sahîfe açılsa, tek rûhun hem bir nokta, hem de kâinat destânı; hem bir zerre, hem de âlemin güneşi olduğu meydana çıkar.

Aşk, vefâ denizi; âşık, enginlere açılan, yol alan, coşup tûfan eden dalga gibi olsa gerek.

Gerçek aşk, nârı nur eden
mübârek bir sevgidir.

Gerçek münevver, insanlık sıfatlarını elde edip hayvanca hâl ve gidişten kurtulan kimsedir.

BÜTÜN İLİMLERİN GĀYESİ GERÇEĞE ERİŞMEK

Büyük Mevlânâ diyor ki: **"Halkın tâati, ruhları büyük olan kimselerin günâhıdır. Halkın vuslatı hasların hicâbıdır."**

Mevkî ve makam husûsiyetlerini gösteren bu sözde câhili aydından ayıran birçok nokta var. Hayâtımızda okumuş kişi ile câhili derhâl fark eder ve bir de not veririz. Ancak mânevî sâhada, yalnız dış tabiat bilgilerine sâhip olana aydın diyemeyiz. Zîrâ mânevî ilim için sâdece dış dünyâ bilgileri kâfî gelmez.

Âlim, kâşif, mütehassıs olsun, yâhut san'at sâhasında haklı bir şöhrete kavuşmuş bulunsun, o kimse irâde terbiyesini elde etmemişse, hakîkî münevverlik pâyesine erişemez. Çünkü gerçek münevver, insanlık sıfatlarını elde edip hayvanca hâl ve gidişten kurtulan kimsedir. Hâlbuki bir kimse şehvete, hırsa, gazap ve riyâya mağlûp ise, ilmî mertebelerin en üst derecesinde de olsa, gene de câhil sayılır. Zîrâ hakîkatte hamal gibi pâye ve rütbelerin yükünü omuzlarında, bir ilim dalının kültürünü kafasında taşımış, lâkin kendi hakîkatine ve ilmin gāyesine vâkıf olmamıştır. Hâlbuki bütün ilimlerin gāyesi, gerçeğe erişmek değil midir?

Hakîkati, özü, aslı aramak ve birliğe doğru gitmek, gerçek ilmin yoludur.

Emânetle öğünen ve bu eğreti varlığı birdenbire benimseyen, sonra da şöhretle sarhoş olan insanoğlu felâketin terbiye edici kamçısını yiyince irkilir. Ne yazık ki sebebe bağlanmış, etrâfını ithâma başlamıştır. Hakîkate karşı ikinci defa ihâneti sâbit olurken, fâil olan Allâh'ı sahte benliğinin kolunda unuturken bu kimseden cemiyet için bir fayda ummak, bir selâmet beklemek, onu bir münevver zannedip tâkip etmek nasıl doğru olur? Çünkü ruh câhili olan bu zavallı, aydın olmanın mânâsına varamamıştır.

Rûhen câhil olan, yâhut çocuk gibi olan kimselerin ibâdeti ve insanlığa hizmeti hasbî değil, maddî veya mânevî menfaate dayanan bir hareket olduğu için, ruhları ileri derecede kemâle yaklaşmış ve olgunlaşmış kimselerin tâatine benzemez. Onun için, birincilerin sevâbı, ikincilerin günâhı olur. Zîrâ olgun insan, ibâdetini ve hizmetini, Sâhib'inin emrinden dolayı, ona tam teslim olarak ve Dost'un murâdını kendi murâdı bilip severek yapar. İnsanların şahsında Hakk'ı görür, halkı bu yüzden sever ve hizmete gönüllü olur.

Sâdık âşık, cennet arzûsu ile hazzı ve rahatı için hayır peşinde koşan kimsenin ruh seviyesinde değildir. Olgun kişilerin hakîkat güneşini görmek için elde tuttukları vâsıtayı, meselâ hayır ve ibâdeti câhil, vuslat ve gāye edinmiş ve ona, sanki güneşmiş gibi sarılmıştır.

ÂLEMDE NE VARSA SENDEN HÂRİÇ DEĞİL

Gönülleri fethedip kalplere hükmederek asıl kerâmeti gösteren canın Mevlânâ'sı **"Benim din ve mezhebim aşktan diri olmak ve en iyi işim, Dost önünde ölmek"** diyor. Ve başka bir ifâde ile de, aynı mânâya temas ediyor: **"Aşk geldi, derimin, damarlarımın altından akan kan gibi oldu ve beni benden boşaltarak Dost ile doldurdu. Vücûdumun bütün uzuvlarını Dost kapladı. Benden bana ancak bir isim kaldı ve gerisi hep O oldu."**

Bir kimsenin Yaradan'ı ile münâsebeti sevgi esâsı üzerine kurulmuş ise o, *"Emrolunduğun vechile dosdoğru hareket et"*[44] Hak sözünü, hangi güç vaziyette olursa olsun tutar ve yerine getirir. Çünkü mahlûkun Hâlık ile dostluğu muhabbet temeli üzerine kurulmuştur.

Hz. Mûsâ, korkuyu halkın içine salarken, halkın Allah'tan korkmaları yüzünden doğruyu seçeceklerine inanmıştı.

Hz. Îsâ, Hakk'ı bir peder gibi müşfik bildirerek, etrâfındakilere şefkat aşılıyordu. Şüphesiz ki merhamet ve şefkat halkın hemcinsine zâlimce hareket etmelerini önlüyor, af ve müsâmahayı sağlıyordu.

44 Hûd Sûresi, 112. âyet ve Şûrâ Sûresi, 15. âyet

Hz. Muhammed, îmânın özünü aşk olarak îlan etti. *"Sevdiğim kuluma ben öyle yaklaşırım ki gördüğü gözü, işittiği kulağı olurum"* meâlindeki hadîs-i kudsî Resûlullâh'ın dâvâsına gerçek bir delildir.

Bu muhabbet esâsı içinde korku da şefkat de mevcut değil midir? Her his, her duyuş, istemek, bilmek ve fedâ etmek onun bağrında belirmez mi?

Aşk bir tohum gibidir ki,
âleme ruh gıdâsı olmak üzere
gelişiyor, yayılıyor ve dünyâ
tarlasını istîlâ ediyor. Herkes
bilmeden sevdâlı...

Bilenler hissettikleri aşkın merkeze âit olduğunu akl-ı selîmle idrâk ediyorlar.

"Aşk ile aklın işi olur mu?" diyeceksiniz. Esas akıl göz gibidir, aşk ise onun görücü nûru. Bu akıl elbette cüz'î irâde olamaz. Aşk onu "Küll"e teslim etmiştir. Bu kârda âşıkın buyruğu küllî irâdenin fermânı demek oluyor. *"Sen Allâh'ın nurlarının nüshasısın, ey insan! Sen sultânî güzelliğin aynasısın. Âlemde ne varsa senden hâriç değildir. Aradığın da bizzat sensin"* diyen büyük Mevlânâ böylece bizi aydınlatmıyor mu?

Aşk, aklı sarmışsa aklın bencilliğini bünyesinden silmiş ve küllî irâdeyi orada hâkim kılmıştır.

Hz. Pîr'in aşktan diri kalmayı din ve mezhep olarak bilmesi, kendi hâkikatine muhabbet ipi ile bağlı olduğunu ve rûhunun hâkikate her nefes bu görünmez iple çekildiğini âşikâr etmesindendir. Yaradan'ına aşk yüzünden tapan kişi, gerçekten başını secdeye koymuş, yâni benliğini acz içinde görmüştür. Zîrâ tapanla tapılanın birleştiğini idrâk etmiş, mi'râcın mânâsı böylece âşikâr olmuştur.

Âşık, mâşûk-ı ilâhî ile bir ve berâber olunca, onda aykırı bir söz ve hareket mevcut olabilir mi?

Görülüyor ki aşkı tâze ve diri kaldıkça bir kimse Yaradan'ına tamâmen teslim olmuş demektir. Dinden maksat, ilâhî emirleri yerine getirmek olduğuna göre, gerçek âşık, bu yönden, dînin gâyesi ile birleşmiş oluyor.

Dost önünde ölmenin mânâsına gelince, düşünerek şunu sezeriz ki, burada sahte benliğin yok edilmesi mevzû-i bahistir. Esâsen *"Aşk beni benden boşalttı ve Dost ile doldurdu"* diyerek hakîkati gözlerimizin önüne yine büyük Mevlânâ seriyor.

Ey muhabbet denizinin dalgıcı! Deryânın dibinden nice zahmetlerle getirdiklerini lûtfedip önümüze koydun. Hattâ muhâfazayı açıp hakîkat incilerini çıkarttın ve *"Sâhip ol, emânete ihânet etmeden yürü, sonra ehline teslim edersin!"* diye can tenbîhinde bulundun. Yaşlı gözlerimize bakarken de *"Muhabbet öyle bir safâdır ki onunla her cefâ, îyd-i vefâdır, vefâ bayramıdır"* dedin. Dertli gönlümüzle söyleştin. O gün bugündür, dudağımıza âteşîn bir "âh" yerleşti. Sînemizde de hasretten göz göz olmuş bir yürek...

Hayâtın mânâsına da teşhis konulmuştur. Cenâb-ı Hak bilinmek istediğini îlân ediyor.

HAYÂTIN MÂNÂSINA TEŞHİS KONMUŞTUR

Kalp denizindeki med ve cezirden, taşma ve çekilmeden dolayı dudağında mânâ nükteleri çağlayan Hz. Mevlânâ **"Ömür nakdini şeytan çaldıktan sonra eûzü billah[45] demek ve onun şerrinden korunmak için Fâtiha okumak tuzsuz olur"** buyuruyor.

Ekseriyâ hocanın öğrenciye kırık not vermesi, dersin hazmedilmemesinden, bilhassa can noktası anlaşılmamasındandır. Ezbere öğrenilen bir ilimden fayda temin edilir mi? Bâzan 40 sahîfelik bir metinde, ehemmiyetli olup öz diye vasıflandırdığımız kısım yalnız yarım sahîfeyi işgāl eder. Şu hâlde çalışılan bir dersin özünü anlamak, işin esâsını teşkil ediyor. İlmin rûhu ile temas şarttır. Namazlar, oruçlar vs. Allâh'ın azametli varlığını bilmek yolunda vâsıtalardır. Gāye ise Hakk'ı tanımaktır.

Gerçek olan Allâh'ı bilmek ve sevmek keyfiyeti ömrün mânâsını belirtiyor. Bu hakîkat bilinmedikçe yapılan ibâdetler bir kıymet arzeder mi?

Farazâ matlup olan, hastanın, şifâ bulmasıdır. Lâkin teşhisin tam tersi olan bir ilâcı hastaya vermenin ne faydası olur?

45 "Allâh'a sığınırım"

Hayâtın mânâsına da teşhis konulmuştur. Cenâb-ı Hak bilinmek istediğini îlân ediyor. Hakk'ı bilmek ve sevmek uğruna can bulduğumuz bu âlemde ticâret maksadı ile, evet, sırf karşılık için, bir mükâfâta konmak için yapılan ibâdetin ezbere öğrenilen bir dersten ne farkı var?

"Ömür nakdini şeytan çaldıktan sonra" diyen Hz. Pîr, şu hakîkati gözlerimizin önüne seriyor. Mânâsı anlaşılmadan çalışılmış hayat dersi, sonunda nefsin bir arzûsuna vakfedilmiştir. Ömür nakdi yâd ellerde sarfedilmiş, nefis şeytanı kalp evine girmiş ve irfan kilidini kırıp hulûs temelini çiğnemiştir. Nefis, âmir olduğu yere, ikilik, menfaat ve fazîletsizlik kokusu getirir. Bu koku kalbe yayılınca kişi, mânâsından tamâmen uzaklaşır. Allâh'ı bilmek ve sevmek için ayak attığımız şu âlemde, ya maddî yâhut mânevî, bir illetin veyâ bir sebebin esîri olmamız ne acı! Onu gāye edinmemiz ne elîm!

Tıpkı bir şey almak istediğimiz zaman vâsıta olarak kullandığımız para gibi tâatimiz de Allâh'ın yakınlığını hâsıl edecek bir vâsıtadan ibâret. İşte ibâdete bu yönden nazar edecek olursak, ehemmiyet ve kıymet arzeder. Aksi takdirde benliği ifâde eder.

Bunları hesâba katmaksızın hayat sermâyesini gafletle tükettikten sonra, sırf korku yüzünden *"Yalnız sana taparım ve yalnız senden yardım isterim"*[46] demek ve *"Yolunda doğru kıl beni"*[47] talebinde bulunmak uygun düşer mi?

"Doğru olmayan amel ne fayda verir? Hâlbuki ihlâs bile tehlikeli yolun kenârındadır. Seni nefsin hîlelerinden koruyacak bir el lâzım!" diyen Hz. Ahmed er-Rifâî ne doğru söylemiş! O el sâhibi ki Cenâb-ı Hak ona *"Sen olmasaydın ben bu dünyâ ve mâfîhâyı yaratmazdım"*[48] buyuruyor.

46 Fâtiha Sûresi/ 5. âyet ("İyyâke na'büdü ve iyyâke nesteînü")
47 Fâtiha Sûresi/ 6. âyet ("İhdina's-sırâta'l müstakîm")
48 Hadîs-i kudsî

HAK YOLUN SERMÂYESİ

Aşk sultânı, âşinâ kalbe sesleniyor: **"Bu dünyâ pazarında sermâye altın ve gümüştür. Bir kimse parasız bir şey almaya kādir olamaz. Hakîkat pazarında ise, sermâye aşk ve muhabbet, iki ağlayan göz ve iç yangınıdır. Bunlar olmazsa hakîkat pazarından bir metâ alınamaz. Şu kimse ki bu pazara sermâyesiz gitti, eli boş olarak bir şeye eremeyip evvelki gibi kendi durağına gitti. İşte 'Ülâike'llezîne'ş-terev...'[49] âyetinin mânâsı bu gibiler hakkında denildi."**

Canlar vatanından kopup hicrân ile geldim
Sûz-i derûn, hem nâle vü efgān ile geldim
Aşktan beni men ettiler, âh aşk beni yaktı
Hasret-keş-i cân firkat ü nâlân ile geldim

Ben kendimc hcmhâl aradım derdim bana dermân
Sırr-ı Ali naydan oldu sırrıma rahşân
Yan yan diyor âteş-i aşka durmadan hep yan
Hak sevgisidir kalbe dolan cezbe-i Rahmân

Aşk âteş imiş onda fakat vuslat-ı Yezdân
Aşktır eden âdemi ârif menba'-ı irfân

49 Bakara Sûresi/16. âyet ("Onlar o kimselerdir ki doğru yolu bırakıp sapkınlığı [eğri yolu] satın almışlardır. Demek alışverişleri onlara kazanç sağlamamış, onlar doğru yolu da bulamamışlardır.")

Şems-i münîrin gitmede nûru yine şemse
Zâta bu sıfatla kavuşur âşık-ı-bî-cân

Hakk'ın sıfatı aşk, kime olsa eğer ihsân
Lûtf-i kerîmanla olurmuş vâsıl-ı cânân
Burda kör olan orda dahî kör diyor Allah
Cânânına kavuşur aşk ile Ken'ân[50]

İlâhiyât-ı Ken'an'dan alınmış olan bu hakîkat nüvesi şiir, Hz. Pîr'in sözlerindeki gerçek mânâyı ne canlı dile getiriyor.

Şüphesiz ki Hak yolunun sermâyesi Rahmân'ın cezbesidir. Zîrâ Allah bir gönüle muhabbetini sunarsa hakîkat şehrinin pazarı o gönül sâhibinin önünde kurulur. O kimsenin benlik denen malı satışa çıkınca *"Ben beni seveni katlederim. Katlettiğimin diyeti de benim"* kudsî hadis senedi kişinin eline verilir. Kibir veyâ riyâ, hırs veyâ şehvet topları ortaya dökülünce, kalb-i selîm mührü bir nişâne olarak parmağa geçer ve Süleyman'ınki gibi her kapalı kapının anahtarı olur. Her sırrın hikmetini ortaya kor.

Hakîkat şehrinde kurulmuş pazara gözyaşı ile gitmeyen, derûnunun yakıcı âhını sînesinde götürmeyen, vücûdu iklîmindeki muhabbetin havasını bilmeden gelen insan eli boş döner. Onun altın ve gümüşten sermâyesi, mahzun gönlün sırrını bilen bu şehirde, kalp para gibi geçmez olur. Dertli yürek hemhâlini arar. O can ki *"Biz âşıklar cehennemleri yutarız da şikâyet etmeyiz"* diyen merddir o!...

Lâl olursun söylesem bir fıkra tâb-ı sîneden
Bir sahîfe açsam ağlarsın kitâb-ı sîneden

50 İlâhiyât-ı Ken'an, (Hazırlayan: Y. Ömürlü- D. Dalkılıç), İkinci Baskı, İstanbul, 1988, s. 83.

Hâlbuki insanoğlu ne kadar az düşünür ve ne kadar az ibret alır. Çünkü arzûlarına mahkûm olmayı tercih etmiş, geçici zevklerin esâretine girmiştir. Mumun eridiğini ve şûlenin kaybolduğunu aslā hesâba katmaz. Resûlullah'tan nasîhat isteyen Hz. Ömer'e Peygamber Efendimiz *"Kefâ bi'l-mevti vâızan yâ Ömer" ("Sana vâiz olarak ölüm yeter, yâ Ömer!")* buyurmuştur.

Gerçekten düşünen
kimseye en büyük nasîhatçı
ölüm değil mi?

Hakîkatle alışverişte olana ise bir merhale hükmünde olan ölüm, onun hidâyet yolunda atılan adımlarına aslā set çekmez, bilâkis ilerletici olur.

Fakat bu âlemde kötülüğü satın alanlar için ölüm, onların daldıkları huzursuzluk cehenneminde nice uçurumlar meydana getirir. İnsanı bu uçurumlardan çıkaracak yegâne kudret, menfaatsiz muhabbet ve gerçek aşktır.

Saâdet denilen huzur aranılırsa kemâl sâhibinin dostluğunda bulunur. O, hatâdan kendi yapmış gibi mahcup olan, karşısındakini kendisi ile bu derece birleştiren, bir ve berâber olmanın bütün inceliklerini varlığında gösteren bir güneştir ki vücûdumuzun zerrelerinde, onun nûru bir kudret, bir mânevî hâsiyet olarak gizli...

HAKÎKAT-İ MUHAMMEDİYYE

Büyük Mevlânâ açıklıyor: **"Hakîkat-i Muhammediye ezelden ebede bir mânâ güneşidir ki, Âdem Peygamber'in vücûdu doğusundan doğup sonunda Peygamber Efendimiz'in lâtif vücûdunda kemâl buldu ve her yeri kuşatan makāma geldi. Ondan sonra her velînin vücûdundan doğdu ve o velî de kendini asrında Hz. Peygamber'in vârisi oldu. Bir ârif o asırda tam vâris mertebesinde olan kâmili görse, derhâl bilir ki, bu güneş ve bu mânâ ve bu hâsiyet hemen aynı mânâdır, aynı hâsiyettir. Lâkin başka bir örtü ile cilve kılmış ve başka bir vücuttan görünmüştür. Mahbûbun bir şan ve bir başka namla görünmesinden, onun zâtının ayrı olması lâzım gelmez. Yâ Rabbî, bu sözlerimi ayıplayanları sen kendi settarlığınla kör tut, tâ ki bu hakîkat kelâmında ayıp görmeyeler!"**

Güneşin doğuşundan öğle vaktine kadar, şuâlarının dikine indiği ve her yeri kuşattığı zamana kadar her saatinde ayrı husûsiyet arzettiği ve arza ışıklarını ayrı şekillerde gönderdiği mâlûm. Doğuştan gurûba kadar güneşin ışığı dünyâya derece farkı ile erişir. İşte bu doğuşa benzeyen görünüş ile Âdem, dünyânın mânevî güneşi olarak arzın sathında belirdi ve devirlerin ihtiyaçlarına göre de bir peygamber, bir kurtarıcı ve bir huzûra eriştirici geldi, yeryüzüne nûrunu saldı. Öğle vaktindeki güneşin durumu gibi ışıkları her tarafa uzanan, nûru cihânı kaplayan mânevî güneş ise kemâliyle zuhûr ederek Hz. Muhammed'i âşikâr etti. *"Ben güzel ahlâkı tamamlamak için gönderildim"* buyurarak tekâmülün özünü îlân eden Hz. Muhammed, aşk ahlâkını, fazîletini, hikmetlerini ve cevherini, istisnâsız cihâna sundu. Böylece de ilâhî rahmetin bütün âlemlere şâmil olduğunu bildirdi. Peygamberin vârisi olan kâmil insan ise, işte bu ruh güneşinin nûrunu aksettiren ve gurûba dek ışığını derece derece yayan bir nur huzmesi hâlinde dünyâya hakîkat-i Muhammediye ile görünmektedir. Bunun içindir ki Hz. Pîr:

Ger zi mağrip ber zened hurşîd ser
Ayn-i hurşîdest ne çîzi diğer

"Şarktan doğan güneş garpten doğacak olsa yine de aynı güneştir" diyor.

"Ben güzel ahlâkı
tamamlamak için
gönderildim"

Hadîs-i şerif

Nerede olursa olsun, kendinde kemâl ve cemâl nûru parladıkça o insan, aslı ile alışverişte olup Resûlullâh'ın mânevî mîrâsına vâris olur. Güzellik, iyilik, ilim, irfan, irâde, sonsuz zenginlik bu vârise olduğu gibi intikāl eder. Hazîne, Hak muhabbetinin derinliğinde ve halkta Hakk'ı gösteren erin elindedir. Saâdet denilen huzur aranılırsa kemâl sâhibinin dostluğunda bulunur. O, hatâdan kendi yapmış gibi mahcup olan, karşısındakini kendisi ile bu derece birleştiren, bir ve berâber olmanın bütün inceliklerini varlığında gösteren bir güneştir ki vücûdumuzun zerrelerinde, onun nûru bir kudret, bir mânevî hâsiyet olarak gizli...

Etrâfındaki seyyâreler ve peykler ile güneş manzûmesi can âleminin sembolü değil mi? Gerçekten gönlü diri kimsenin can semâsı muhabbetle aydınlanınca orada nice dünyâların seyrettikleri hayretle görülür. Çünkü Allâh'ın isim ve sıfatları ile zâtına mazhar olan erin, Hak mülkü ile mülk sâhibi olduğu kolayca anlaşılır. Kâmildeki kalp huzûru can dünyâsının havası, suyu gibidir; saâdet ve cennetin mânâsını gönüllere yaşama gücü olarak sunar.

Her zaman insanoğlunu gerçeği düşünmeye sevk edecek bir rehber ve böyle bir yol gösterici mevcut iken, asıl kâr, onu aramak ve arzûlamak mes'elesi olsa gerek.

Ağacın hikmeti, daldaki meyvası değil midir? İnsanın da yaşamasının gāyesi, nefsini olgunlaştırıp bir ruh meyvası hâlinde beşeriyete arz etmek olmalı…

HAK'LA BERÂBER OLMANIN MÂNÂSI

Aşk Pîri:

Yek dem-i sohbet be merdân-ı Hudâ
Bihter est sad sâl bûden der tukā

Yâni *"Allah merdi ile bir dem sohbet yüz yıl ibâdetten üst-tür"* diyor.

Terbiye görmüş bir nefsi dîğergâmlığı ile tanımak kābil. Kendisinin veyâ çocuğunun menfaatini, komşusunun yâhut başka şehirde yaşayan adamın menfaati ile aynı seviyede tutabilen kişi rûhî olgunluğa sâhip demektir.

Zannederiz ki hepimiz bu cevapta ince dokur sık eleriz. Hâlbuki gerçek, geçit başında belli oluyor.

Zâtın birine "Niye bu kadar tövbe ediyorsunuz?" demişler. O da cevâben demiş ki: "Vaktiyle Bağdat çarşısında yangın olmuştu. Birçok dükkânlar yanmış, fakat benimki kurtulmuştu. Onu görünce şükrederek secdeye vardım. Akabinde ise yaptığımdan utandım. Çünkü bu esnâda nefsimi düşünmüş ve fakat sermâyeleri kül olan nice dükkân sâhibini düşünmemiştim. Bu bencil şükrümden dolayı otuz senedir tövbe etmekteyim."

Bu ölçüde bir irfan sâhibi olan kimse Allah merdinin sohbet ve muhabbetine sînesini açmış olan bahtlıdır, elbette nefsi nâmına iş işleyenlerin safından bir solukta ileri geçer ve insanların yüzünde Sâhib'i müşâhede ederek yol alır. Şüphesiz ki onun açık olan kalp gözleri, yalnız halkta değil, eşyânın özünde ve hattâ her zerrede Hakk'ı bulur.

Resûlullâh'ın sevgilisi ve Allâh'ın arslanı Hz. Ali, kılıcı çekmiş kâfirin kafasını bedeninden ayıracağı esnâda yerde yatan kâfir, Hz. Ali'nin yüzüne tükürmüş. Koca sultan derhâl kılıcı geri çekip adamı serbest bırakmış. Adam o kadar şaşırmış ki, kaçamamış ve bunun sebebini öğrenmeden gidemeyeceğini söylemiş ve Hz. Ali'ye, bu hareketinin mânâsını ısrarla sormuş. Nefsini dâimâ alt etmesini bilmiş olan merdler merdi Ali cevâben "Gâzâ sebebiyle seninle döğüşüyorduk ve seni vuracağım sırada yüzüme tükürdün. İşte o an nefsimin karıştığını gördüm. Öldürecek olsaydım bu, sırf Hak nâmına olmayacak, gördüğüm hakārete bir mukābele, bir öç alma olacaktı. Onun için seni bıraktım" demiş. Bu sûretle de, gazabını her an yenebilecek bir kudrette ilâhî aşka sâhip olduğunu göstermiş.

Muhabbet, insanı her hâl ve vakitte intibâha dâvet eder. İnsanoğlunun önüne ve ardına ibretle bakması ve halkın hukukuna riâyette, kurulu ve doğru bir saatin vaktini şaşırmadan ilerleyen akrebi gibi dakîk olması muhabbeti yüzündendir. Ağacın hikmeti, daldaki meyvası değil midir? İnsanın da yaşamasının gāyesi nefsini olgunlaştırıp bir ruh meyvası hâlinde beşeriyete arz etmek olmalı… Beşer ağacının insanlık meyvası, zaaflar kurtlarına yedirilecek ve delik deşik edilecek olunursa, cemiyet nâmına bir fayda umulur mu?

Faydasız güruhlar, bencil nefslerine mağlûp olup cemiyetten meyvelerini kaçırmaktan geri kalmamaktadır. Bunlar dalâleti satın alan bedbaht zavallılardır.

İnsanı bu körlük ve cehâletten kurtaran aşk ne mübârek bir özdür ki, hiç paslanmaz ve aslā kir tutmaz.

Dünyevî arzûları aramak
kadar cennet zevkinin
peşinde sürüklenmek de
esâsında nefsin iktizâsıdır.
Yâni nefsânî bir talep olup
rûhânîliğe şifâ olamaz.

NEFSİNE AĞIR GELEN ŞEYDEN KÜSEN, İNSAN OLAMAZ

Âşık-ı ezelî ve mâşûk-ı ebedî olan Mevlânâ, kendi hakîkatine hitap ederek diyor ki: " **Ne sekiz cenneti hatırıma getirdiğimden ve ne de cehennem korkusundan dolayı sana hizmet ve ibâdet ediyorum. Çünkü bu ikisi de bedenin hazzıdır. Ben yalnız o vakit selâmet isteyici bir mü'min olurum, fakar âşık olmuş olmam.**"

Dünyevî arzûları aramak kadar cennet zevkinin peşinde sürüklenmek de esâsında nefsin iktizâsıdır. Yâni nefsânî bir talep olup rûhânîliğe şifâ olamaz. Çünkü bu ikisi arasında hakîkatte hiçbir fark mevcut değildir.

İnsandaki para hırsı, yine insandaki cennet hırsı ile mukāyese ve tahlil edilirse acabâ ne sonuca varılır?

Cehennem korkusuna gelince; nefsin emellerine mâtuf hırsını gāyet parlak bir şekilde ortaya koyuyor. Malının yâhut rütbe ve şöhretinin üstüne titreyen bir adam, canını bu uğurda seve seve harcamaktadır. Hiçbir düşünce, onun ruhûna neş'e getirmez. Zîrâ endîşe ve vesvesenin elinde haraptır. Onu kahreden, ardına düştüğünün, elinden gitmek ihtimâlidir ki insanlarla kendi arasına demir bir perde gibi inmiştir.

Birincide, paraları toplamak isteği ve onların sâhibi olmanın verdiği haz gālip; ikincide, îtibar görmek, rahata kavuşmak ve bir nevi zenginliğe konmak hevesi âşikar. Bencil nefsin benlik sevdâsını kamçılayan bu iki nevi arzû da, benliğin gāyesine hizmet ediyor.

Bu insan, iptilâsı yüzünden cemiyete düşman, hâdisâta düşman ve gördüklerine alâkasız hattâ îmansızdır. Şu hâlde ona sorarsanız cehennemin asıl mânâsı hırsının zevkinden mahrum olmak değil mi? Canını daha kolay verebilir amma hırsını aslā! Bu hırs, onun ömrünü çalmış ve ruh insanını nefs hayvanının ayakları altına almıştır. Âhiretteki cehenneme ne hâcet? İnsanoğlunun arzû ve emellerine bir tuzak kuruldu mu derhâl vücut evi içinde bir cehennem zuhûr eder ve alevli ateşi, can damarını yakmağa başlar.

Yaptıklarından vazgeçmeye niyeti olmayan bir kimse, bu âlemde de öbür âlemde de safâyı arzûlamaktadır. Taklîdî ibâdetini, bir hîle kabîlinden öne sürüp ücret talep eder. Bir ticârete girişmiştir; varlıklı yâni sermâyeli olduğuna koskoslanır.

Kalbi, kulluğu bütünüyle reddetmiş bir kimse için, lâzım olan, nefsin rahatı değil mi?

Zâhiren ve bâtınen ibâdetle olanın, nefsinin rahatına ayıracak zamânı olamaz. Çünkü o rahatını, muhtaç olanlara bağışlamıştır. O, eziyet ve zahmetleri mücâhede-i nefs addeder. Yâni nefsini terbiye husûsunda, çekileni bir fırsat hükmünde tutar ki, nefs, insânî olgunluğa erişsin.

Hz. Pîr, Cenâb-ı Hakk'a ilticâ ederek *"Yâ Rabbî ben senin kahrına da âşığım"* buyurdu. Yâni ben senin cehennemine de sevdâlıyım, demekle şu hakîkati açıkladı: Çileler ve belâlar vaktinde, alıverişin seninle olduğunu bilerek kalbimde ferahlık buldum. Gördüm ki, felâketler, nefsime bir ders ve sınıf geçirtici imtihan imiş.

Elbette imtihanda matematik problemini çözmek kolay değildir. Fakat bu zorluk, talebenin daha çok, daha kuvvetli çalışmasını, zekâsını daha çok işletmesini sağlar. Bir ızdırap problemi de şüphesiz insana ağır gelir; ancak onun, akl-ı selîmi pırıl pırıl aydınlatması bakımından yaptığı hizmet pek büyüktür. Âdemoğlu bu sâyede sabırlı ve edepli olmaya gerçekten şükretmeye hak kazanır ve irâdesini, hâdisâtı idâre eden büyük şuûrun emrine yöneltmeyi öğrenir. İşte bu ızdırap imtihanından geçecek olursa, çalışmanın gāyesini elde eder ki, insanlar için uğraşmak ferâgati bu kimsenin husûsiyeti olur.

İnsanoğlu, nefsini Hak ve halktan çok severse, gerek dünyâ gerek âhiret cennetlerine göz koymuş olmaz mı? Ve her iki cehennemden de kaçmaz mı? Yâni bedenin zevk ve lezzetlerine tâbî olunca, nefsine zor gelen her şeyden baş çeker...

Şimdi ulu bir sesi duyuyoruz: *"Olamaz insan nefsine ağır gelen şeyden küsen."* Gerçekten hep rahat ve lezzeti ihtiyar eden kişi, nasıl insan olsun? Önüne geleni eline geçirmek daha ziyâde hayvanlığı hatırlatıyor.

Bu yüzdendir ki Hz. Pîr, kaç türlü cennet olursa olsun onların zevkinden ötürü kulluk edemeyeceğini ve meşakatten kaçmak uğruna hizmete girmediğini açıklıyor.

O ulular ulusunun ibâdeti âşıklara has bir muhabbet tezâhürüdür. Gāye ve noktası, Allâh'ı, bütün yaradılmışlara karşı duyulan hasbî sevgide bulmak...

Hz. Pîr'in *"Mutlak hayır ve mutlak şer yoktur"* demesi, fikrimizi aydınlatıyor. Diyoruz ki, bir kimse için hayır olan şey, daha üst seviyede bulunan için noksan ve eksik olduğu cihetle şer oluyor.

FELEKLERİN DÖNMESİNDEN AKSEDEN SESLER

Büyük Mevlânâ açıklıyor: **"İster çalgı âletlerinden çıkan iç açıcı nağmeler olsun, ister insan hançeresinden çıkan güzel sesler olsun, aslına bakılacak olursa, bütün bunlar, feleklerin dönmesinden akseden seslerdir. Üstat bu nağmeleri ve bu sesleri dinlediğinde çalgı âletlerinden veyâ hançereden bilmeyip feleklerin dönmesinin âvazı olduğunu anlar. Onun için bu sesler, helâl ve güzeldir. Haram olması nefis erbâbına göredir."**

Hz. Pîr'in şu ifâdesinden anlıyoruz ki, helâl ve haram, uygun veyâ uygun olmayan, yapılması istenen veyâ yasaklanan şeyler insanoğlunun hayrı ve zararı nâmına inceden inceye hesaplanmış, şuûrlu bir muhâkemenin yine şuûrları sıhhatte olanlara sunduğu esaslardır. Burada görüp gözetilen nokta, zarar veyâ fayda mes'elesidir. Her şeyde maddî veyâ mânevî bir işleyiş, faydanın özünü teşkil ettiğine göre, kulun kendisine fayda verecek olan şeylerin peşinde yürümesi doğru olmaz mı? Hz. Pîr'in *"Mutlak hayır ve mutlak şer yoktur"* demesi, fikrimizi aydınlatıyor. Diyoruz ki, bir kimse için hayır olan şey, daha üst seviyede bulunan için noksan ve eksik olduğu cihetle şer oluyor.

Hz. Mûsâ ile çobanın hikâyesi meşhurdur: Çobanın kalbi Hak aşkı ile çarparmış. Geceleri, sevdiği ile gecelermiş. Gündüzleri yine Sâhib'iyle berâbermiş. Bir an, bir nefes, aşkı semâsından yere düşmeden o sonsuzluklara doğru muhabbet kuşunun sırtında yol alırmış. Kanatları pırıl pırıl, nur gibi saf ışıklı olan bu mutlu kuş, yanakları al al olmuş, başı sînesi üzerinde ezel gününün bir gönüllüsünü taşımaktaymış.

Lâkin çobanın sevgilisi hakkında hiç bilgisi yok... Onun nasıl sevileceğini, katına hangi tılsımlı sözlerin gönderileceğini bilmiyor, sâdece kendince hoş bulduğu, makbul zannettiği bir niyâza dil bağlamış, iştiyak ve hasretin ifâdesi gözlerinden taşıyormuş. Saf saf şöyle konuşmuş: "Allâh'ım ne olur bana gelsen, seni karşılar, çarıklarını çıkarır, üstünü süpürürdüm. Saçlarını dizime döker, onları tarar, bitini kırardım. Ne olur bu yana bir gelsen! Âh, seni içim yana yana karşılardım..."

Çoban sayıp döktükçe coşmakta ve içinde fırtınalar kopmaktaymış. Sonunda, dağın tepesinden aşağıya inerek kulluk vazîfesini îfâ ettiğini ve sevgisini böylece îlân ettiğini sanmış. Ve her gün bu hâli tekrarlamaya başlamış.

Hz. Mûsâ bu durumu görüp de çobanın lâflarını da işitince öfkelenerek çobana hitâben "Allah, hâşâ, bir şahıs mıdır ki bu sözlere muhâtap olsun? Hakk'a nasıl olur da bu şekilde ibâdet edilir?" demiş. Ve çobana kulluk vazîfesinin nasıl olacağını, ibâdetin şeklini, edeceği duâyı öğretmiş.

Lâkin çoban Hz. Musâ'nın gözden kaybolması ile berâber öğrendiklerini unutmuş. Ne yapacağını o kadar şaşırmış ki, evvelce yaptıklarının yanlış olduğunu da duyduğuna ve söylediklerinin günâh olduğuna inandığına göre ne kadar çâresizlik içinde kaldığını görmüş ve canı yanarak bir "âh" etmiş. Sanki ok yaydan fırlamış ve hedefe ulaşmış.

Bu hâdise üzerine Tûr-ı Sînâ'da Hz. Mûsâ, Sâhib'i tarafından şöyle bir hitâba mâruz kalmış: "Yâ Mûsâ! Sen kullarımı bana yaklaştırıcı mısın, yoksa uzaklaştırıcı mı? Bizim indimizde çobanın ibâdeti değerli ve makbûldü..."

Hz. Mûsâ şaşkın ve pişman olarak yollara düşmüş ve çobana ulaşmak için koşmuş, onu bulunca "Sen nasıl istersen öyle ibâdet et! Sana yaptıkların haram değil, helâldir." diye anlatmış. "O hulûs ile söylediğin sözler meğer Hak katında makbûl imiş. Amel niyete bağlıdır, iş gönüldedir. Senin niyetin ve muhabbetin gerçekmiş!" demiş.

İşte Hz. Pîr'in söyledikleri gibi, başkasının şehvet ve hırsını kamçılayan çalgı âletlerinin sadâları ve güzel sesler ârifin indinde mutlak güzelliğin câzibesine kapılmış dönen feleklerin sesidir. Bu görüşle dinlenen sadâ, ehline helâl ve Sâhib'e makbûl olmaz mı?

Allah'tan başka ilâh yok, diyoruz.
Fakat bir başkasına gönlümüzce
bağlanıveriyoruz. İptilâ hâlinde
düşkün olduğumuz şeyin ne
olduğu bilinince, işte başka
ilâhın yüzü âşikâr oluyor.

KALBİMİZİN KIBLESİ NEDİR?

Güzeller güzeli Mevlânâ, efendilik şânına yakışır şekilde konuşuyor: "**Herkesin kendine lâyık bir isteği ve bir maksadı vardır ki o istek ve maksat, o kimsenin ruh ve aklına Kâbe ve kıble gibi olmuş ve o kimse gece ve gündüz kıbleye teveccüh eder gibi o tarafa meyletmiştir. Cebrâil gibi melek-haslet olan canların Kâbe ve kıblesi, yedi kat gök üzre olan Sidretü'l-Müntehâ'dır. Kendi karınlarının kulu olan ve boğazlarına hizmet kılanların kıblesi ise, yemek sofralarıdır.**"

Üstâdım Ken'an Rifâî'nin **İlâhiyat** adlı eserinden alınan şu manzum parça, mânâsının bütün ihtişâmı ile gözlerimizin önüne serilmektedir.

Tefekkür et, niçin geldin bu dünyâya nedir matlub
Yeyip içmek veyâ şehvetle uyku hiç değil maksûd

Muvazzaftır bu dünyâya gelenler hep bir hizmetle
Gerek insana cehd etmek, kavuşmak Hakk'a himmetle

Bilen nefsin bilirmiş şüphesiz Mâbûd'u Mahbûb'u
Atan "lâ"yı bulurmuş şüphesiz kalbinde matlûbu

Tekemmül etmeye geldi Benî Âdem bu dünyâya
Biçer ektiğini toplar onu sevkeyler ukbâya

Gözün aç, fâide vermez orada boş kuru dâvâ
Bu âlemden gidenler kör, olur ahrette de âmâ

Ne kancıktır bu dünyâ pek vefâsız işve-bâzdır o,
Cefâsı çok, vefâsı yok, yaman hîle-bâzdır o

Enâniyyet hicâbı kalksa bil nefsin olur bende
Gören hep, dinleyen hep, söyleyen hep yâr olur sende

Bu nefsin var yedi bâbı, üçünde hiç de eğlenme
Sakın emmârede, levvâmede hiç durma dinlenme

Birinin mülhime adı yaman hîleleri vardır
Biri de mutmainne pek iyidir, korkusu azdır

Beşinci bâb-ı râziyye, nihâyet bâb-ı marzıyye
Yedinci bâb-ı ihsandır, adı onun sâfiyye

Mühim bir şey bunlar insana çalışmakçün bu dünyâda
Geçirme ömrü gafletle dilersen râhat ukbâda

Hemen irfânı bulmaktır cihâna gelmeden Ken'an
Çalış ıslâha nefsin ger dilersen bulmaya ihsan[51]

Evet, gece ve gündüz bizi meşgûl eden, hırs ve emellerimizin hedefini teşkil eden keyfiyet nedir? Neyin meclûbuyuz? Hangi şeye mağlûp ve meftûnuz? Kalplerimizin kıblesi nedir?

Allah'tan başka ilâh yok, diyoruz. Fakat bir başkasına gönlümüzce bağlanıveriyoruz. İptilâ hâlinde düşkün olduğumuz şeyin ne olduğu bilinince, işte başka ilâhın yüzü âşikâr oluyor.

51 İlâhiyât-ı Ken'an, (Hazırlayan: Y. Ömürlü- D. Dalkılıç), İkinci Baskı, İstanbul, 1988, s. 176.

Bâzısına mal-mülk Kâbe, bâzısına da yemek sofraları veyâ para, evlât, şöhret kıbledir. Bunlar meydanda olanlar, ya görünmeyen benlik ilâhına ne demeli?

Emmâre denilen devresinde nefs, korkunç derecede bencildir. Kendinden başka hiçbir yaratılmışın kıymet ve îtibârı olamaz. Her şey ve herkes onun zevk ve rahatına bir hizmetkâr olmalıdır. Sâhib'ini inkâr ederken kendi kudretini isbat ettiğini zanneder. Nefs-i emmâre Cenâb-ı Hakk'ın *"Onlar Allâh'ı unuttular, Allah da onları unuttu"*[52] hitâbının muhâtabıdır. Bundan bir derece ileride olan levvâme mevkîinde nefs, gizli şirkin, Allâh'a ortak katmanın esîri olmaktan kendini kurtaramaz. Mülhime mertebesinde iken nefse nûrânî hicaplar tuzak olup bâzan ibâdet, bâzan da kerâmet kapısından benlik yüz gösterir ve aman demekten, Allâh'a sığınmaktan alıkoyar.

Mutmainne mertebesi ise, isminden de anlaşılacağı gibi, kulun emin olduğu makamdır ki, Sâhib'in kudret ve azametine ve mutlak varlığına dayanıp tam mânâsıyla ona güvendiğini gösteriyor.

Râziyye ve merdiyye mertebeleri ise kulun Allah'tan ve Allâh'ın kulundan karşılıklı râzı olduklarına işârettir. İnsanoğlu Sâhib'in sevdiği işleri işlemekle, Hakk'ın rızâsını kazanır. Lâkin kulun Allâh'tan râzı olması bir bakıma daha güç değil midir? Zîrâ bu mevkîe gelmek, şikâyeti ortadan kaldırır. Kişi, her hâl ve vakitte memnun ve müsterih ise, kalben olanların cümlesine bir îtirâzı yoksa, sevinçten olduğu kadar ızdıraptan da zevk alabiliyorsa, ancak o zaman Allah'tan râzı olduğu sâbit olur.

52 Tevbe Sûresi/67. âyet

Yedinci makam, nefsini bilene mahsus olan bir makamdır ki bu makāmın sâhibi *"Benim sıfatlarımı hâiz olarak kullarımın meyânına çık! Seni gören beni görür"*[53] emr-i ilâhîsine muhâtap olan uludur. Nefsinin kötülüklerinden boşalmıştır. Nay gibi sâhibinin dudağına lâyık olmuş bir candan duyulan sadâ, ilâhî bir sadâ değil midir? Nitekim Hz. Mevlânâ *"Benim nazarımda senin sözlerin Hakk'ın sözleridir. Zîrâ hâşâ ki âşık mâşuktan ayrı ola..."* diyor. Bu takdirde nefs, ruh makāmına erişmiştir ve *"Biz Âdem'e rûhumuzdan ruh üfledik"*[54] ilâhî kelâmı mûcibince Allâh'ın zâtı ile bir ve berâber olunmuştur. İşte bu mertebeye sâfiyye mertebesi denir.

Nefsini derece derece ilerletmek ve ıslâhına çalışmak yolunda yürüyenlere Hz. Pîr müjde veriyor ve hedefin "Arş"ın üstünde olduğunu bildiriyor. Hayvan mertebesinde olanlara ise kıble olarak yemek ve nefsinin türlü hırs ve iştihâları sofraları kalmıştır.

53 Hadîs-i kudsî
54 Hicr Sûresi/29. âyet, Sâd Sûresi/72. âyet

SAÂDETLE DİRİLMEK İÇİN İRÂDE İLE ÖLMEK LÂZIM

Kulağımızı gene ezelî dost büyük Mevlânâ'nın sadâsına verelim: **"Bütün âlem, bu sebepten yolu şaşırdılar. Çünkü yok olmaktan, vücutlarını yok etmekten korktular. Hâlbuki o yokluk onlara felâh getirdi. Saâdetle dirilmek isteyen kimseye irâdesiyle ölmek lâzım geldi"** diyor.

İnsanoğlunun dünyâ hayâtına çeşitli bağlılıkları vardır. Belli başlı olanları üç kısımda toplayabiliriz:

1- Lezzet ve zevk yolu ile
2- Hırs ve tamah ciheti ile
3- Hükmetmek arzûsu ile

Birinci ve ikinci kısımlarda nefsin, âşikâr veyâ gizli, başkalarının hakkına mutlakā tecâvüz ettiği görülür.

Üçüncüde ise, öne geçmek sevdâsında olan kimselerin bu arzûları, ya maddî sâhada ya da mânevî sâhada kendini gösterir. Mânevî durakta olanını, gerçekten, daha da tehlikelidir diye düşünüyoruz. Zîrâ Hak ve hakîkat yolunu seçtikten sonra bu yolda varlıkla ilerlemek abes olmaz mı? Üç-beş tecellîye mazhar olanın, olanları kendinden bilerek nefsini başkalarından üstün görmesi korkunç bir şey değil midir? Çünkü tekâmül etmiş bir kimse, cemiyet önünde, kendisini halkın hizmeti için gelmiş bir köle hükmünde tutar. Daha ileri bir görüşle o, nefsi ile tasarruf etmek iktidârını kaybeder. Hz. Muhyiddîn Arabî'nin *"Tasarruf ile tasavvuf bir arada olamaz"* dediği gibi, Allah ilmini bilip hâl edene varlıkla iş işlemek imkânsızdır. Çünkü o, cüz'î irâdesinin elini Allâh'a vermiş olduğundan, ondan iş işleyen, tasarruf eden, tam mânâsıyla Hak'tır.

İnsanlar dünyâ hayâtına başlıca bu üç yönden sıkıca bağlandıkları için varlıklarını yok etmekten korktular. Zîrâ bunda kıl payı kadar nefs hesâbı düşünülmemesi gerekmektedir. Her şey Allah için, sırf Hak nâmına işlenecektir.

Bu nokta ise insanoğluna güç geldi. O bir zamanlar sermâyesizdi. Fakat bu âleme gelince, ezel gününü çabucak unuttu. Verilenlerin, mülkün sâhibi tarafından olduğunu unutarak kendi nefsinin imiş gibi benimsemekle, tam bir hırsın esîri oluverdi. *"Bugün mülk kimin içindir? Vallâhi Kahhar olan Allah içindir"*[55] buyurulacak âna kadar insanoğlu gaflet uykusundan uyanmamaya yemin etmişti sanki... Buna başka ne mânâ verilebilir? Kur'ân'da *"Dünyâ hayâtı oyun ve eğlenceden ibârettir"*[56] buyuruluyor. Evet, bir perde ki açılınca rol sâhipleri sahnede boy gösteriyorlar. Kimi cânî, kimi mâsum, kimi zâlim, kimi mazlum olarak hayattaki vazîfelerini tamamlıyorlar.

Ancak zâlim, bu perdenin zaman içinde açılarak hemcinslerinin başlarına gelenleri görmüş olmasına rağmen, kendi rolündekilerin acı âkıbetlerine muttalî olduğu hâlde, ibret ve intibâha dâvet eden sesleri çoktan susturmuş ve basîretsizlik kitabını okur olmuştur.

İnsanoğluna en ağır gelen şey, ibret almaktan mahrum olmasıdır. Âlim olur, kâşif olur, kütüphâne dolusu kitap okur,

55 Mü'min Sûresi/16. âyet
56 Muhammed Sûresi /36. âyet

fende teknikte zirveye ulaşır, neler îcat eder, neler bulur da kendi içine, özüne yan gözle dahî bakmaz. En basit mes'elede bir ibret sonucu çıkaracak iç muhâsebesine yanaşmaz. Hayret edilecek, asıl şaşılacak mes'ele bu!

İnsanoğlu nasıl bir gafletle rûhu ile nefsi arasına bir perde germiş! Özünü nasıl da kendinden gizlemiştir. Rûhunun herhangi bir ihtiyâcını derinlemesine düşünerek ibret almak vazîfesi iken, selîm aklı bularak düzlüğe çıkmak korkulacak bir hâl imiş gibi ondan kaçar.

Neden sâadet, dış tabiat âleminde zannediliyor? İnsan, içindeki buhranların tam ortasında yaşarken, bedenimizin rahata ulaşmasının ne kıymeti vardır? İçi alt-üst bir kimsenin dışarıdaki sulh ü sükûndan nasîbi olur mu?

Huzur kalpte olmayınca, barış gönülle kurulmayınca dış âlemin bahar havası, iç fırtınalarını önlemeye muktedir midir?

Her gün yemek yemekten bıkmıyoruz, zîrâ bu yemek vücûdumuzun tabiî bir ihtiyacıdır. Şu hâlde ne oluyor da rûhî gıdâmızı alamıyor ve bizi doğruya, iyiye ve güzele çağıran sözlerden vazgeçiyor, sırt çeviriyoruz?

Rûhumuz gıdâsızdır. Huzursuz cemiyetler, buna parlak bir delil… Bizdeki benliği yok etmekten kaçıyoruz. Kuvvet ve kudretin Allâh'tan olduğunu bilerek, gerçekten Sâhib'e dayanan, onun rızâsı yolunda çalışan kimse, cemiyete hizmetle en faydalı insan olmuyor mu?

Kalp huzûrunun zinde kıldığı o gerçek insan tam olarak vazîfesini görsün!

İNSAN SÛRETİNDE ŞEYTAN ÇOKTUR

Efendiler efendisi, âşıkların kıble ve kâbesi, başıboş nefsi nizâma koyan, terbiye altına alan büyük şuûrun, küllî irâdenin ifâdesi Mevlânâ, hidâyete dâvet eden ihlâslı sesi ile diyor ki: **"Seni Allâh'ın yolundan ayıran kimse şeytandır. Asıl mühimi, insan sûretinde şeytan çoktur."**

İnsanlık nasıl bir cevherdir ki, o cevheri derûnunda saklayan "Âdem" yerin de göğün de baş tâcı olmuştu. Bütün yaradılışların halk oluş gâyesi, meleklerin secde ettikleri Âdem değil midir?

Mesnevî'nin muhtelif ciltlerinden seçtiğimiz bu nükteleri kâğıt üzerine geçirirken ve mânâsı üzerinde dururken derin derin düşünüyoruz. Kur'ân-ı Kerîm'i şerh eden **Mesnevî**, İslâm'ın mânâsını en ince noktalarına, kıl damarlara kadar açıyor, kemâl ve haşmetinin üzerindeki sırlı peçeyi kaldırıyor, âşikâr bir azameti, o mânâ saltanatını gösteriyor.

Nur deryâsı içinde zulmeti aramak beyhûde değil midir? Işıklı diyârın o merkezindeyiz ki cehâlet karanlığına artık yer yok! Her şey ama her şey, geçmiş, hâl ve gelecek aydınlanmıştır.

Bizce **Mesnevî**, tek cilt de olsaydı yüz cilt de olsaydı, gene de tek hakîkat noktası etrâfında dönüp dolaşırdı. Nitekim öyle oluyor. Bu, insanlığı bulmak ve kemâle erişmek gerçeğidir.

İnsanlık nasıl bir cevherdir ki, o cevheri derûnunda saklayan "Âdem" yerin de göğün de baş tâcı olmuştu. Bütün yaradılışların halk oluş gāyesi, meleklerin secde ettikleri Âdem değil midir?

İnsanlık, ezelden ebede bir ferâgat ve fedâkârlık destânı, vericilik nîmeti ile dile gelmiş hayat kitabının muhtevâsı olsa gerek. Çünkü âdemoğlunun bencilliğini mefaat elinden kurtarıp cemiyet için, evet sırf umum nâmına, harcanacak bir kudret kaynağı hâline getiren esas insanlıktır.

Hz. Pîr *"Eğer su, geminin altında ise geminin seyrine vesîle olur. Fakat geminin içine dolarsa o zaman onu batırır"* buyuruyor. Eğer nefs, irâdenin emrine tâbî ise, kişi de insanlığını bulmaya hak kazanmış demektir. Bu, cemiyetin tekâmüle giden yolunda gerçek bir adım olur. Çünkü terbiye ve îtinâ görmüş bir ruh tohumu elbet fidan olup yetişecek ve meyvasını verecektir. Lâkin nefsin hayvânî duyguları, iştihâ ve arzûları irâdesini yenmiş ise bir düzen ve terbiyeye tâbî olmayan ruh, gemiyi batıran su gibi, insan teknesini basacak ve derunda saklı bulunan insanlık cevherini alıp götürecektir.

Âhiretteki Sırat köprüsü için endîşe edenlere şaşmamak elimizden gelmiyor. Zîrâ dünyâda iken de, Sırat denilen, kıldan ince kılıçtan keskin köprünün tam ortasında bulunuyoruz. Hem de şu an! Ne kadar gāfil bulunsak da bu, bu işte. *"Halk gaflette ise de, mahv ve inkıraz değirmeni durmayıp dönüyor"* buyurulduğu hâlde, îkāz dahî bizi uyarmıyor. Gene de geçmek mecbûriyetinde olduğumuz köprüyü bertaraf etmiyor.

Nefis rûhlaştığı takdirde, ulaşacağımız ulvî menzil, rûh olgunluğunun semeresi olan "insânî duyuş" mertebesidir. Buradan başlayarak elde edeceklerimiz insânî yaşayış, insânî hâl ve tavır, netîcede Hak ile dostluk, Hak ile alışveriş! İşte nefsin mağlûbiyete uğradığı nokta budur! Fakat o noktaya varıncaya dek unutmayalım, Sırat'ın üstündeyiz, yâni adımlarımızın gāyet dikkatli atılması, düşünce ve hissimizin uyanık olması îcap eden yerdeyiz. Temennîmiz odur ki, insan sûretinde bir şeytan bizi aşağıya doğru çekmesin!

İnsanoğulunu Hak ve hakkāniyet mefhûmundan alıkoyan herhangi bir iğfalcinin düpedüz şeytan olduğunu bildiren Hz. Pîr bu ikâzı ile nazarlarımızı nefis şeytanı üzerine çevirmektedir.

Güzele, doğruya, iyiye doğru atılmak istediğimiz zaman çelme takan, rahatı, lezzeti, menfaati seven nefs şeytanı ise nurdan kaçmaktadır.

Bundan dolayıdır ki karanlık yollarımızın ebedî ışığı büyük Mevlânâ, Sırat'takilere hitâp ediyor: *"Ey insan, yücelik istiyorsan bende ol, sultan olma! Top gibi zahmet çekici ol, lâkin topa vurarak, eziyet eden çomak olma!"*

Hakk'a erenin gözünde ve
gönlünde yaşattığı o sevgili,
kâinatta görünen, her zerrede
zuhûr eden mutlak güzellik
olduğuna göre Hak halktan
ayrı olabilir mi? Aslā!..

HUZUR

Hz. Mevlânâ açıklıyor: **"Kim ki Allah'la durup sohbet etmek istiyorsa ona söyle! Evliyânın huzûrunda otursun. Sen evliyâ huzûrundan uzak olursan hakîkatte Allah'tan uzak olursun."**

Şimdi evliyânın hâlini olduğu gibi aksettiren şu hakîkat nüktelerine birlikte kulak verelim:

Kalbimin levhinde ancak kāmet-i yâr elfi var
Pîş-i çeşmânımda yârin nokta-i ruhsârı var

Başka harf öğretmedi üstâd-ı aşk-ı lemyezel
Bildiğim bir, gördüğüm bir, sevdiğim Allah var

Ger zemînin altı üstü olsa birdir âşıka
Sidre'den makbûl o yer ki onda vechullâh var

Çıksa eflâke ne hâsıl âşıka, olmazsa yâr
Cennet-i âlâ o câh ki onda aşkullah var

Sağ u sol arz u semâ mi'râc için farklı değil
Çünki maksad vuslat-ı Hak bir cemâlullah var

Âşık u mâşûka bak hem mest ü sâkîyle müdam
Kâinâtta, cümlede mevcud nûrullah var

Kâbe-i rûy-i nigârı tavf eden uşşâk-ı yâr
Varlığı yâre der "ben yokum Allah var"

Kutlu olsan Yûsuf-i Ken'ân'a mi'râc-ı güzîn
"Lâ"ye saldı Ken'an'ı "illâ" dedi Allah var[57]

Gerçekten Hakk'a erenin hâli budur. Yok olmuş da, kendisi ile Sâhib'i arasındaki varlık, benlik perdelerini aşkı sebebiyle kaldırmış da, tıpkı gelinin yüzündeki duvağı çeken dâmat gibi, murâdına nâil olmuştur. Hakk'a erenin gönlünde dünyâya ve âhirete âit hırsın boynu büküktür, bu hırs alt edilmiştir. Bir şâha, aşk pâdişâhına kulluk etmek üzere hırs da hizmete girmiş olduğundan nefsânî iktidârı kalmamıştır. Emre tâbî olan, âmirlikten nasıl dem vursun?

Hakk'a vâsıl olanın hırsı o türlü güzelleşmiştir ki herkese ve her şeye karşı hayırlı, halkın yüzünü güldürmek husûsunda hazırlıklı, gönül almak yolunda seferberdir.

Hakk'a erenin gözünde ve gönlünde yaşattığı o sevgili, kâinatta görünen, her zerrede zuhûr eden mutlak güzellik olduğuna göre Hak halktan ayrı olabilir mi? Aslā!..

Şu hâlde âşık, her yaratılmışın sevgisini özünde taşımakla, halka vereceği ızdırâbı çoktan rûhundan söküp atmıştır. *"Müslüman odur ki, halk onun dilinden ve elinden emîn olalar..."* hadîs-i şerîfinin bütün inceliği ve mânâsındaki gerçek Hakk'a vâsıl olan evliyâda görülmektedir.

57 İlâhiyat-ı Ken'an, (Hazırlayan: Y. Ömürlü- D. Dalkılıç), İkinci Baskı, İstanbul, 1988, s. 92

Şu hâlde velî, nefsi müslüman olana derler. Peygamberimizin ahlâkını giyinen o ere derler.

Nitekim Hz. Muhammed'e sormuşlar: *"Sizin şeytanınız yok mudur?"* Efendimiz *"Vardı, vardı ama ben onu müslüman ettim"* buyurmuşlardır.

Nefs olgunlaştığı takdirde ismi ruh olur. Zulmet içinde iken karanlıkta, gaflet içindedir. Câhil iken de, ruh ilminin nûru nefse yol gösterip aydınlatmaya başlar. Bilgisizlik perdesi bir bir kalkar ve kişinin gönlündeki gayb hazînesi ortaya çıkar.

Hakk'a ulaşan velî, mecâzî varlığını yokluğa terk edince ortada kendi hakîkatinden gayrı bir şey kalmaz. Nefs ilâhını "lâ"ya salınca ne kalıyor? İllâllah!

İşte huzûr-ı evliyâ, insanoğlunu, "lâ"dan "illalâh"a götürür.

ÂRİFLER BAHÇESİ'NDEN

"Cennet anaların ayağı altındadır" hadîsini düşünürsek, bir mânâda da anadan maksadın, doğurucu olmak hasebiyle dünya olduğunu anlarız.

BU DÜNYÂ KİMİNE MİHNET KİMİNE SELÂMET DİYÂRIDIR

Resûl-i Ekrem Efendimiz "Nûrun kalbe girdiğine alâmet, bu gurur dünyâsından baş çevirip sürur dünyâsı olan âhirete teveccüh ederek ölüm gelmezden önce ona hazır olmaktır" buyuruyor.

Seksen-doksan sene yaşamış bir kimseye kendini bildiği andan îtibâren neler görmüş ve geçirmiş olduğunu sorunuz ve noktası noktasına bütün hayâtını size anlatmasını isteyiniz; acaba kaç saat sürer? Diyelim ki âzamî yirmi dört saat sürsün. Nasıl dikkate şâyan olmaz ki, doksan senelik bir ömür bir güne sığdı! Ve eğer gafletle hebâ olmuş bir ömürse doksan senenin elde bıraktığı sermâye bir hiç oldu. Hâlbuki hayat sâhibi övünür: "Şu kadar senemi şöyle eğlenerek geçirdim, bu kadar sene de zevkle günümü gün ettim. Kimsenin feryâdı beni ilgilendirmedi; âlemin derdi ile, fakirliği, hakîrliği ile alâkadar olmadım. Kim ne olursa olsun dedim ve keyfime baktım, hür yaşadım."

İşte bîçâre bir tip, hürriyetten bahseden hakîkî bir esir... Hayâtın, zevkini sürdüğü kadar iyi geçtiğine kānî bir zavallı.

İşte onun sermâyesi yok... Serveti yok... Hep elde ettikleri birer hayâl; silinmiş, yok olmuş, sözde varlıklar. Şimdi tek gāyesi, o yaşına rağmen, kendine mâl ettiği her şeyin fânîliğine rağmen, yaşadığı hayâtı idâme ettirmek. Ölümden şiddetle kaçmak ve ilme güvenerek ömrü uzatıp sürmek.

Yazık ki, emr-i ilâhî, bir güneş gibi parlayan hakîkat, her gözün görmesi iktizâ ettiği kadar âşikâr ve yakın olduğu hâlde gāfilin gözleri onu görmez. Ecel geldiği vakit de ne bir nokta ileri, ne de bir nokta kadar küçük mesâfe geri kalır. Vâde tamam; borçlu borcunu verecek. İşte bu hakîkati bilmez, bildirseniz dinlemez, saymaz, işitmek dahî istemez.

Yine Peygamber Efendimiz buyurur ki: "Bir kimse burada neyin mağlûbu ise yarın âhirette de onunla haşrolacak." Demek ki, burada hakîkate sırtını döndü ise orada hakîkat kendisinden yüz çevirecek. Yâni Hak onu kendi kendisiyle yalnız bırakacak, neyin mağlûbu olmuşsa onunla haşrolacak.

Yazık o gururla dünyâlara sığmayanların âkıbetine; hem pek çok yazık…

İlâhî nûrun kalbe girdiğine delâlet eden alâmet, işte bu gurur dünyâsından kurtulmuş olmaktır; onu aslā benimsememek, onun iğreti hayâtına sarılmamaktır. Onun bir yılan derisindeki nakışlar gibi dış yüzü renkli, zevkli görünen ve fakat yılanın kendisi gibi içinden zehirini akıtan lezzetlerine kanmamak, buna mukābil dünyânın var oluş hikmetine vâkıf olmak lâzımdır.

"Cennet anaların ayağı altındadır" hadîsini düşünürsek, bir mânâda da anadan maksadın, doğurucu olmak hasebiyle dünya olduğunu anlarız. İşte dünyâda bulunmanın mânâsına, Hak ve hakîkati görmenin yoluna yaklaşıldığı takdirde bir sürur diyârı olan âhirete teveccüh ediliyor demektir. Hiç şüphesiz bu teveccüh, dünyâ sâyesinde oluyor. Yâni bilenler için dünyânın zâhirî hayâtı cehennemse, bâtında mânâsı cennettir.

Şu anlaşılıyor ki dünyayâ iki türlü kıymet vermek vardır:

1- Onun zevklerine tapmak sûretiyle.
2- Onun hakîkî gāyesini tanımak sûretiyle.

O hakîkî gāyeden murad, onun fânîliğini idrâk ederek aldanmamak, buna mukābil onda ebedî hayâtı tanımaktır. Ebedî hayâtı tanımak ise ölümün hakîkate varanlar için hayâtı kesmediğine, bilâkis daha parlak bir şekilde devam ettirdiğine îman etmek demektir. İşte bu idrâk ve îman, hattâ müşâhede etmek sûretiyle o kanâate vâsıl olma keyfiyeti, bu kesret âleminde mümkün olduğundan, dünyâ, mânâsını çözenler için, içinde cennet bulunan bir âlem oluyor. İşte bu kimseler ölüme hazırdırlar; zîrâ onlar bu âleme gelmenin sırrına ermişlerdir.

Dünyâ bir yıldız olmak
hasebiyle beş köşesi
mevcuttur: Mihnet, ganîmet,
ibret, hikmet, selâmet…

DÜNYÂNIN BEŞ KÖŞESİ

Kur'ân'da buyurulur ki: "Dünyâ hayâtı oyundan eğlenceden ibârettir. O, gurur metâıdır, mal ve evlât ziyâdeleştirmek içindir; fenâlıktan sakınır, îman ederseniz Allah sizi mükâfatlandırır."[58]

Tevrat'ta denir ki: "İnsan çabuk büyüyüp giden bir ata benzer."

Eski Yunan hakîmlerinden Eflâtun'a göre "Nesiller, ellerinde meş'ale taşıyan koşuculara benzer. Onlar, hayâtı parlak bir meş'ale gibi elden ele devrederek soydan soya uzatırlar."

Plütark ise "Hayat Tanrı'nın emânet ettiği bir sermâyedir, alacaklı emânetini istediği zaman borçlu olanın bundan şikâyete hakkı yoktur" der.

Şâir Homer, insanların hayâtını ormanlardaki ağaçların yapraklarına benzetir. Ve bir kısım hakîmlere göre dünyâ hayâtı, her ferdin oyunda oynayacağı rolleri gösterir. Eğer bir kimsenin dilenci veyâ hükümdar rolünü oynaması îcap ediyorsa, mühim olan, bu rolün hakkıyla yapılmasıdır. Zîrâ rolü iyi oynamak onun vazîfesi, bu rolü seçmek ise mutlak kudretin işidir.

58 Bkz. Hadîd Sûresi/20. âyet, Muhammed Sûresi/36. âyet

Dünyâ bir yıldız olmak hasebiyle beş köşesi mevcuttur. Mihnet, ganîmet, ibret, hikmet, selâmet... Binâenaleyh burası kimine mihnet ve sonunda nedâmet olmuştur. Bu yıldızın birinci köşesinde bulunanlar seyyiat şarabını içmişler ve etrâfı bu zehirle zehirlemişlerdir. Fakat niçin geldiğini düşünerek bunda bir gāye arayıp çalışanlar için şu dünyâ ganîmet olmuş, her şeyi ibretle temâşâ edenlere ibret, hâdiselerin bağında hikmet, netîcede kâinâtın her zerresinde Hakk'ın tecellîsini müşâhede edenler için de burası dâr-ı selâmet olmuştur. Şüphesiz ki insan ne kazanırsa bu irfan mektebinde kazanacaktır. Lâkin bu yıldızın birinci köşesinde sürülen hayat, bütün şatafatına rağmen, düşünebilenlerin gördüğü gibi havada bir iz bırakmadan dağılan dumana benzemektedir. Gāye, hayâle aldanmamakta.

Selâmet ehli gerek bu hayâta, gerek hûrîler ve gılmanlarla dolu, köşklü, ikinci hayâta iltifat etmemişlerdir. Zîrâ onlar Kitâb-ı Mübîn'in şu buyruğunu hakkıyla bilenlerdir: "Ey nefs-i mutmainne sâhibi! Benim sâlih kullarımın zümresine dâhil ol ki bu sûretle bana has olan cennete girmiş olasın."[59]

İşte selâmet ehli bu zümrenin halkasına girmişler ve netîcede kendileri de Hakk'ın dostu olan o sâlihlerden olmuşlardır.

İnanın ki muhabbet, garazsız ivazsız yâni menfaatsiz olursa muhabbettir. Yoksa "Yâ Rabbî, senin cemâlini istiyorum, seni istiyorum" dedikten sonra "bana bunu da ver, şunu da ver" denilirse bunda hulûs olur mu hiç?

Hazret-i Pîr Ahmed er-Rifâî "Yâ Rabbî, senden dileğim, dileğim olmamasıdır" buyuruyor. Evet, yâni senden gayri isteğim olmasın benim, diyor. Esâsen o koca sultanın kendisi Hak'la Hak olmuş olduğu için onun dileği de arzûsu da kendi

59 Bkz. Fecr Sûresi/27-30. âyetler

olmuştur. Biz âcizler için duâ şarttır. Kitâb-ı Mübîn'de "İste ki vereyim"[60] buyuruluyor. Lâkin nedâmete sürüklemeyen o bâkî olanı isteyelim, aldanmamış oluruz.

Hazret-i Mevlânâ'nın bildirdiği gibi "Allâh'ın likāsını ihtiyar edenler için her müşkül hâllolmuş, bütün suâller cevaplandırılmış" demektir. Elbette su başına gidenin bardaktaki veyâ testideki suya ihtiyâcı kalır mı artık? Ciğeri dağlanmış, dert ile yanmış olanın kuru dâvâ peşinde koşmaya tâkati olur mu artık?

Şâir,

Cânân ise matlûp candan tama'ı kes,
Matlûp ise can ümîdi cânândan kes!..

diyor.

60 Bkz. Mü'min Sûresi/60. âyet: "Bana duâ edin, duânızı kabul edeyim."

Allâh'ı gören göz o kalp
gözüdür ki Hak Teâlâ o gözü
kendi nûru ile açmıştır.

BİZ BİZ İDİK BİRBİRİMİZDEN İNFİSÂL ETTİK, SONRA İTTİSÂL ETTİK, ŞİMDİ (KEMÂKÂN) BİZİZ

Hazret-i Cüneyd-i Bağdâdî'ye "Kânellâhu ve lemyekün mahû şey'ün" (Allah var idi ve O'nunla hiçbir şey yoktu) hadîs-i kudsîsini okumuşlar. "El'ân kemâkân" (Yine de öyledir) buyurmuş.

Biz biz idik, birbirimizden infisâl ettik, sonra ittisâl ettik, şimdi kemâkân biziz.

İşte Cenâb-ı Hakk'ın hitâb-ı izzeti!...

Bir noktadan Kur'ân-ı Kerîm meydana gelmiştir. Bir noktadan akl-ı mümeyyizi ile hisleri, heyecanı, fıtrî hâlleri ile, her şeyi ile bir insan vücûda gelmiştir. Bir katrede umman gizlenmiştir.

Her şeyde olduğu gibi bunda da görüş ve anlayış istîdâdının genişliğine, o irfâna mürâcaat etmelidir ki, âşikârlıkta gizli ve gizlilikte âşikâr olan nokta, kendini âşinâ kalbe belirtsin!...

"Allah var idi ve O'nunla hiçbir şey yoktu" hadîs-i kudsîsi, vahdâniyet âlemini söylemektedir. Tek bir narın manzarası bu vahdâniyet âlemine bir misâl teşkil der. O narı ortasından bölsek, içinde irili ufaklı birçok nar tânelerinin yer almış olduğunu görürüz. İşte bu tâneler de cisim âlemine bir misâl teşkil etmektedir. Nasıl ki nar tânelerinin çokluğu hepsini içine almış olan o tek narın mevcûdiyetini inkâr ettirmiyorsa, cisim âlemindeki bu kesret de, gören için, vahdeti ihlâl etmez. Esasta gayrılık yok, lâkin gayrı olan dar görüşlerimiz, cehâletimiz ve mahdut olan akıl ile her şeyin mâhiyetini bileceğimize dâir bizde mevcut inançtır. Cüz, küllü idrâk edemez. Ancak o katre ki ummâna ulaşır, kendisi de ummandır artık. Onun için ayrılık kalmaz; o zaman da küllü idrâk eden, yine kül olmuştur.

Allah, şu cisme âit gözlerle görülmez. Nitekim Hazret-i Mûsâ "Cemâlini görmek istiyorum" diye niyâz etti. Hak Teâlâ "Karşıdaki dağa bak" buyurdu. Hazret-i Mûsâ o dağın, tecellî-i ilâhî ile parça parça olduğunu müşâhede ederek kendi de yüz üstü yere düşünce "Hatâ ettim, seni gören göz bu değilmiş!" dedi.

Evet, Allâh'ı gören göz o kalp gözüdür ki Hak Teâlâ o gözü kendi nûru ile açmıştır. Nitekim zâtın biri, günde yirmi kere tecellîye mazhar olurmuş. Bir ârif kendisine "Zamânın âlimi olan Bâyezîd'i hiç gördün mü?" diye sormuş. O zat da görmediğini söyleyince, ârif pek çok esef etmiş. O zat, kendisine vâkî tecellîden dolayı kimseyi görmeye ihtiyâcı olmadığını her ne kadar açıklamış ise de, ârif kişi Bâyezîd-i Bistâmî'yi görmesi husûsunda ısrar etmiş. Nihâyet Sultan'ın huzûruna gelmişler. Cemâl-i mübâreki görür görmez, o birçok tecellîye mazhar olan kimse bir sayha koparak düşmüş ve can vermiş.

Demek oluyor ki zat tecellîsi, esmâ ve sıfâtı yakmış ve kâmil insan kendi varlığından soyunmakla Hakk'ın o zat tecellîsine mazhar olmuştur. Netîce olarak Niyâzî'nin şu beyti bizi ikâz etmektedir:

Âdem gönlü evinde bahr-ı umman gizlidir,
Dâimâ susuz gezip ummânı bulmazsa ne güç!...

İRFAN EHLİNİN ÎMÂNI

Cenâb-ı Pîr Ahmed er-Rifâî Hazretleri "Her nefes nefsini hesâba çekmeyenler ricâlden addedilmez" buyurur.

Şu sözün mânâsı karşısında huşû ile durarak "İnnemâ yahşallâhe min ibâdihi'l-ulemâ"[61] âyet-i kerîmesini, yâni "Allah'tan korkanlar Allâh'ı bilenlerdir" emr-i âlîsini tefekkür eylemek ve ona göre yaptıklarımızı kontrol etmek îcap eder. Allâh'ı bilmek, O'ndan hayâ etmek, O'nun nizâm-ı âlem için koymuş olduğu şartlara riâyetkâr olmak, halkın hukukunu muhâfaza konusunda titiz davranmak ve karşımızdakinin nefsini kendi nefsimize tercih etmek, vâkî olan şeylere rızâ göstermek, şükür ve edeple hemhâl olmak demektir. Allâh'ı bilmek, "Allah Rabbimdir" demek ve istikāmet etmektir.

Ehl-i irfânın îmânı böyle işte!...

Biz bir hâdisenin karşısında şaşırıveririz. Şaşırmakla kalsak çok iyi; şikâyetlere, ithamlara, etrafta sebep arayarak falan kimseyi fâil görür de fâil-i hakîkîyi unutuveririz.

Yıldız Câmiindeki bir levhada yazılı şu kıt'ayı buraya kaydetmeden geçemeyeceğim:

61 Fâtır Sûresi/28. âyet: "Kullarından ancak âlimler Allah'tan korkar."

Hak kulundan intikāmın yine abdiyle alır,
Bilmeyen ilm-i ledünnü ânı abd etti sanır,
Her işin Hâlıkı oldur abd eliyle işlenir,
Sanma onsuz Bahriyâ âlemde bir çöp debrenir.

Evet, sanmayalım ki Allâh'ın izni olmadan bir çöp yerinden oynasın... Bu hakîkati kavrayabilmek ve hâl edebilmek için Vâris-i Nebî'nin gölgesine çekilerek her türlü harekâtta onun sevgisini mîyar tutmak şarttır. Çünkü aksi takdirde Hazret-i Pîr'in buyurmuş oldukları gibi deftere kaydetmeyeceklerdir ve o deftere de isim yazılmadıkça Allâh'ın huzûrunda o kimse tanınmayacaktır. Çünkü Allâh'ı tanıyanlar Allah'tan korkanlardır.

Resûl-i Ekrem Efendimiz "Tahsil ettiği ilim ile amel ederek fâidelenmeyen kimse, kıyâmet gününde halkın göreceği azâbın en şiddetlisine dûçâr olur" buyuruyor.

Sanmayalım ki Allâh'ın izni olmadan bir çöp yerinden oynasın... Bu hakîkati kavrayabilmek ve hâl edebilmek için Vâris-i Nebî'nin gölgesine çekilerek her türlü harekâtta onun sevgisini mîyar tutmak şarttır.

Evet, bilmemiz ve öylece işlememiz için şart koşulan Kitâb-ı Mübîn'in mânâsına âşinâ olabilmek mazhariyeti, ancak hakîkî âlimin şûle-yi aşkını kalp kandilinde uyandırarak, kitâb-ı insanı okumakla mümkün olur. Onun lisânı ne Arapça, ne Türkçe, ne de başka bir lisandır. Onun dili, gönlün lisânıdır ki onu kalem değil, aşk çizer. O, kitâb-ı Âdem'de görülen tecellî-i nûr-u ilâhî'dir.

İnsan insanlığına
kavuşunca da cömerttir,
müşfiktir ve mütevâzidir ve
Rabbini, kendi hakîkatini,
sevmeğe hak kazanmış,
liyâkat kesbetmiş demektir.

BU KAPIDAN KİM GEÇER?

Mevlâ'yı sevmenin üç hâli vardır: Biri, deryâ gibi cömert olmak; biri, güneş gibi müşfik olmak; biri de toprak gibi tevâzû sâhibi olmaktır.

Cenâb-ı Mevlânâ "Aklı sat ve hayreti satın al, tevâzû ve horlukla yürü" buyurmuştur. Tevâzû, acz, yokluk bu yolda yürüyenlerin mesleği olmuştur. Cenâb-ı Pîr Ahmed er-Rifâî Hazretleri ise "Tâat kapılarını çok kalabalık buldum ve ben maksûduma yokluk kapısından eriştim" buyurur.

Ey Hak tâlibi! Bilelim ki, ilmine mağrur olan o kapıya yanaşamaz, gönül inciten o kapının eşiğine varamaz; mâsumu, yetîmi hor gören o kapının halkasını tutamaz. Oradan ancak kalbi Allah'la ganî olan geçer... Halkı Hak görüp, mahlûkāt-ı ilâhîyeye şefkatle nazar eden ve mutlakā ümmetî olan geçer...

Serîy Sakatî Hazretleri otuz yıldır bir şükürleri sebebiyle istiğfar ederlermiş. Bir gün etrâfında bulunanlar "Bu nasıl şükürdür?" diye sormuşlar. Cevap olarak buyurmuş ki: "Vaktiyle Bağdat çarşısında bir yangın oldu, yalnız benim dükkânım yanmadı ve ben de kendi hesâbıma teşekkür etmekle müslüman kardeşlerime bunu revâ gördüm. İşte dünyâ için hamd eyledim ve onu için istiğfar ediyorum."

Koca İslâm yiğidi! Ne irfandır bu!..

Yine bir gün sabra müteallik söz söylerken bir akrep ayaklarını bir iki defâ sokmuş. "Niçin defetmiyorsunuz?" diye sormuşlar. "Sözümüz sabırdır, utanıyorum" buyurmuş.

Hemen şunu söyleyeyim ki kendimizi temizlerle kıyas etmeyelim. Onlar hakîkî arslansa bizler Acem bayrağındaki yapma arslana benzeriz. Sonra onların yaptıklarını biz de yapalım demiyorum; lâkin kendi amellerimizin fakirliğinden utanalım da Allâh'ın rızâsı yolunda ilerlemek için cehdedelim. Zîrâ ilm-i ledün sultanı İmâm-ı Ali "İnsanı insan eden ilimdir; sabırdır, kanaattir, adâlet ve hakkāniyeti sevmektir" buyurur.

İnsan insanlığına kavuşunca da cömerttir, müşfiktir ve mütevâzidir ve Rabbini, kendi hakîkatini, sevmeğe hak kazanmış, liyâkat kesbetmiş demektir.

AHLÂK

Hazret-i Mevlânâ "Cenâb-ı Hakk'ın mukaddes zâtı hakkı için diyorum ki yılan, insana fenâ arkadaş ve kötü huylu kimseden daha iyidir. Çünkü yılan, bir insanın hayvânî rûhunu alır, ama kötü huylu yâr ve dost o insanın dînine, îmânına zarar verir ve onu elemli azaplara, cehennem ateşine götürür" buyuruyor.

Evet, nefsinin her türlü hazzına meyledip kendi hırs ve menfaatinin zebûnu olarak yaşayan, niyeti ve ameli hulûstan uzak, dostluğu sahte, dili ile kalbi başka kimselerin arkadaşlığı zehirleyici, öldürücü vahşî hayvanlardan daha tehlikelidir. Bu mühim noktayı Hazret-i Pîr kat'î bir ifâde ile açıklıyor. Bir kimse her ne kadar ilmi ve mevkîi ile şöhret yapsa, bilgi şûbelerinin her birine vukuf peydâ etse, gerek dünyevî gerek uhrevî mes'eleleri ifâdelendirme husûsunda ihtisas yapsa, Cenâb-ı Hak onun ilmine, sözüne ve hattâ ibâdetine nazar kılmaz. Hak Teâlâ evvelâ kulunun Allâh'a olan ahdine vefâ edip etmediğine, halkla muâmelesindeki ahd ü peymânına sâdık kalıp kalmadığına bakar. Eğer vefâsızlığı sâbitse Allah onun bilgisinde de amelinde de şirk koştuğunu, riyâdan, gösterişten kurtulmadığını görücü ve bilicidir.

Kötü huylu kimselerin tecâvüzü mü'minlerin îmânınadır; o îmânı şüphe sisleri ile karartırlar ve mü'min, insanlığını idrâk ettirecek olan mânevî yolunda önünü göremez; istikāmetini kaybeder. İşte cehenneme sürükleme ve helâka gidiş buradan başlar. Kurtuluş çâresi nedir? Resûlullah güzel huyu övmüştür. Şöyle ki: "Güzel ahlâk Allah-ı Azîmü'ş-şân'ın hulkudur... Güzel ahlâk dînin yarısıdır... Nâsın hayırlısı ahlâkı güzel olanlardır... İslâm ciheti ile dahî hayırlı olanınız güzel huylu olanınızdır... Su buzu erittiği gibi güzel ahlâk da hatâları eritir" demiştir.

Evet, aslâ ahlâk deyip geçmemelidir. Din ağacının meyvesi ve İslâm bağının mü'mine ikrâm ettiği yemiş Cenâb-ı Hakk'ın sevdiği ahlâktır. Onun için "Allâh'ın ahlâkı ile ahlâklanınız" emr-i nebevîsi vardır.

Güzel huy kazanan insan, fenâ huylu menfaatperest kimsenin aldatıcı sözüne ve hîleli işine kanmaz; zîrâ bu birbirine zıt karakter sâhiplerinin aralarında rûhî yakınlık mevcut değildir.

Din ağacının meyvesi ve
İslâm bağının mü'mine ikrâm
ettiği yemiş Cenâb-ı Hakk'ın
sevdiği ahlâktır.

HANGİ ÂLEMLE ÜLFET EDİYORUZ?

İnsan, cismâniyet âlemi ile çok ülfet etse rûhâniyet âleminin ahvâlini unutur, o insan ki bu hâl ile ölse hakîkî mahbuptan ayrı kalır ve ahâlisi ile hiç ülfet etmediği diyâra düşer, şedîd belâya müptelâ olur.

Hazret-i Cüneyd'e "Sünnet ve farz nedir?" diye sormuşlar; "Sünnet dünyâdan el çekmek, farz da Allâh'a muhabbettir" buyurmuş.

Bu dünyâdan el çekmek ifâdesinin esas mânâsı da, gönlü dünyâ lezzetlerinden çekmek demek olduğu belirtilmiştir. Evet; sünnet, kalbi muhabbetullah için hazırlamak ve onu talep endîşesinden kurtarmaktır. Farz ise, Zât-ı hakîkînin tecellîsine sebep olacak olan aşkla gönül evini yedi baştan tutuşturmaktır.

Binâenaleyh bu âlemdeki hüner hiçbir âlemde olmayacağı için, bizim kesret dünyâsında bulunuşumuz böyle bir mârifetin zuhûru içindir.

Lâkin aşk, Allâh'ın hil'atıdır; ona lâyık olan, Allâh'a lâyıktır. Şu hâlde bu nasip herkese müyesser olmaz. Bununla berâber insan olana sünnet ve farzın hakîkati böylece bildirilmiş ve insanlık mertebesinin ne demek olduğu âşikâr edilmiştir.

Cismâniyet âlemi ile ülfet, insan mertebesindekilerin işi değildir. Zâhirî vaziyete bakıp da bu hakîkatten müstağnî olmayalım.

Evet; bizler, cismimiz dolayısı ile cisim âleminde yer almış bulunuyoruz. Cisim tıpkı kelime gibidir. Kelimesiz herhangi bir mânâ ifâde olunamayacağı gibi ruh da cisim olmadan tecellî etmez. İmâm-ı Mağribî der ki: "Yâ Rabbî! Bu görünen sen misin, ben miyim? Hâşâ ikilik ettim, benim vücûdum sendendir, senin zuhûrun bendendir."

Aşk, Allâh'ın hil'atıdır; ona lâyık olan, Allâh'a lâyıktır. Şu hâlde bu nasip herkese müyesser olmaz.

Hakk'ın zuhûru için halkın vücûdu zâhir oldu.

Demek ki cisim ne büyük bir mânâya hizmetkâr olmuş. İşte nasıl ki cisim mânâya bir kapı ise, insan olan kimse de gönül sarayının bekçisi olacaktır.

O saray aşk sultanına mahsustur. Demek ki insanın ülfeti rûhâniyet âlemi olursa, aşk sultânının hüneri sâyesinde o insan, rûhunun aslı ile ülfet etmiş oluyor, hakîkatine vâsıl olmuş oluyor.

Fakat âciz gözlerin gördüğünü anlayan ve rü'yet-i cânan için kalp gözünün basîretine nâil olmayan kimseler, işte hayat sâhibi olan şu cisimdir dedikleri ona taalluk eden taleplere tâbî oldukları için onların bütün ülfeti cismâniyeti âlemi iledir. Onlar ruhlarını nice perdeler ardında bıraktıklarından, ruh ahvâline âşinâ olmadan, îfâ edilecek esas vazîfeyi tanımadan, bu âlemden öteki âleme naklolunurlar. İşte o zaman dilinden anlamadıkları, hiç yüzlerini görmedikleri bir halkın arasına düşerler ve o vâdîde yapayalnız nedâmetle çırpınırlar, lâkin onların hep gördükleri şedîd belâlardır.

Demek ki gaflet hiç götürmüyor. Resûl-i Ekrem'in "Amel son ameldir" buyurdukları, işte îzâhına çalıştığımız bu hakîkati beyan içindir. İnsan son nefesinde hangi âlemle ülfet ediyorsa o âlemin adamı olarak bir tarafa ayrılacaktır.

Hâli gafletle ziyan etmek, geleceği de gaflete satmak demektir. Edebe mugāyir olan bu keyfiyet Hakk'ın hoşnutsuzluğunu mûcip olup firâka işârettir.

EDEP

Dünyâ üç saattir; biri geçmiş ki hayâldir, biri gelecek ki bilinmez; binâenaleyh dem bu dem, saat bu saattir.

Esâsen hâlin içinde hem mâzî ve hem de istikbâl gizlidir. Zîrâ şu âlem sahnesinde evvelce gösterdiğimiz fiilerin netîcesi, içinde bulunduğumuz hâli hazırlamış ve bu demdeki ahvâlimiz ise istikbâlin ne olacağını bize belirtmiş oluyor. Ne ile meşgûlüz? Hangi işlerin peşindeyiz? Ve hazırlığımız ne içindir?... Bütün bu istifhamların cevâbı, geleceğin yüzünü aydınlatmaktadır.

Hâlin kıymeti ömrünüzün kıymeti demektir. Binâenaleyh bir hakîmin dediği gibi, boş kafalılar vakit kaybetmek için, âkıller ise vakti kazanmak için çalışırlar.

Hâlin kıymeti edeple bilinir ve edep huzurdan, huzur edepten ayrılmaz. Resûl-i Ekrem Efendimiz "Rabbim beni edeplendirdi ve edebimi güzel eyledi" buyuruyor. İbâdet yüz kısım olsa, biri tâat olup kalan doksan dokuzu edeptir. Mevlânâ Hazretleri "Edep tâcest ez nûr-ı ilâhî" buyururlar. Öyle bir taç ki onu giyen korkmasın ve nereye isterse gitsin. Zîrâ "Onlar ki Allah Rabbimdir dediler ve istikâmet ettiler; onlar için korku ve hüzün yoktur"[62] emr-i ilâhîsi meydandadır.

62 Ahkâf Sûresi/13. âyet

Her zerrede bir nur ve her katrede bir zuhur gören Hak dostlarının yolu edep olduğu cihetle Allâh'a giden bütün yollar edebi göstermektedir. Hazret-i Muhyiddin "Hakîkî tevhid sükûttur" der. Bu sükûttan maksat elbette sâdece lisânın susması değildir. Bu sükût kalbin sükûtudur ki kalben îtirazı terk etmek, yâni kalben, vâki olan hâdiselerin hiçbirinden şikâyet etmemektir. Bu huzur işte edeple kāimdir. İstikāmet ne demektir? Bir mü'minin istikāmeti, esas gidişinden inhiraf etmemesindir; yüzünü Hâlık'tan gayriye çevirmemesi demektir. Aşkın mestliği devresinde dahî bir âşık o sarhoşluğu edep dâiresinde yapar. Âşıkın edebi aşkının içinde gizlidir; meselâ hiçbir âşık mâşûkuna dil uzatır mı? Bâzı nazı geçenlerin hoş hâlleri olmuştur. Lâkin bunlar aslā edebin hakîkî mânâsı hilâfına değildir.

Bu sevgililer, ikram olarak gördükleri husûsî vaziyetlerden istifâdeye kalkmayarak istikāmettedirler; onların her hâli edebe bir misâl teşkil eder. Zîrâ zikri cânan, fikri cânan, canı da cânan olan âşıklara, mâşûkun murâdından gayrı yol kalmamıştır ki oraya sapsınlar.

Bu âşıklardan maksadımız meczuplar değildir, onlardan istifâde edilmez. Kasdımız, aklı da o nurla ihâta olunmuş, akıl gözüne gönül güneşinden fer gelmiş olan bahtiyarlardır.

Netîce îtibariyle hâli gafletle ziyan etmek, geleceği de gaflete satmak demektir. Edebe mugāyir olan bu keyfiyet Hakk'ın hoşnutsuzluğunu mûcip olup firâka işârettir.

DOSTLUK HAKKINDA

Hazret-i Şâzelî "O kimse ile dost ol ki sen ona karşı bir hatâ işlediğin zaman o hatâyı kendi yapmış gibi utansın" buyuruyor.

İşte dostluk mefhûmunun hakîkati şu veciz sözle ifâde edilmiş oluyor… Ne kıymetli bir mânâ!

Ey Hak tâlibi! Esâsen, bizlere İslâm dîninin öz mânâsı hakkındaki esasları hulâsa eden ehlullâh-ı kirâm evvelâ yekvücut olmayı, bu dînin teşkîlât-ı esâsiye kānunu olarak îlân ediyorlar.

Birbirimizi sayacağız, seveceğiz; öyle ki bir vücûdun uzuvları gibi olacağız.

Birbirimizi sayacağız, seveceğiz; öyle ki bir vücûdun uzuvları gibi olacağız. Meselâ bir parmağın ucu acısa, o acıyı bütün vücut duyar, değil mi? İşte bizler de birimizin bir kabahatinden hepimiz mahcup olacağız… Yoksa onun kabahatini, her tarafa ilân edip ayıplamak cihetine gittiğimiz ve herkesi hatâ sâhibinin aleyhine çevirmek fiilini işlediğimiz takdirde çıkan netîceleri hemen sıralayıverelim:

1- Mü'min kardeşini bir ayıp ile ayıplayan kimse, o ayıbı işlemeden bu dünyâdan gitmez.
2- Yakınlarının fenâlığını söyleyen, doğru söylemiş olsa bile dinsizdir.
3- Eğer Allâh'ı tanımış olsaydınız kimseden şikâyet etmezdiniz.

Birinci hadîsin ihtivâ ettiği mânâ gāyet âşikâr! Sâdî'nin dediği gibi: "Ayıp arayan göz hüner görmez, bil ki rızâ gözü bütün ayıplara karşı kördür."

Fakat eğer biz rızâ gözü ile bakmayacak olursak ve bir kimseyi o kusûru ile gerek kendi nazarımızda gerek başkalarının nazarında teşhir etmek benliğine düşecek olursak, o hatâyı işlemedikçe bize ölüm gelmiyor. İllâ aynı ayıpla hemhâl olacağımızı Resûlullah bildiriyor.

Hak'tan ayrılmamak için
halkı sevmek zorundayız;
çünkü halka vücut veren
onu severek şerefli mevkîe
getiren Hak'tır.

İkinci hadiste "Yakınlarının aleyhinde konuşanlar" buyrulmuştur. Yakınlıktan maksat nedir? Yakınlık sâdece kan akrabâlığı mıdır? Hayır! Esâsen İslâm dîni, yakınlığı dâimâ ruh akrabâlığına atfeder. Bir kimsenin diğer bir kimse ile arası Allah ipi ile bağlanmıştır.

"Hepiniz Allâh'ın ipine sarılın ve ayrılmayın"[63] emr-i ilâhîsi meydandadır. Bir mü'minin diğerine karşı düşmanca hisler beslemesi, işte bu Allâh'ın ipini çözmeğe veyâ koparmağa teşebbüs etmesi gibidir.

Hak'tan ayrılmamak için halkı sevmek zorundayız; çünkü halka vücut veren onu severek şerefli mevkîe getiren Hak'tır.

İslâm dîninin bir bütün olduğu âşikârken, bu mükemmel dînin nasîbi ile nasiplenmiş olan müslümanların bir vücut olması iktizâ eder. Nitekim Peygamber Efendimiz "Dünyânın öbür ucundaki bir müslümanın ayağına bir diken batsa onun acısını ben kalbimde duyarım" buyuruyorlar.

Netîcede bir kimseyi ayıplamamız ve ondan şikâyet etmemiz, Allâh'ı tanımadığımıza delil sayılıyor.

Bir nokta var: Bütün bu söylediklerimizden aslā hiçbir hatâyı düzeltmemek lâzım gibi bir mânâ çıkartılmamalıdır. İslâm dîni her şeyden önce müterrakkî bir dindir; dâimâ terakkîyi emreder. Hatâlı, yanlış hâl ve hareketlerin mutlakā tashih edilmesini ister. Çirkin ahlâkı reddeder, güzel ahlâkı hedef ittihaz eder. Her gün ilim ve ahlâk cihetiyle biraz daha yükselmeyen kimseyi aslā makbûl saymaz. Bir hatâ sâhibinin, yaptığına karşılık bulmasını ve cezâ çekmesini revâ görür. Fakat bunda gözettiği gāye, o kimsenin mütenebbih olması ve insanlık vasıflarından birini kazanabilmesidir. Yoksa onun berbat olması, mahvolması mevzû-ı bahis değildir. Binâenaleyh bir mü'min diğerinin herhangi bir hatâsını sezmişse onu kendi yapmış gibi olmalı ve o kusûru tashîhine birlikte

63 Âl-i İmrân Sûresi/3. âyet

çalışmalıdır. Bu gayreti dostça bir mülâyemetle, kardeşçe bir samîmiyetle göstermelidir. Yoksa hakāret etmek, istihzâ etmek ve rezil etmek, İslâm ahlâkına tamâmiyle zıddır.

Neyimize güveniyoruz? Allah isterse nice sıddıkları bir anda zındık, nice zındıkları bir anda sıddık eder. Benlik götürmez, ayıp aramak ise doğrudan doğruya benliğin gālibiyetine işârettir.

İşte Allâh'ı tanımak, Hakk'ın âşikâr ve gizli hikmetlerine mutî olmak ve bu hikmetler sâyesindeki kemâli hayretle temâşâ etmek mazhariyeti önce şikâyeti ortadan kaldırıyor.

Zîrâ terakkî edenin alâmeti vardır: İncitmez ve incinmez. Ortada düşman yok ki bu iki keyfiyetin hükmü olsun! Bir zerrenin dahî Hak olduğu mâlûm iken şekvâ kimden kimedir?

Dostluk ve insanlık, Rabb-i Teâlâ'ya yakınlık nisbetinde bir kimseden zuhûr eder.

TASAVVUF NEDİR?

Tasavvuf, belâlar ve celâl karşısında kalpte ferahlık duymaktır.

Biz âcizler hatâ ve isyanlarımızdan Allâh'ın rahmetine ilticâ ediyoruz. Büyükler kahır görmüşlerdir, belâlar ve celâl karşısında yıkılmamışlar ve kalplerinde bir ferahlık, bir zevk bularak "nârın da hoş, nûrun da hoş" demişlerdir. Çünkü kemâlât o belâların içinde gizlidir. Çok güzel ve ârifâne söylenmiş bir söz vardır: "Gussa ve celâl Âdem'in ilerlemesine mânî olsaydı, bast ve cemâl cennetinden bu dünyâya gönderilmezdi." Bilâkis o kemâle vesîle işte o celâldir.

O yanma esnâsında âşık,
nefsine taallûk eden
arzûlardan geçiyor.
Zîrâ bu arzûlar o ateşte
kendiliğinden eriyor.

Meselâ aşkta firak... Bu öyle bir ateş ki bütün derûnu sarıyor, kalbi hasret kemiriyor, her nefeste bu kahırla ölmek var... İnsan yemekten, içmekten, her türlü nîmet zevkini duymaktan berî kalmış, sadece yanıyor...

Evvelâ o yanma esnâsında âşık; nefsine taallûk eden arzûlardan geçiyor. Zîrâ bu arzûlar o ateşte kendiliğinden eriyor.

Sonra kendi yangınından âlemin günâhını tartmaya meydan kalmıyor. İnsanda kendi kendisiyle kalmak ihtiyâcı şiddetle beliriyor ve böylece kendi içine nazar ediyor. Zikren ve fikren dâimâ mâşûku iledir, her nereye nazar etse yine onun cemâlini görmek zorundadır. Çünkü yavaş yavaş mâşuktan gayrısı yâni gayrullah gözden nihan oluyor. İşte firak ateşi, âşıkı bu mertebeye çıkarıyor. Bu mertebede feryatlar ve âh u enîn yavaşlar; zîrâ sîne kor kesilmiş ve duman kaybolmuştur. Benliğin tamâmiyle kül olabilmesi ve "Sana nasıl erişilir Yâ Rabbî?" niyâzına karşı "Hemen bir nefsini bırak da gel" hitâb-ı izzetinin hâlli; âşıkın şeker gibi leziz olan kendi murâdını terk etmesiyle mümkündür. İşte kor kesilmiş bir sîne sâhibi de sükûna doğru gitmek zorundadır. Zîrâ murâdımı da yaktım, kendimi de, diyerek bu ateşe bütün varlığını veriyor. O zaman;

"Kül olunca yanmaz oldu nâr-ı sûzânım benim"

mısrâındaki sır belirmiş oluyor. Artık iki murad değil sâdece bir murad kalmıştır. Bu ister cemâlî, ister celâlî olarak tecellî etsin, yâni bu murâdın keyfiyetinde ister nur, ister nar olsun, hepsi birdir. Evet, kendi varlığını yakmış olana hepsi birdir.

Nitekim Hazret-i Pîr Ahmed er-Rifâî, "Âlem iki fırka olsa da biri beni güzel kokularla tütsüleyip îzâz-ı ikrâmda bulunsa, diğeri de beni makaslarlar kırpsa, benim nazarımda bu iki fırka da birdir, onları ayırt etmem" buyurmuşlardır. İşte sükûn, yâni "kemâl-i tam" budur. Bu yükseklikten murâd, beden kaydından sıyrılmaktır.

Şimdi bize göre bir diğer misâl alalım: İki yaşındaki bir çocuğu kucağımıza alır, hattâ sırtımıza bindirir, onu eğlendirmekten zevk duyar ve bunda bir mahzur görmeyiz. Lâkin çocuğun yaşı ilerledikçe ona aynı müsâadeyi göstermez ve lâubâlilikten vazgeçeriz. Zîrâ eğer hareketimizi değiştirmezsek onun tahsil ve terbiyesinden hayır gelmez. Artık sık sık ihtarlarımız ve tekdirlerimiz başlar. Hattâ en çok sevdiğimiz, üzerine titrediğimiz yavrumuzu ağlatırız da!...

Şimdi, herhangi bir hatâsı karşısında hırpaladığımız çocuğun o ağlamaları bizi üzmez; zîrâ mütenebbih olacağı düşüncesiyle onun terakkîsine vesîle olduğumuzdan dolayı, hattâ vicdânen bir rahatlık duyarız.

İşte yaşı büyük de olsa, aklı ve zekâsı gāyet iyi de işlese bir kimse Allâh'ın hikmet dolu hâdisâtı karşısında böyle bir çocuk gibidir. O kimse, hâdiselerin kendi istediği gibi cereyan etmemesinden dolayı üzülür, ağlar, onların ağırlığına dayanamaz, feryâdı basar. Lâkin bütün bu meşakkatlerin altında türlü türlü meserretler gizlidir. Küçük çocuğun sobadan parmağı yanmaması için onu sobaya yaklaştırmayan ebeveyni gibi kulunu da gerek maddî, gerek mânevî bir sebeple uçuruma gitmemesi için koruyan Allah onu, görünüşte rahat ve pür zevk olan isteğine kavuşturmaz.

İşte bu ağacın inkişâfı, daha ziyâde büyümesi için dallarını budayan bahçıvan o dalların çatırtısına nasıl aldırış etmezse Hak Teâlâ da kulunun hakîkî tekâmülüne sebep olan ve onu terakkî ettiren bir cefânın elemine bakmaz, fakat kulunun hayrını gözetir.

Dâimâ belirtmek istediğimiz gibi tekrar ederiz ki, bizler hikmete akıl erdiremiyoruz; şu hâlde susalım ve isyanlarımızın nedâmet dolu, bataklığa benzeyen yolundan uzak olalım.

Hakîkî âşık yalnız kendi aşkı ile mükâfatlanır. O derdi ile şâddır. Onun muhabbeti Cemâlullah muhabbetidir.

VUSLAT YOLU

Hazret-i Mevlânâ "Bizim Peygamberimizin yolu aşk yoludur; aşk anamızdır, biz aşktan doğduk" buyuruyor.

Şunu kat'iyetle göz önünde tutmalıdır ki, benlik dağını delen ve onu er geç berhavâ eden, nefs gibi en müthiş bir ejderin başını ezen kuvvet yalnız aşktır. Aşk her şeyi muhittir ve sevenin gözünden ve gönlünden mâşuktan gayrıyı silen, yok eden bir cezbedir. Âşık her yerde ve her hâdisede dostun hüsnünü görür; onun için, kahrın da hoş lûtfun da hoş, der.

Yalnız şunu bilhassa belirtmek isterim ki; hakîkî âşık, nizâm-ı âlemi çok iyi bilen ve onun bütün şartlarına tam mânâsiyle riâyet eden bir kimsedir. Resûl-i Ekrem Efendimiz'in buyurdukları vechile, o hiç ölmeyecekmiş gibi dünyâ için, yarın ölecekmiş gibi âhiret için çalışır. Bunu âzamî sûrette insâniyete faydalı olabilmek için yapar. Binâenaleyh onun aşktan gayri her şeyden tecerrüt etmesi kalben olur. Kendisi, bu hizmetinin mukābilini ne dünyadan ne de âhiretten bekler, mükâfat ummaz ve istemez. Hazret-i Ali buyurur ki: "Dünyâ beni aldatmak ister sanki bilmiyormuşum gibi; Allah haramını men etti, ben helâlinden de geçtim. Dünyâ bana sağ elini uzattı, ben solunu da çevirdim; kendisini muhtaç gördüğüm için hepsini ona bıraktım." Evet, hakîkî âşık yalnız kendi aşkı ile mükâfatlanır. O derdi ile şâddır. Onun muhabbeti Cemâlullah muhabbetidir; onun, Allâh'ın likāsından başka gördüğü ve istediği yoktur. O, talep endişesini gönlünden çıkarmıştır. Hak ne isterse onun da dileği odur.

Necmeddin Kübrâ der ki: "Allâh'a giden yollar mahlûkātın nefesleri adedincedir. Fakat başlıca üç yol vardır: Birincisi, zühd yolu; buradan Hak'a vâsıl olanlar çok azdır. İkincisi, nefsi tezkiye ve kalbi takviye yolu; buradan Hakk'a erişme nâdirdir. Üçüncüsü, aşk yolu ki vuslat yoludur. Allâh'a kavuşturan yegâne yol budur; bu yol zühdü de, nefsi temizleme sırrını da içine almıştır.

Hulâsa, insanın kendinden halâsı, yâni "ben"den kurtuluşu aşk sâyesindedir. Ben-sen ikiliği câhillik yüzündendir.. Aşk cehâletten kurtarıp kemâlât tahsil ettirerek âşıka Cemâlullâh'ı sunar. Cisim âlemi bir ayna vazîfesini görüp Allâh'ın nûrunu aksettiriyor; demek ki bu mükevvenâtın kurtuluşu aşk sebebiyledir.

İbrâhim Hakkı Hazretleri ne güzel söylemiş:

Âşık-ı yârim onunçün bu diyara geldim,
Yoksa ben deyr-i cihan içre ne kâre geldim?..

ALLAH AŞKI BÜTÜN HİCAPLARI YAKAR

Allah aşkı kalp memleketine dâhil olunca o memleketin eşrâfından olan kibir, şehvet, haset vs. gibi nefsin büyüklerini yâ îdam eder yahut da kendisine râmeder.

Resûl-i Ekrem Efendimiz'in Beytullah'ta putları kırmaları gibi...

Bir hükümdar bir memleketi feth etse; o memleketin idârecilerini, yâni baştakileri, kendisine muhâlif gördüğünden elbette selâhiyetsiz kılacaktır. Bu böyle olduğu gibi Hak muhabbeti de kalp şehrine girince orada kendisine zıt bulunan nefsin vezir ü vükelâsını ortadan kaldıracaktır. Bu nefs "ben"-lerinin zulmânî ve nûrânî hicaplar olduğu belirtilmiştir.

Cenâb-ı Hak, Hz. Âdem'e
melekleri secde ettirdi.
Niçin? Çünkü Hak Teâlâ
Âdem'de tecellî etti.

Hiçbir hükümdar idârî selâhiyetine perde çekilsin ister mi?... Çünkü bir mânî bilâkayd u şart hüküm sürmesine engel olur. Hükümdarlar hükümdârı olan hakîkî aşk da hangi kalbi feth ederse orada kendi saltanatını kurar ki o haşmet Allâh'ın haşmeti ve Allâh'ın azametidir.

Cenâb-ı Hak, Hz. Âdem'e melekleri secde ettirdi. Niçin? Çünkü Hak Teâlâ Âdem'de tecellî etti.

İşte bütün incelik buradadır! İrfan burada gizlidir; insanı bilmek, ama nasıl insanı? Aşka mazhar olmuş o insan ki Cenâb-ı Hak ona hadîs-i kudsîde "Her şeyi ben senin için, seni de kendim için halk ettim" buyuruyor. Ve onun hakkında Kur'ân-ı Kerîm'de Kehf Sûresi'nin 109. âyetinin tasavvufî tefsirinde "Denizler mürekkep olsa, ağaçlar kalem olsa Rabb-i müteâlin kelimesi olan İnsan-ı Kâmil'in evsâfını tavsife kalksalar, denizler kurur, tekrar etseler yine kurur" buyuruluyor.

İşte böyle insana cihan secde eder, çünkü aşk, onun kendine mahsus varlığını eritmiştir, onda zikreden Hak, gören, işiten Hak olmuştur. O zaman "Allâh'ı öyle zikret ki sen zikirden gayb olasın" sözünün sırrı belirmiş olur.

İnsandan maksat da budur.

Lâkin yol kesen hicaplar pek çoktur. Bunlardan bilhassa nûrânî hicaplar üstünde durmak gerekir. Aşk sunulunca, ihsan edilen bu hil'atı giymek ve kötülükleri hemen yakmak lâzım gelir; zîrâ o aşkı insandan alırlarsa, bir odunun bir müddet yanıp da sonra sönmesi gibi asıl maksat hâsıl olmaz ve o odun yine yarıdan fazla odun olarak kalır, yâni insan, kötülüklerinden kurtulmamış olur.

Aşk insana verildiği zaman onun ilk zevklerine takılıp da, ilk dereceler üzerinde durulursa yol alınmaz. Bir misâl verelim:

Âşıkın biri mâşûkuna "Ben senin için sabahlara kadar ağlıyorum... Ben senin için uyumuyorum... yemiyor, içmiyorum ve ben şöyle.." diye anlatırken mâşûku demiş ki: "Hepsini yapıyorsun ama kendini bende fânî kılamıyorsun, yok olmuyorsun vesselâm."

İşte en mühim nokta! Bu nûrânî hicaplar, sûret-i Hak'tan görünürler fakat altından benlik çıkar; âşıka bu sûretle, zâhide ibâdetinden, keşf ü kerâmet ehline de çoğu zaman kerâmetlerinden görünerek oyalar, yolda bırakırlar. Bilelim ki bir soğan zarı dahî hicaptır.

Şu hâlde lâzım olan teslimiyet imiş! Muhabbet-i ilâhiyeye tam teslim olunacak olursa,

"Zerre kadar aşk odu yakar bütün varlığını"

mısrâının mânâsı âşikâr olur; aradan benlik kalkar; Hak halktan, halk Hak'tan ayırt edilmez.

İnsan demek aşk demektir,
aşkı olmayan insan demek
değildir.

AŞK-I HAKÎKÎNİN SEYRİ

Hazret-i Muhyiddin-i Arabî "Aşk-ı hakîkînin gittiği yol rızâ-yı ilâhî, gördüğü güzellik gerçek bir diyar, bulduğu mertebe makām-ı rûh, erdiği sır hakîkat-i Resûllullah'dır" diyor.

Ey Hüdâ aşkının kemâlini âşikâr etmiş olan Rabb-i müteâl! Vücut şehrine ayak basıp oradaki nefsânî mâmûreyi harâbeye döndüren aşkın, o yıkık gönülde şâhâne bir saltanat kurduğunu söyle!.. Yaradanın hüsnünden mâmur olmuş o nûrânî sînede; aşkın, mutlak bir hüküm sürdüğünü ve onun aslā şirket çekmediğini bizlere bildir.

Evet; aşk ikilik kabûl etmez. O hil'atı giymiş olan canda aşk, kendinden gayrı ne varsa yakar ve mahveder.

İçinde hakîkî muhabbetin kaynadığı gönül, her türlü pürüzden temizlenmiş ve sâfiyet kesbetmiştir ki o saf gönüle âşık olan Allah'tır. Onun için, nazargâh-ı ilâhî olan kalbe dokunmaya gelmez. Hakk'ın cemâlini aksettiren o gönül, aynadan da parlaktır. Hak, kendi hüsnünü öyle bir gönülden seyreder ki işte cüz ile küllü birleştiren sır, o gönül vechesidir.

Kendi hüsnün vech-i dilberden hüveydâ kıldı aşk
Çeşm-i âşıkdan dönüp ânı temâşâ kıldı aşk;
Sığmadı arz u semâya hüsn-i aşkın leşkeri,
Bu acep ki sîne-yi uşşâkı me'vâ kıldı aşk...

İnsan demek aşk demektir, aşkı olmayan insan demek değildir. Evet; hakîkî insan, kendi aslını ve hakîkatini aratan muhabbete gönlünü karargâh etmiş ve o muhabbetledir ki şu cihânın her zerresinde kendini yaratan kudreti müşâhedeye muktedir olabilmiştir. Böyle bir kimse nasıl fenâlık yapar? Nasıl kibreder? Nasıl hemcinsini hor görür?...

Hiç şüphesiz ki hakîkî aşk, insanda her türlü zaafı yenmiş, riyâyı, garazı, menfaatı atmış, onda kendi sâfiyetinden başka bir şey bırakmamıştır. Mürîdi murâd eden, âşıkı mâşuk yapan bu aşkın durağı Resûl-i Ekrem'in hakîkatidir. Böyle aşka müptelâ olan gönüller Peygamber Efendimiz'in gönlüne akmakta ve orada birleşmektedirler. Nitekim Mevlânâ Hazretleri "Benim vücûdum kabından hakîkat denizine yol vardır. Evet, ben bir katreyim fakat bende umman gizlidir, ben bir zerreyim fakat bende güneş gizlidir" buyuruyor.

"İrâde ile öl ve saâdetle diril" hadîs-i şerîfinin hâlli, Hüdâ aşkının esrârı elinde âşikâr olan bir keyfiyettir. Bu esrar, insanın hüviyetini, secde ettiği âyân-ı sâbiteyi, yâni kendi hakîkati olan aslî mevkîi gösteren mânâdan ibâret olup esas maksat da bu mânâyı bilmektir. Çünkü insanın üstünlüğü, her şeyden eşref oluşu ve derûnunda âlem-i kebîrin gizli bulunması, bu irfâna âşinâ olması hasebiyledir.

HER ŞEY İNSANDADIR

Hazret-i Mevlânâ "Ben '*yâ Allah*' diye nasıl bağırayım; '*yâ*', uzağa hitaptır, sen bana şahdamarından da yakın geldin Allâh'ım" buyuruyor.

Ey bir ayağı şerîatte sâbit, diğer ayağı ile yetmiş iki mezheple berâber olan koca sultan!.. Ey muhabbetinin kemâliyle kalplerimizi yakıp yandıran ve aşkının ezelî mührünü sînelerimize dağlayan efendim!.. Sen esrâr-ı Hüdâ'dan dem vurdukça yol alan ehl-i aşk, hâlden hâle geçecek ve aşkın üç devrinin de zevkine mutlak erişecektir.

Aşkta birinci devir olan cünun devrinde gönül çerağı tutuşur, feryatlar, âh ü enîn yükselir ve âşık derdi ile bîkarar olur. Fünun devrinde ise gönül çerağı ateş kesilir ve gerek zulmânî gerek nûrânî hicaplar bir bir yanar. Üçüncü devir olan sükûn devrinde, âşıkın varlığı kül olmuştur, artık ortada ağyar mevcut değildir.

Ben sanırdım âlem içre bana hiç yâr kalmadı,
Ben, beni terk eyledim gördüm ki ağyar kalmadı.

Evet, bize bildirdiğin vechile tasdik ederiz ki; o zaman '*yâ*' hitâbı lüzumsuzdur; çünkü Allah'la kulun arasında mesâfe kalmamış, Hak Teâlâ kulunun cüz'î irâdesini irâde-i külliyesine katmış ve o vücutta mutasarrıf olmuştur.

Ey Hak tâlibi! Şu cihanda her şey bir sebebe müsteniden zuhûr âleminde yer almışken bir insanın nasıl olur da sebepsiz, mânâsız halkedildiğine inanılır? Bir insan ki hilkat âbidesi, hilkat şâheseridir. Onda şu âlemde ne varsa hepsi mevcuttur. İnsan kitâb-ı mübindir ki bütün esrar onda gizlenmiştir. Allâh'ın o emânetini yalnız gönül kavradı; o içine sığdırdı.. Aşk cemâdâta arz edildi, lâkin insandan hariç hiçbir mevcut ona tahammül edemedi.

Madde eskiyebilir,
çürüyebilir ve değişebilir;
fakat mânâ aslā ölmez.

Biz hepimiz vakit gelince çekilir, bu âlemi terk ederiz, fakar bâkî olan mânâmızdır, o ebediyen yaşar. Binâenaleyh gelişteki sırra âşinâ olalım, bizde mevcut emâneti tanıyalım. Başkalarının ahvâli üzerinde durarak vakit zâyi etmekte hiçbir fayda yoktur. Hazret-i Râbia "Ben kendimi bile bilmez, tanımazken artık başkası hakkında nasıl hüküm verir, kıyas yapar ve onu tanıyorum iddiâsında bulunabilirim" diyor. Bu büyük düstûru tatbik edelim; nazarlarımız ağyâra değil, içimizdeki yâra olsun da bize şahdamarımızdan yakın olan Allâh'ı bizden uzakta aramayalım.

ÂLİMİN UYKUSU CÂHİLİN İBÂDETİNDEN EFDÂLDİR

Zâtın biri câmi kapısında şeytana rastlamış ve ona "Niçin burada dolaşıyorsun?" diye sormuş. Şeytan cevâben "İçeri gireceğim, çünkü içeride ibâdetle meşgûl biri var, onu çelmek istiyorum" demiş. O zat "Öyle ise neden girmiyorsun?" diye sorunca şeytan "Şu direğin dibinde uyuyan insanı görmüyor musun? İşte ondan korkuyorum" demiş.

Âlimin uykusu câhilin ibâdetinden efdâldir.

Ey Hak tâlibi! Görelim ki, âlim yâni ârif-i billâh, deryâ gibi istîdada sâhiptir. Deryâya her koldan su akar. Çaylar, nehirler hep ona dökülür; ama o hiç doydum der mi? Yâni deryâ taşar mı? Hayır! Umman o ummandır ki orada bir katreye de yer vardır, bir bahre de…

Mâ arefnâke hakka mâ'rifetike ya Mâ'bud: Seni hakkiyle bilemedik ya Allah!

İşte Resûl-i Ekrem Efendimiz, bilginin ve hayretin nihâyeti olmadığını ve muhabbete aslā doyulmadığını îlân ediyor. Zîrâ Cenâb-ı Hak, herhangi bir tecellîyi ikinci defâ tekrar etmez; çünkü her ânın bir başka tecellîsi vardır. Bu nâmütenâhî azamete tâlip olan bir sîne de doymak nedir bilmez işte!...

İnsan-ı Kâmil cennete girse, cennet "Aman benim güzelliğimi örtüyorsun, senin yanında benim nice insanları teshir eden güzelliğimden eser kalmıyor" der. Ve eğer o, cehenneme girse cehennem îtiraz eder ve "Aman benim ateşimi söndürüyorsun; senin muhabbetinin ateşi yanında benim ateşimde yakıcılık kudreti kalmıyor" der.

Bütün güzellik niyetin selâmetindedir. Esâsen Cenâb-ı Hak, illâ kalb-i selîm istiyor. Bu sebepten de kalb-i selîm sâhibi, Hakk'ın mahbûbu oluyor.

Onun için ârif-i billâhtan elbette şeytan korkar. Ehlullâhın yanında bir kimseyi iğfâl etmek şeytan için muhâldir.

İkinci mühim noktaya gelince Cenâb-ı Mevlânâ "Avam-ı nâsın tâati, ruhları büyük olan kimselerin günâhıdır: Avamın vuslatı, hasların hicâbıdır" buyuruyor.

İşte onun için de âlimin uykusu câhilin ibâdetinden üstün oluyor. Zîrâ avâmın ibâdeti menfaat içindir. Yani bir mükâfat mukābilidir. Âdetâ ticâret yapıyormuş gibi; avam da ibâdetini sermâye olarak Allâh'a satmaya heveslenir, çünkü o sermâye cennet vaadi üzerine meydana getirilmiştir. Sonra câhilin nazarında kıymet ameldedir. Öyle ki bu amel isterse ihlâsla tecellî etmesin ve isterse gaflet ile zuhûr etsin.

Nitekim Şeyh Attar (Kuddise sırrıhû) şöyle bir misâl veriyor: Pâdişâhın biri namazda iken yanından geçen bir ârif ona "Esselâmu aleyküm" demiş. Namazdan fâriğ olan pâdişah, kendisine "Namaz kıldığımı görmedin mi, ne diye selâm verdin?" diye sorunca ârif de cevâben "Evet, gerçi huzûr-ı ilâhîde divan durmuştunuz; fakat bu zâhirî hâlinizdi. İçinizden 'Bu sene sarayın tavanlarını ne renge boyatsam acaba' diye düşünüyordunuz, yâni bâtınen gaflet içinde idiniz, onun için selâm verdim" demiş.

Binâenaleyh vuslat demek olan mîraç (ki mü'minin mi'râcı namazdır) avam için başka, havas için başkadır; birine kavuşma olur, berikine hicap, yâni perde olur.

Netîce îtibariyle öğreniyoruz ki esas güzellik ve yükselme, derûnî olacaktır. Zâten amelin had ve hudûdu vardır. Yâni insan ne şekilde olursa olsun bir hizmette bulunsa, o fiilin bir netîcesi olur. Fakat niyetin sonu yoktur, ona hudut olmaz! Onun için Peygamber Efendimiz "İnsanlar niyetleri üzre haşrolacaklardır" buyuruyor.

İşte bütün güzellik niyetin selâmetindedir. Esâsen Cenâb-ı Hak, illâ kalb-i selîm istiyor. Bu sebepten de kalb-i selîm sâhibi Hakk'ın mahbûbu oluyor.

İnsanlık ne büyük şeydir;
o hiçbir zâhirî ölçü ile ölçülmez.
O, kalp temizliği ile âşikâr olur.
Yâni bir kimseden, kalbini
ayıplardan temizlenmesi
nisbetinde, insanlık zuhûr eder.

İÇİMİZDE BULACAĞIMIZ SAÂDET VE HUZUR

Ehlullâh-ı kiram buyuruyorlar ki: "Elbisende bir leke olsa herkesin yanına o leke ile çıkamazsın; hemen temizlemek istersin. Yüzünde bir kara varsa, kezâlik onu derhâl silersin. Halka karşı zâhirini ayıplı göstermeğe utanıyorsun da Allâh'ın nazargâhı olan kalbini ayıplarla doldurmağa neden utanmıyorsun?...

Evet ne kadar doğru, fakat ne kadar acı bir hakîkat bu!...

Ey Hak tâlibi! Birlikte düşünelim; kimi kandırıyoruz? Hak'tan gayri mevcut yok ki. Muhyiddin-i Arabî Hazretleri "Halk Hak'tır gözün varsa, Hak halktır aklın varsa" buyuruyorlar.

Evet, kimi aldatıyoruz? Halkı başka görüyor da korkunç bir mürâîlik peşinde koşup halka karşı dindar, temiz, nezih, terbiyeli, hassas bir insan gibi görünüyor fakat ne yazık ki Hakk'a karşı rezil, denî, âdî, münâfık bir âsî oluyoruz.

İşte Hak tâlibi! Bilelim ki, bizim hâlimize aldanmış olan bâzı saf kimseler de bulunsa bizim için bu, mekr-i ilâhîdir. Yâni bize bir cezâdır. Çünkü Allah bir mürâînin eline mühlet verir, fırsat verir.

Binâenaleyh bir nefes zâyi edecek zamânımız yoktur.

Evet, Hazret-i Şâzelî ne diyor?: "Eğer bir göz açıp kapayınca kadar karşımda Resûlullâh'ı görmezsem kendimi mü'min addetmem."

İnsanlık ne büyük şeydir; o hiçbir zâhirî ölçü ile ölçülmez. O, kalp temizliği ile âşikâr olur. Yâni bir kimseden, kalbini ayıplardan temizlenmesi nisbetinde, insanlık zuhûr eder. O kimse Allâh'ın indinde kendi mevkîini öğrenmek istiyorsa, kendinde Hakk'ın mevkîini öğrensin. Yâni Hakk'ı kendine ne derecede mahbup tutuyor onu bilsin. Nitekim "Nefsini bilen Rabbini bilir" hadîsi bu mânâyâ işârettir.

Ey Hak tâlibi! Allah'tan gayrı olan cehâlettir, gaflettir. Yâni Rabb-i Teâlâ'dan ayrı bir zerre yoktur, fakat bizler hep ayrı gördüğümüzden, bu görüşümüz, bu noksanlığımız, gayrullah oluyor.

Namazda iken, içinden türlü düşünce geçiren bir kimse dahî zâhirde bağlı vaziyettedir. Yâni etrâfı ile amelen meşgûl olmaz. Farazâ selâm vermedikçe bir diğerine müdâhele edemez, onunla dedikoduya girişemez, ona yalan söyleyemez, onu incitemez, yâhut herhangi bir şeyi hırpalayamaz. Şunu yapamaz, bunu yapamaz, çünkü bağlı vaziyettedir. Eğer tam mânâsiyle divan durmuşsa, içinden de dışı gibi sâkindir; yâni kalbiyle de huzurdadır.

Şimdi Allâh'ın her yerde hâzır ve nâzır olduğunu bilmek huzur olduğuna göre, bizlerin her an namazda olmamız iktizâ der. Râbıta-yı kalb ile dâim Allâh'ın huzûrunda olduğumuz bilinirse, şekâvet nasıl ortaya çıkar? Hırs, riyâ, kibir nasıl zâhir olur? Bütün kötülükler nihan olur ki içimizde bulacağımız saadet ve huzur budur işte!...

Vaktiyle bir kimse Endülüs'e gidiyorken bir hakîkî ârifi ziyâret ederek herhangi bir emri olup olmadığını sormuş. O zat, kendisine gideceği yerde iki kimseyi görmesini tenbih etmiş ve şunları söylemiş: "Bunlardan birincisine, selâmla berâber, dünyâ muhabbetini gönlünden çıkarmasını tavsiye ederim. İkincisine de selâmla birlikte duâsını beklediğimi bildiririm."

Emri alan kimse birinci şahsı bir kulübede ziyâret etmiş, bakmış ki; o şahıs yoksul ve perîşan bir hâlde. Sırtındaki tek gömlek de parça parça olmuş, kendisi sefil bir vaziyette. Ona selâmı ve emri bildirdiği zaman şu cevâbı almış: "Ah! Nefsimi bu kadar eziyete sokuyorum; lâkin yine de dünyâ varlığına âit muhabbeti içimden atamıyorum."

İkinci şahsı muhteşem bir sarayda ziyâret etmiş; fevkalâde bir zenginlik ve gözleri kamaştıran bir saltanat içinde görmüş. Derhâl içini bir şüphe kemirmeğe başlamış: "Duâsına muhtaç olunan kimse burada mı yaşar? Bu varlıkla Hak yolunda ulu olmak nasıl mümkün olur?" diye düşünmüş. Lâkin haberi kendisine iletmeden evvel, karşılaştığı o zât-ı âlîden şöyle bir hitâba muhatap olmuş: "Gel bakalım, bize kimden selâm getirdin? Kalbindeki şüpheyi defet oğlum! Zîrâ bil ki, bu saltanat bize Allâh'ın emri iledir. Şu mal ve mülkü, sâhip bırak dediği anda bırakırız; içimizde yeri yoktur bunun..."

İşte İbrâhim Halil gibi bir anda ne var ne yok hepsini fedâ eden ve "Hak için verdiğimizi geri almayız" diyen Peygamberin hâl ve meşrebini bir mü'min de giysin ve o muhabbeti kendinde bulsun ki, onun kalbi hırs ve ayıplardan kurtulmuş olsun.

Zîrâ Akşemsedddin Hazretleri'nin söylediği gibi; Allah indinde bu dünyâ, bir sinek kanadı hükmündedir.

Allâh'ın sevdiği iş,
ayıbı yüze vurmamak;
Resûlullâh'ın sünneti,
hoş geçinmek; ehlullâhın
sünneti, halkın ezâ ve
cefâsına sabretmektir.

BEN SENİN RABBİN DEĞİL MİYİM?

Ehlullâh-ı kiram buyuruyorlar ki: "Bir kimsenin mâruz kaldığı sitem ve cefâları güzel kâbul etmesi ezel günündeki ahde *'Belî'* demesidir. Zîrâ Cenâb-ı Hak kuluna her nefes "Ben senin Rabbin değil miyim?" diye soruyor.

Allâh'ın sevdiği iş, ayıbı yüze vurmamak; Resûlullâh'ın sünneti, hoş geçinmek; ehlullâhın sünneti, halkın ezâ ve cefâsına sabretmektir.

Çünkü ehl-i tevhîde göre, vücut birdir; iki değildir, yalnız bu bir vücûdun bâtını ve zâhiri vardır. Bâtını öyle bir nurdur ki mevcûdâtı tamâmiyle ihâta etmiştir. Bu nâmütenâhî nur, beyan ve târife gelmez. İşte her taraftan zuhûr eden bu nurdur. Ve işte o tek vücûdun zâhiri o nûra mazhardır, onun tecelligâhıdır. Âlem o nûrun içinde güneşe karşı bir zerre, deryâya karşı bir katre hükmündedir.

Şu hâlde her vâkî olanı, Kādir-i Mutlak olan o tek irâdenin bir tecellîsi olarak görmek ehl-i tevhîdin îmânıdır. Böyle olunca o sitem ve cefâlar bir soru mâhiyetinde, yâni imtihan sorusu olarak kabûl edilir. Bu sual "Ben senin Rabbin değil miyim?" sorusudur.

Mâdemki senin Rabbinim (Rab demek, terbiye edici demektir), ben seni terbiye ediyorum, sen de edebini her nefes muhâfaza et, suâlimin cevâbını ef'âlinle cevaplandır, rızâ gözünü göster! O göz ki benim emr-i sübhânîmin hikmetine nâzırdır... o hikmetin âşinâsıdır. İşte görücü gözünle bak! Tekrar tekrar bak! Benim yaptıklarımda, şu saltanat-ı ilâhiyemde bir noksan görebilir misin?

İşte bu azameti âşikar eden şu âlem ve onun nizâmı bir vahdettir. Bu vahdeti muhâfaza eden her şey bir hayır ve fakat onu ihlâl eden her şey bir şerdir.

Mahbûb-ı Hakîkî olan Allah, edeble yürüdüğümüz takdirde azamet-i ilâhiyenin muhâfızı olduğumuzu îlân ediyor. Cefâya tahammül ettiğimiz takdirde kulluğumuzu tasdik ediyor. *"Belî"* cevâbını, yâni kendi suâline *"evet"* cevâbını alıyor: "Sen benim Rabbimsin."

Ne güzel alışverіştir bu!... Rabbimin azametine yakışan bu ahd, ne kadar âdilâne ve âşikâr!...

Hazret-i Ebû Bekir-i Sıddık, bir zaman için, bir elemle karşılaşmadığından dolayı üzülerek boynunu bükmüş ve Cenâb-ı Hakk'a şöyle niyazda bulunmuş: "Yâ Rabbî! Şu kadar zamandır bana suâl tevcih etmedin. Rabbim, benim hatırımı sormadın, ben senin muhabbetinin izhârına alışmışım, benden kendini setr etme ey Şerîf!..."

O sırada gelenler, hazretin, en sevdiği devesinin öldüğünü haber vermişler. Koca Sıddık, derhâl secdeye kapanıp şükrederek Hak Teâlâ'nın selâmını secdede almış.

Hiç şüphesiz ki ehlullâhın imtihana ihtiyacı yoktur. Ehlullah ezelden Hak ehlidir. Onlar için ayrılık gayrılık olmadığını defaatla söylemek istiyoruz. Lâkin bütün bu ibretler bize mahsus, bize âittir, bizim insan olmamız içindir.

Bâzıları derler ki: "Cenâb-ı Hak, Hazret-i Şâzelî'ye 'Sen benim bir tânemsin; fakat mekrimden emin olma' buyurdu. Binâenaleyh onlar için de korku mevcuttur."

Bu söyleyenlere şöyle cevap vermek isterim: Habîbullah Resûl-i Ekrem Efendimiz "Ben Allâh'ı hepinizden daha yakın bilirim, korkum da hepinizden ziyâdedir" buyurdu.

Resûlullâh'ın nefs-i şeytânîsi var mıydı ki ondan sakınsın? Allâh'ın, uğrunda âlemleri yarattığı, zâtını kendi zâtına mir'at edindiği, onu gören beni görür dediği, o sevgili feyyaz, bizim korkumuzdan münezzehdir, âzâdedir. Zîrâ onun nefsi herkesten, her şeyden evvel müslümandı.

Binâenaleyh ehlullâha âit olan korku öyle bir muhabbettir ki Hallâc-ı Mansur'a "Hem, Hak benim, diyorsun hem de gecede bin rekât namaz kılıyorsun; bu nasıl iş?" dedikleri zaman onun "Birbirimizin kadrini yine biz biliriz" diye verdiği cevap gibi kendi sırrı içinde, kendine mahsus bir muhabbet....

Dağda ermek makbûl
değildir; insan şu dünyâ
sahnesinde rol sâhibidir.
Mâsumla da hîlekârla da
omuz omuza dolaşacaktır.
Şu var ki hîlekârın oyununa
düşüp de zulmette
kalmamalıdır.

SABRIN HAKÎKATİ

Hazret-i Mevlânâ "Senin nefsinin haz eylediği şeylere meyli ve muhabbeti olmazsa sabretmek olmaz. Binâenaleyh sana sabırlar ecri gelmez. Düşmandan kaçıp bir köşede kendi hâlinle meşgûl olman erlik değildir; ona mukābele edip gālip gelmen, yâni onu hükmün altına alman lâzımdır" buyuruyor.

Ehl-i hâlin, gerek dünyâdan gerek âhiretten tecerrüt etmesi kalben olur; yoksa sanıldığı gibi bir köşeye çekilip de bütün bir ömrü inzivâda geçirerek nefsinin hazzını içinde gizlemekle değil! Dağda ermek makbûl değildir; insan şu dünyâ sahnesinde rol sâhibidir. Mâsumla da hîlekârla da omuz omuza dolaşacaktır. Şu var ki hîlekârın oyununa düşüp de zulmette kalmamalıdır. İşte bir kimsenin beşerî iptilâlara karşı koymak husûsundaki azmi onun sabrıdır. Demek ki nefsânî zevkler, onlara uyulmadığı takdirde kişinin sabrını tecellî ettirmektedir. Yâni nefis, insanın terakkîsi için hizmet etmektedir. Şu hâlde nefsinin kölesi olmazsan nefsin sana köle olacaktır; o zaman emrin altındaki düşmandan zarar değil, fayda görürsün. Meselâ yüzme bilmeyen bir kimsenin denizde boğulması tabiîdir. Lâkin yüzmesini bilen bir insan denizin üzerinde boyunu aşan derinliklerde de bir yatağa yatmış gibi rahatça uzanabilir. Sular onun hareketlerine muntazır kalırlar ve yüzücü suların kendine tâbî olması sâyesinde yüzme ilmini terakkî ettirir.

Binâenaleyh bir kenara çekilmek erlik değildir. En büyük düşman olan nefse gālip gelme ilmini tahsil etmelidir. İslâmiyetin kendine has bütün incelik ve güzelliklerini içinde gizleyen İslâm dîni, bu ilmin öğrenilmesi husûsunda insanı beşikten mezara kadar çalıştırmaktadır. Tenbellik bu aziz dînin neresindedir? Şark süfliyetini yayan İslâmiyet midir? Hayâ etmeli; bir ferde, doğuşundan ölümüne kadar, akl-ı selîmini kullanabileceği her çağında dünyâ ve âhiret için, insanlık âleminin huzur ve saadeti için, maddî-mânevî ilerlemek ve hemcinsine faydalı olabilmek için çalışmayı, öğrenmeyi, terâkki etmeyi apaçık emreden bir din kendi sâhasında tenbellik ve süfliyete aslā yer veremez. Nefsinin hazzına ve rahatına hizmetçi olmuş kimselerin bunu bu mütekâmil dîne isnat etmeleri cehâletlerinin en kat'î bir delîlidir.

Hazret-i Ömer bir gün üç-beş kişinin bir kenarda boş boş oturduklarını görerek onlara sormuş: "Siz kimlersiniz?" Onlar da memnun bir tarzda cevap vermişler: "Biz mütevekkilleriz." Koca âdil halîfe celâllenerek "Hayır, siz mütevekkil değil, hazır yiyicilersiniz" diye haykırmış ve onları oradan iş başına göndermiştir. Çünkü mütevekkil odur ki dâneyi toprağa ata, sonra tevekkül ede. İşte çalışmakta ısrar etmek ve güçlükleri yenmek sabırdır. Sabır, istikāmeti sağlar ki insanı necat semtine götürür. Mücâhidin zaferi sabrın sâyesindedir.

GAFLET

Hazret-i Mevlânâ "Eğer Resûlullâh'ı karşımda görmeden bir lokma yutacak olsam boğazımda kalır" buyurmuştur.

Elbette Peygamber Efendimiz'e teveccüh eden, Allâh'a müteveccihtir. Zîrâ Hak Teâlâ'nın emr-i ilâhîsi açıktır. "Benim sıfatlarımı giyinmiş olduğun hâlde kullarımın meyânına çık ve onları bana ulaştır, seni gören beni görür." [64]

İşte Resûl-i Zîşân Efendimiz'in ahlâkıyla ve sıfatıyla mücehhez bir kâmil üstâdı bulmak da Hakk'ı bulmak demek oluyor. Binâenaleyh ehlullah, Hak'tan ayrı gayrı olmadıkları cihetle gafleti en şiddetli azap olarak îlân etmişler ve kendilerini ta'n edenlerin mutlakā bu azâba dûçar olacaklarını işâret etmişlerdir.

Müslümanlığın ilk şartı "lâ ilâhe illâllah" demektir. Kelime-i tevhîdin mânâsı gāyet açık: Allah'tan gayrı ilâh yoktur. Şimdi bir suâl hatırımıza geldi: Acaba bu hakîkati biz müslümanlar arasında kaç kişi bilmektedir? Diyeceksiniz ki, elhamdülillâh hepimiz biliyoruz. Bendeniz bu fikirde değilim. Zîrâ kimi parayı, kimi şehveti, kimi mal ve mülkü, kimi haset ve kîni, kimi evlâdı kimi şunu, kimi bunu, kendilerine ilâh

64 Hadîs-i Kudsî

yapmışlardır. Lâzım geldiği zamanda mevkîinden düşmemek için, halkın menfaati mevzû-i bahis iken kasasını vermemek için, türlü desîseler kuran insanlar gözümüzün önündedir, her gün birkaçı ile karşılaşabiliriz. Kendi akrabâsından bir yetîmin, yâhut bir bîçârenin hakkını entrika ile evlâdının üzerine devreden, halkın hukukuna tecâvüz eden, ihtikâr yaparak insanları soyan, gizli birtakım hareketlerle mâsumları tuzağa düşüren hep insanoğlu değil midir? İşte omuz omuza dolaştığımız bu insanların içlerinde neler var... Binâenaleyh böyle kimseler müslüman değildirler, bunlar Hak'tan tamâmiyle gâfil olanlardır. Bunlar "lâ ilahe illâllah" dememişlerdir; isterlerse dilleriyle bin kere söylesinler, yine de kelime-i tevhîdi tasdik etmemişlerdir.

İnsanın Rabbi, Allâhı, teveccüh ettiği sâhibi, taptığı ilâhı, eğer Hak Teâlâ ise başka ilâh uğruna alınteri dökmemelidir, benliğinin peşine düşmemelidir, nefsinin bir arzusu için ömür tüketmemelidir.

Allah, insanları hâdiselerle her an imtihan ediyor. Ezelde Rabbimizi âşikâr görerek tasdik ettik; iş, burada tasdik edebilmekte, oraya buraya takılmadan yol alabilmektedir. Zîrâ yol kesenler hep nefs-i emmârenin âletleridir; nefsin baltaları, nefsin bıçaklarıdır. Nasıl ki alelâde bıçak gibi kesici şeylerin ortada kalmasına, bir kazâ çıkması ihtimâlinden korkarak râzı olmuyorsak, rûhu ifsat edici, gönülleri kırıcı, fertlerin menfaatini kesici, huzûrunu ihlâl edici, fenâ ahlâkları da içimizden yok etmeliyiz ki mânevî bir kazâdan, gafletin acı azâbından emîn olunsun.

Namaz umum için beş
vakitse de âşıklar için her
vakittir. Çünkü âşıklar,
günde beş defâ münâcât
etmekle iktifâ etmezler,
her nefes cânânı görmek
onların gıdâlarıdır.

NAMAZ VE HAC

Namazın ednâ kısmı Allâh'ı görür gibi ibâdet etmektir.

Âlâ kısmı Hazret-i Ali'nin "Görmediğim Allâh'a tapmam" kelâmı mûcibince hayâlden, şüpheden, kemiyetten, keyfiyetten ârî olarak cânânı görmek ve münâcâtı doğrudan doğruya sâhibe arz etmektir. Şüphesiz ki namaz huzur ve huşû ile kılınmalı, sağa sola iltifat edilmemelidir. Huşû'un olmaması kalp huzûrunun mevcut olmadığına delâlet eder.

Muhyiddin-i Arabî Hazretleri buyururlar ki: "Birçok kimseler namazda karşılarındaki mihraptan ve yorgunluklarından başka bir şey görmezler." Hâlbuki namazda öyle hakîkatler vardır ki söylemek ve yazmakla tükenmez; o hakîkatlerden biri, Âdem'le Şeytan mes'elesidir.

Namaz umum için beş vakitse de âşıklar için her vakittir. Çünkü âşıklar, günde beş defâ münâcât etmekle iktifâ etmezler, her nefes cânânı görmek onların gıdâlarıdır.

Namaz husûsunda "Namaz dînin direğidir, kim onu terk ederse dînini, îmânını terk etmiş olur" fermânı başta olmak üzere Peygamber Efendimiz'in birçok emirleri vardır. Mü'minin mi'râcı olan namazı dalâlete düşüp de aslā terk etmemelidir ki iki cihanda felâh bulmak mümkün olsun.

"Yüzümü semâvat ve arzın Hâlık'ı olan Allâh'a çevirdim" mânâsındaki ilâhî fermânı okuyarak yakınlık yoluna ayak basmalı ve nefs çölünü geçip gözyaşları ile abdest alarak mâşûk-ı hakîkîye müteveccih olmalı, şüphe ve gıll ü gış elbisesini çıkarıp tâat ihrâmına bürünerek "lebbeyk lebbeyk" nidâları ile irfan arafatında hazır bulunmalı, nefs şeytanını taşa tutup onu muhabbetin galebesiyle kurban etmeli ki cânâna kavuşulsun.

Yâ Rabbî, haccın hakîkatine bizi âgâh kıl! Onun kudsî mânâsına erişelim!...

Ey Hak tâlibi! Öğrenelim ki Allâh'ın binâsı olan ve bilcümle enbiyâ ve evliyânın esrârı ve kabri olan Kâbe, gönül kâbesidir ve irfan ehlinin ziyâretgâhıdır. Gönül kâbesinin ihrâmı her iki cihandan soyunmaktır.

Mevlânâ Hazretleri "Gönül cevher ve asıldır, âlem ise âraz ve fer'dir; bütün kâinat kâmil insanın gönlünün gölgesi gibidir" buyuruyorlar.

ORUÇ VE ZEKÂT

Sâdece sabahtan akşama kadar aç kalmak mânâsına alınmaması îcap eden orucun farz oluşunda büyük faydalar ve ince mânâlar gizlidir. Ezcümle nefse hâkim olmak, Hakk'ın, insanlara en büyük ihsânı olan irâde sıfatını göstermek, fukarânın her günkü açlığına iştirak etmek ve onun ızdırâbını, elemini anlamak oruç sâyesindedir.

Şimdi orucun, üç sınıfın anlayışıyla hakîkatine geçelim: Avamın orucu, muayyen zaman içinde yemekten ve içmekten perhiz etmektir. Havassın orucu, elini, ayağını, gözünü, kulağını, yâni cümle âzâyı, haram olan şeylerden çekmektir. Bunun vakti, insanın akl-ı selîmini kullanabileceği çağından rûhunun aslına kavuşacağı zamâna kadardır. Havas, dünyâ hayâtını bir gün addederler. Büyük ruhların orucu ise, mâsivâdan ve ağyardan perhiz etmektir. Bunun da vakti, Allah muhabbetinin tulûu zamânından başlar. Bu orucun iftarı vahdettir. Vahdet zuhûr edince o sultanlar her nereye baksalar Hakk'ı müşâhede ederler.

Orucun hakîkatinden kısaca bahsettikten sonta zekâta geçelim. Zekât hakkında bildirilen şudur: Zenginin, fakirin, âşıkın, ârifin, âlimin, evlâdın, evin, sohbetin, nefsin vs. zekâtı vardır. Zenginin zekâtı malından vermek, fakirin zekâtı zenginden îtimadını kesmektir; yâni bir şey beklememektir.

Âşıkın zekâtı, rûhunu Mevlâ'sı için bezletmek, ârifin zekâtı ise muhabbet sâhiplerine kendi hâllerinden infak etmektir. Âlimin zekâtı tâlibe ilminden vermektir. Evin zekâtı misâfiri ağırlayıp ona îtibar etmektir. Sohbetin zekâtı dedikodudan ârî olmak, nefsin zekâtı ise kötü ahlâktan berî kalmaktır.

Şuna îman etmeli ki incelik mânâdadır. Onun için hiçbir zaman tâat insana gurur vermemelidir. Yâni ben yapıyorum dedirtmemelidir. Zîrâ hakîkî ibâdet şöylece bildirilmiştir ki, nefsin zühdü, dünyâyı terk; kalbin zühdü, âhireti terk; canın zühdü kendini terk etmektir.

Netîcede Allâh'ın emrine sâdık kalıyorsak cümlenin de sıdkını Hak'tan talep etmeli ve sükûta varmalıyız. Güzel bir söz vardır, buraya kaydetmeden geçemiyeceğim: "Sen sus, seni ef'âlin söylesin" derler.

Âlimin zekâtı tâlibe ilminden vermektir. Evin zekâtı misâfiri ağırlayıp ona îtibar etmektir. Sohbetin zekâtı dedikodudan ârî olmak, nefsin zekâtı ise kötü ahlâktan berî kalmaktır.

ORADAN GELEN GAM NE MÜBÂREKTİR

Hazret-i Mevlânâ "Sevineceksen Hak yolundaki gamdan sevin; çünkü bu yoldaki gam, mahbûbun cemâline vesîle olur. Bu yolda alçaklık yükselmektir; hâl yolunda alçak olan âlâ olur, tevâzû eden bâlâ olur, fânî olan bekā bulur" buyuruyor.

Cenâb-ı Hak, her saadete nâil olan kalbe ve her türlü zevk ve sefâya erişmiş, rahat görmüş ve fakat cefâ çekmemiş âdemoğluna iltifat etmiyor da kırık kalbi şereflendiriyor; mazlûmu tutuyor, yetîmi, acı ve ızdırapla boynu bükülmüş düşkünü, kıymeti bilinmemiş âlimi yükseltiyor. İçi yanık, sînesi dağlanmış, gözü yaşlı âşıkı seviyor. Şu hâlde Hakk'ın bildirdiği şudur: Celâlimden yanan kalpte cemâlim hiç nihân olmaz!...

Hak Teâlâ, Hazret-i Mûsâ'ya hitâben "Yâ Mûsâ, benim hazînelerimde olmayan şeylerle gelip bana yakınlık talep etmelisin"[65] diyor.

Hazret-i Mûsâ "Ey Rabbim olan Allah, senin hazînelerinde ne noksan olur ki getireyim?" diye niyâz edince, "Benim hazînelerimde Kibriyâ, azamet ve ceberut doludur; lâkin mezellet ve inkisar yoktur, ben onun için kalbi münkesir olanlara pek yakın bulunurum" hitâb-ı izzeti erişmiş.

65 Hadîs-i Kudsî

Evet, Hak yolunda tevâzû ve horlukla yürüyen kimse yol alır. Meselâ irfan mektebine müntesip bir kimsenin sevenlerden çok, aleyhtarları vardır. Onu tabiî olarak önce avam taşlar, ehl-i taassup gözden düşürmek için fırsat kollar ve hor hakîr edebilmek gāyesiyle bütün insanlık mefhumlarını ayak altına alır. Şu hâlde oradan gelen gam ne mübârektir; bu gam, hakîkat-i hâlde ârifin kıymetini îlân eder. İrfânının genişliğini arz eder ve ârifin sûrete değil de sîrete nazar ettiğine işâret eder ki şekilperestlerin anlayamadığı ve anlayamayacağı nokta budur.

Hakîkî tevâzû Hak ehline mahsus olduğu cihetle, erbâb-ı hâl dikbaşlı değillerdir. Âşinâ-yı yâr olan kimse, mübârek başını eğmiş de hakîkatte zafer kazanmıştır. Yâni benliğinin başını yenmiştir. İşte o zaman âşıkın hatâlarından hesap sorulmaz; zîrâ vîran olmuş köyden vergi alınmaz. Netîce îtibâriyle fânî olan bekā bulur. Yâ Rabbî! Sana, cemâlinin ve celâlinin iktizâ ettiği sûrette şükretmeyi dileriz.

Cenâb-ı Hak, kırık kalbi şereflendiriyor; mazlûmu tutuyor, yetîmi, acı ve ızdırapla boynu bükülmüş düşkünü, kıymeti bilinmemiş âlimi yükseltiyor.

KİMİ ARAYACAKSIN, BAŞKA ALLAH VAR MI?

Hazret-i Ali Efendimiz "Ben, Rabbimi kendi arzûlarımın olmaması ile bildim" buyurmuşlardır. Allâh'ın arslanı bu kelâm-ı âlîsi ile bize ibret olarak şunu işâret buyuruyor ki, kulun arzûsu mutlakā olmaz, fakat Rabbin emri mutlak yerini bulacaktır ve Hakk'ın irâdesi böylece tecellî edecektir. Zîrâ o irâde kulun ihtiyârı üzerine gāliptir. Öyle ya, yarın falan yere gideceğim diyoruz, ertesi gün bir kazâ bizi gitmekten de gelmekten de, hattâ parmağımızı dahî oynatmaktan da alıkoyuyor. Yaparım, yaratırım, yâni "ben'im" diyoruz, fakat Hakk'ın cevâbını şöylece karşımızda buluyoruz: "Sen, sana verdiğim muvakkat hayat içinde ve ind-i ilâhîde mahfuz olan nasip çizgisi üzerinde yürüyorsun. Kendi hudûdunu aşmak senin haddin değildir; zîrâ bilmiş ol ki tasarruf etmek kudreti ancak benim elimdedir. Yalnız sana verdiğim imkânlar ile dünyâyı kazanç mahalli yaptım ve iyi ile kötü yolu bildirip habîbim sâyesinde güzel ahlâkı tâlim etmeni senin için hayırlı kıldım. Elbette ben senin ne olduğunu biliyorum; lâkin sana kendini göstermek ve ne olduğunu bildirmek için imtihan suâlleri hazırladım. Bil ki hâdiseler sana mihenk olacaktır. Âsî misin, sâbir misin; şakî misin, saîd misin, belli olacak."

Evet, bize bizi göstermek için imtihan suâlleri hazırlandı, zîrâ ezelden ahdimiz var. Bu ahde sâdık isek hüccetimiz elimizde, eğer dönek isek kara kâğıdımız elimizde, zîrâ defter-i âmâlimiz bizdedir. Ve onun yazılırken bir noktası dahî şaşmaz. Çünkü zerre kadar hayrın da, zerre kadar şerrin de kaybolmaz olduğunu Hak Teâlâ apaçık îlân ediyor. Ve yine diyor ki: "Kazâma rızâ göstermeyen benden başka Allah arasın."[66]

Kimi arayacaksın, başka Allah var mı? Allâh'ın rızâsını tahsil etmekten imtinâ etmiş ve Allahlık dâvâsına çıkmış biri var: Şeytan! Onu mu kendine ilâh ittihaz edeceksin? Nefs şeytanına mı uyacaksın? Eğer nefs-i emmârenin yolunda yürümekten zevk duyuyorsan netîcenin hükmünü elinle imzâlamış oluyorsun. O imzâ, seni insanlıktan tard ediyor; hayvan muâmelesi göreceksin, belki ondan daha aşağı…

Evet, netîcede mutlakā terrakî var, fakat ya ileriye yâhut geriye… Çünkü mükevvenat tekâmül için kurulmuştur.

Hakkıyla sevenler için bir istikāmet var. Onun yolu Cemâlullâh'a çıkar. İşte bu istikāmet tamdır.

Havf ve hüzünden âzâde yalnız bir zümre mevcuttur ki, o da âşıklar zümresidir. Zîrâ emr-i ilâhî şöyledir: "O kimseler

66 Hadîs-i Kudsî

ki Allah Rabbimdir derler ve istikāmet ederler; onlar için korku ve hüzün yoktur."[67]

Hakkıyla sevenler için bir istikāmet var. Onun yolu Cemâlullâh'a çıkar. İşte bu istikāmet tamdır. Âşıklar için iki cihan da mevzû-i bahis değildir. Onlara âlemden âleme geçmek cemâl içindir. Onlar bu aşkın içinde tekâmül ederek sohbetleriyle ölü gönüllere İsrâfil sûru üflerler. Dirilen gönüller bir nidâ işitirler. O da ah!...

Mürşid-i Âzam'ın buyurduğu gibi:

"Lâfza-i ism-i celâlin kalbi ah,
Bu sebeple oldu vird uşşâka ah..."

67 Ahkāf Sûresi/13. âyet

Bizden tecellî eden sıfat, fakat ehlullahtan görünen zattır. Çünkü Allah, arşa sığmadı ama kâmil insanın gönlüne sığdı ve ancak o sînede karar kıldı.

LÂ İLÂHE İLLÂLLAH

Zâtın biri, cemaate hitap ediyormuş, demiş ki: "Ey ahâli; Allah, size yaptıklarınızın hesâbını mutlakā soracak... Allah soracak ki: Kulum emrime mutî miydi? Kulum, men ettiğim şeyleri tanıyor muydu? Kulum, insanlık sıfatlarını hâiz miydi? Kulum, Hak dînine âşinâ mıydı?" Ve böylece suâl üstüne suâlle vaaz devam ederken, o cemaatin içinde bulunan Şeyh Şiblî Hazretleri birden ayağa kalkmış ve demiş ki: "Ey efendi, Allah insana bu kadar çok suâl sormayacak, Hakk'ın sorusu tektir; şöyle ki: 'Yâ kulum ben seninleydim, sen kiminleydin?'..."

Hazret-i Şiblî'nin söylemiş olduğu bu tek sorunun içinde tevhid ilminin sırrı var. "Lâ ilâhe ilâllah" öyle bir ilim ki, işte bizim âleme gelişimiz, bu ilmi tanımamız içindir, bu hakîkate âgâh olmamız içindir.

Hak Teâlâ bizimle berâberdir. Lâkin mühim olan, biz kiminleyiz? Eğer onunla isek ne âlâ; çünkü bu âlemde ne varsa hepsinin bir vazîfesi olduğunu, sebepsiz bir şey bulunmadığını müdrikiz ve bir çöpü dahî abes görmüyoruz demektir. Fakat eğer kendi icâdımız olan "ben" ile berâber isek, bu "ben" ilâhına tâbî isek, yalnız tedbîrimize güveniyorsak, işte Allâh'a vereceğimiz cevap yoktur; zîrâ bilelim ki o takdirde biz de gafletle berâberiz demektir.

Ey Hak tâlibi! Bu âlemin îcâdına sebep nedir, hiç düşündük mü? Niçin yaşıyoruz acaba? Hayvan gibi hareket etmek için mi?

Emîn olalım ki görmek için yaşıyoruz: "Görmediğim Allâh'a tapmam" diyen Hazret-i Ali işte bu meseleyi tamâmiyle meydana koyuyor.

"Allah görünür mü?" diyeceksiniz. O'ndan başka mevcut yok ki görünmez olsun:

Haktan ayân nesne yok,
Gözsüzlere pinhân imiş!...

Evet, her şey, senden benden görünen O, bir ilâhî sıfat ile tecellî eden O. Ya "Kahhar" ve "Cebbar" esmâsı ile görünüp "Âdil" sıfatıyla âşikâr oluyor, ya da "Lâtif" ve "Rahim" esmâsı ile görünüp kalpleri teshir ve cezbediyor. Gerçi nihâyetsiz sıfât-ı âlîsi var. Çünkü nâmütenâhî O, zengin O... Lâkin esasta "celâl" ve "cemâl" olarak başlıca iki sıfatı tecellî ediyor.

İşte o celâlin de, cemâlin de sonu yok!.. Bununla berâber Allah "Rahmetim gazabımı örtmüştür"[68] buyuruyor.

İşte Hak tâlibi! Biz de bu ilâhî rahmete ilticâ ediyoruz: "Rabbim, bizi gafletin eline bırakma" diye yalvarıyoruz.

Bu vahdette bu kesret, yâni bu birlikte bu çokluk, bir teşbihle de îzah olunabilir: Deryâ birdir, lâkin üzerinde gelip giden dalgaların sayısı ne kadar çoktur. Nasıl ki bu dalgaların her biri, o tek deryânın mevcûdiyetine bir delilse, sen, ben ve bu insanların her biri de, o bir ve dâim olan Allâh'ı söylemekteyiz.

68 Hadîs-i Kudsî

Demek ki bu çokluk, birliğe mâni değil; bilâkis o, vahdeti ayân ediyor.

Lâkin Allâh'ın esmâsı var, sıfatı var, zâtı var. Gül deriz; gülün ismi var, yaprağı var, kokusu var. İşte gülün kokusu zattır, yaprağı da sıfattır. İşte bizden tecellî eden sıfat, fakat ehlullahtan görünen zattır. Çünkü Allah, arşa sığmadı ama kâmil insanın gönlüne sığdı ve ancak o sînede karar kıldı. Bu hakîkate rağmen bizler, cisim aramakla meşgûlüz. Biz ikiye de, üçe de vücut vermişiz. Cismimize âit gözlerle bakarız ve inancımız bu gözlerin inancıdır.

Şu hâlde benlik dâvâsı bizim icâdımızdır. İşte cüz, külden ayrı olamadığı hâlde, yâni küllün bir parçası olduğu hâlde, kendini müstakil bir varlık addetmekle cehâletini îlân etmiş oluyor ve işte bu câhil kişi gözlerine rağmen gözsüz olduğunu isbât ediyor.

Hak Teâlâ bizimle berâberdir. Lâkin mühim olan, biz kiminleyiz?

Allâh'a muhabbet ancak
onun sevgilisine muhabbet
etmekle mümkün olur.
Muhabbetin merkezi
Resûlullah'tır.

İHLÂS VE NOKTA-İ HÂL

Peygamber Efendimiz buyururlar ki: "Bir kimse kırk gün ihlâs eylese o kimsenin dilinden hikmet âsârı zuhûr eder."

Hiç şüphe yok ki lisânından hikmet doğan bir kimsenin, gözünde de ibret nûru zuhûr eder. Çünkü bir kalbin kendisine ihsan olunan hikmetle nurlanması, kalp gözünün açıldığına işârettir; işte o göz basîret gözüdür. Demek ki ihlâs, hikmeti ve hikmet de ibreti meydana getiriyor. İbret ise selâmeti intaç eder.

İhlâs, o derece temiz niyetle olur ki, o niyete bir küçük tereddüt sığmaz! "Acaba" yok olur, kalp huzur içinde tamâmiyle hissettiği şeye kānî ve mutîdir. Bu temiz niyet gāyet mâsum, son derece samîmî olmalıdır ki o niyetin mevkî-i aslîsi olan kalp gıll ü gıştan âzâde bulunsun.

Üzerine çer çöp düşmedikçe su gibi temiz ve berrak olan bir gönlün sâhibi, kırk gün ihlâs üzere hareket etse o kimseden ilâhî hikmet zuhûr eder.

Ey Hak tâlibi! Bizim ihlâsımız evvelâ hangi kıymet için olmalıdır?

O hulûs, Hak'tan gayri fâil yoktur hakîkatinin üzerinde toplanmalıdır. İnanın ki o hakîkatin kıymetine bedel benliğimizdir;

eğer benliğimizden ferâgat edebilirsek o zaman bizden tecellî eden varlığın, Allâh'ın mutlak varlığı olduğunu anlarız ve o zaman selâmete kavuşuruz da Hazret-i Râbia'nın "Yâ Rabbî! İki cihandan maksut sensin; sana senin için kulluk ediyorum, yoksa cennet ve cehennem kaygusu için değil" münâcâtının sırrına şuhut ile varırız.

Yakınların bir hoş hâli vardır, onlar havf ve hüzünden ârîdirler. Yine Hazret-i Râbia der ki: "Yâ Rabbî, bana kalbimi ihsan et ki onu sana vereyim."

Ey Hak tâlibi! Allâh'a muhabbet ancak onun sevgilisine muhabbet etmekle mümkün olur. Muhabbetin merkezi Resûlullah'tır. Allah, Resûlüne âşıktır ve ilk zuhûra gelen o muhterem nebînin rûh-ı mübârek-i pâkidir.

Âdem'den önce, her şeyden önce var olan rûh-ı Muhammedî idi.

Ne büyük devlettir ki; Allâh'ın zat güneşinin kemâliyle göründüğü mübârek tecelligâha, Muhammed ümmeti olarak, bizler de ayna olmuşuz.

İşte İslâm ihlâsı, insanı nerelere kadar götürüyor...

Şurası muhakkak ki, ilim ve irfanla mücehhez bir kimsenin bilhassa temiz niyetli olması îcap eder. Zirâ irfânı ona, maaş aklının tuzağına düşmemesini emreder.

Meşhur Pasteur'e "Bugüne kadar tamâmiyle meçhûlümüz olan nâmütenâhî sûrette küçük mahlûkat âlemini keşfettiniz; kimbilir bu keşfinizle ne kadar iftihar ediyorsunuz?" diye sormuşlar, o da cevâben demiş ki: "Bu âlem içinde her adım attıkça aczimin derecesini anlıyor, daha ziyâde mahcup oluyorum ki dört tarafımızı gizli şeyler sarmıştır."

İşte burada Pasteur, akl-ı küllün azametine işâretle cüz'î aklın aczini ortaya koyuyor da irfânı sâyesinde maaş aklının tuzağına düşmemiş oluyor.

Netîcede iş bir kâmil ere teslim olunur da ihlâs üzre hareket edilirse ihlâstan bir cevher çıkar ki ona nokta-i hâl denir. Bize öğretilenler işte o zaman hâl edilmiş olur.

İlme nihâyet yoktur.
Nâmütenâhî olan Hakk'ın
bilgisine had ve hudut olmaz.

KÖKE MERBUT DAL

Bâzıları derler ki: "Güzel ahlâktan bahsetmiyor musunuz? İşte biz ahlâk sâhibiyiz; kötülük ve fenâlıklarda bulunmayız, biz kendi prensiplerimize uyarız. Üstelik elimizde Kur'ân var, Allâh'a ve Resûlullâh'a inancımız var, şu hâlde bize delil ne lâzım? Bizim mürebbîye ihtiyâcımız yoktur!"

Fakat Mevlânâ Hazretleri "Bir dal eğri bile olsa köke merbut olsun, yaş olsun; köke merbut olmayan doğru fakat kuru daldan elbette âlâdır, çünkü ancak yaş dal semereler verir" buyuruyor.

Çünkü ancak Allâh'a ve Resûlullâh'a îman etmenin ne demek olduğunu muhabbet erbâbı öğretir.

Çünkü ancak geçmiş ve geleceği sadrına gizleyen, her şeyi muhit, kâinâtı içine almış olan Kitâb-ı Mübînin "*Elif*"ten "*Yâ*"ya kadar söylediği mânâyı işte o kemâl erbâbı çözebilir.

Çünkü ancak şeytan tâifesinden emîn olmak, yâni Âdem'e secde emrine inkıyat etmek, o kâmil erin sâyesindedir.

Acaba niçin? Meselâ kimya dersinin kitabı varken, kimyevî tecrübeler yapmak için bir laboratuvar varken ve elimizde nice tüpler, hassas terâziler ve birtakım âletler mevcutken ve bu kimya ilmine biz inanmış, onun lüzûmunu idrak etmişken, bir hocanın mevcûdiyetine muhtaç oluyoruz.

Eğer bir ilmi yalnız kitaptan öğrenmek mümkün olsaydı mektepleri tâtil etmek îcap ederdi. Düşününüz ki bir kimse, nice imtihanlardan geçmiş ve kendine bir branş seçmiş, hattâ mesleğini îtinâ ile tâlim etmiş, kendi şûbesinde salâhiyet sâhibi olmuş oluyor da yine kendinden tecrübeli, kıdemli ve ileri olan bir mütehassısın önünde ders görüyor. İlme nihâyet yoktur. Nâmütenâhî olan Hakk'ın bilgisine had ve hudut olmaz.

Muhyiddîn-i Arabî Hazretleri şeyhü'l ekber iken "Eğer bir kâmil üstat görsem bana tâbî olanlarla birlikte gider, ondan bilgi talep ederim" demiştir.

İkinci ve daha mühim bir nokta şudur ki: Kitâb-ı Mübîn'in iç mânâlarına ancak Allâh'ın memur ettiği bir merd-i kâmil nüfûz edebilir.

Farazâ bir tedkik sâyesinde, namazın, orucun, zekât ve haccın farz olduğuna, hayır-hasenâtın dahî müslümanlıkta şart olduğuna kānî olmuş oluyoruz. Fakat bütün bunları bilmek ve işlemek mânen sıhhat bulmamıza kâfî gelmiyor. Bir sıtmalıyı düşününüz ki biz onun müthiş titremelerini durdurmak niyetindeyiz; ellerini tutuyor, ayaklarını bağlıyoruz, başını sıkıca muhâfaza ediyoruz. Titremesi geçer mi? İllâ ona o ispazmozu kesecek, içeriden bir ilâç, meselâ kinin vermek lâzım. İşte hâricî müdâhalemiz bizim ibâdet, tâat ve hayır hasenâtımız gibidir. Allah muhabbeti dâhilden verilen ilâç gibidir ki, bu muhabbeti ihsan eden Hüdâ eridir.

TESLİM VE RIZÂ

Ey Hak tâlibi! Teslim ve rızânın iki derecesi olduğu bildirilmiştir:

1- Kahrın kahır olduğunu bilerek kabûl ediş.
2- Kahrı, lûtuftan ayırt etmeksizin kabûl ediş.

Birincisi lûtfun lûtuf ve kahrın kahır olduğunu bilen ve bu iki keyfiyetin arasındaki azîm farkı görerek bir celâl tecellîsi karşısında, o tecellînin ağırlığını duyan ve fakat edeben sükût eden kimsenin hâlidir.

İkinci vaziyet, er kişinin kârıdır ki o kimse için kıymet ve hakîkat sebepte değil müsebbipte olduğundan; ister kahra, ister lûtfa mazhar olsun, tattığı şey ister acı, ister tatlı olsun, onun nazarında hepsi birdir. Çünkü o, bir hâdisenin hoş veyâ nâhoş olması ile alâkadar değil, hâdiseyi tertip edenle ilgilidir.

Meselâ fizikte sukut kānûnuna göre, havası boşaltılmış bir yerde muhtelif ağırlıktaki cisimleri yukarıdan aşağıya bıraksak aynı zamanda düşerler. Biri taş biri tüy de olsa, bunların aşağıya vâsıl olmaları aynı müddet içindedir.

İşte bir kimseden de nefsin havası boşaltılmışsa, ona gelen farklı meseleler onda aynı tesiri yaparlar, biri diğerinden daha ağır gelmez. Elem ve kederler yâhut zevk ve sürurlar o kimse için aynı şey olur. Cisimlerin bir olması gibi, keyfiyetler de onun gönlünde birleşir.

Şüphesiz ki tecellînin şu vüs'atinden bîhaber olanlara zuhûrun böyle muhtelif tarzda olması, elem ve keder verir. Fakat tecellîde mahvolanlar, her bir zuhûrda bir cilve-i nur görüp dâim zevke varırlar.

Onun için âşıklar indinde, değil dünyâ, ukbâ dahî mâsivâdır. Mâsivâ ise hiç, yok demektir. Âşıklar tevhid üzre giderler ve hem Kahhar ve Cebbar hem de Raûf ve Rahim olan bir Allâh'ı görürler.

Âşıklar için halk ile muâmeleye tâbî olan keyfiyetlerin aslı esâsı yoktur. Onlarca her türlü nefsânî arzu ve hevesler halk içindir. Binâenaleyh şirk, halkı ara yerden çıkarmamak yüzünden işlenmektedir. Hâlbuki âşıklar "Halk yoktur ki şirk olsun" derler.

İşte bu, basîret erbâbının hâlidir; bu mertebe çok ileri makamdır. Esâsen teslim ve rızânın hakîkati de bu sûretle meydana çıkar.

Cenâb-ı Hak, Kur'ân-ı Kerîm'inde "Onlar zannederler mi ki, biz Allâh'a ve âhirete îman ederek namaz kılarız, oruç tutarız, biz Allâh'ın mü'min kullarıyız demekle bırakılırlar? Biz onları hatır ve hayâle gelmeyecek şeyler, hastalıklar, mücâhedeler, hicretler ve sevdiklerini elden almak ve darlıklar, hâsılı sâir nefslerine ağır giden şeylerle imtihan ederiz"[69] buyuruyor. "Hak Teâlâ bu imtihanları niçin yapar, kullarını bilmiyor mu?" dersiniz. İşte bu denemeler, kullara kendi derecelerini

69 Bkz. Ankebût Sûresi/2. âyet; Muhammed Sûresi/31. âyet ve Bakara Sûresi/155. âyet

yine kendilerine tasdik ve imzâ ettirmek için, hangisinin yalancı, hangisinin ise sâdık olduğunu bildirmek içindir.

Çünkü her îman eden, Allâh'ı ve Resûllullâh'ı sevdiğini iddiâ etmektedir. Bunların dâvâsı ancak imtihan vaktinde âşikâr olur ki, kâzip ve sâdık meydana çıksın. Meselâ biri dâimâ nefsinin hoşlandığı şeylerden memnun ve fakat bir nâhoş hâdise ile hemen gayr-ı memnun olup şikâyete başlıyor. Diğeri vukuâta rızâ gösteriyor; bir kere memnun olmasını bilmiş de artık bildiğinden dönmüyor, Allah da ondan vazgeçmiyor.

Allâh'ın ahlâkı ile ahlâklanmak ve sıfatı ile muttasıf olmak teslimiyetle kābildir.

Âşıklar indinde, değil dünyâ, ukbâ dahî mâsivâdır. Mâsivâ ise hiç, yok demektir. Âşıklar tevhid üzre giderler ve hem Kahhar ve Cebbar hem de Raûf ve Rahim olan bir Allâh'ı görürler.

İnanınız ki, Allah yolunun şartı nefs ineğini boğazlamaktır. İnanınız ki, Hak yolunun başlıca gāyesi insanı insanlığa kavuşturmaktır.

SENDEN SANA SIĞINIYORUZ RABBİM

Hazret-i Mevlânâ "Kıyâmet gününde hasetçiler kurt şeklinde, haram yiyiciler domuz şeklinde, taklit ve istihzâ huyu kendilerinde gālip olanlar maymun olarak ve insanlara eziyet vermek, gönüllerini incitmek huyuna mâlik bulunanlar ise yılan ve akrep sûretinde haşrolacaklardır" buyuruyor.

Demek ki içimizde ne kurtlar ne domuzlarla yaşıyormuşuz! Demek ki biz zâhirî bir örtü, bir nikap yüzünden insan ve fakat içimizde hüküm süren ve türlü rezâletlerle halkın menfaatine saldıran başıboş bir şeytan olduğu takdirde hayvanmışız.

İnanınız ki, Allah yolunun şartı nefs ineğini boğazlamaktır. İnanınız ki, Hak yolunun başlıca gāyesi insanı insanlığa kavuşturmaktır. İnsan, aklı cihetiyle husûsî ikrâma nâil, imtiyaza sâhip bir mahlûktur. Kurân-ı Kerîm akla hitap olunmuştur. "Aklı olmayanın dîni de yoktur"[70] buyurulmuştur. İmâm-ı Ali "Dini akıl, aklı da din ihâta etmelidir ki her ikisinden fayda görülsün" demiştir. İnsan hayvanın üstüne zekâsı yüzünden geçmiş ve cümle mevcut insana musahhar kılınmıştır. Avdeti düşünen akla sâhip insanda âlem-i kebîr gizlidir. Onun derdi ve devâsı, içinde olup aradığı bizzat kendisidir.

70 Hadîs-i şerîf

Peygamber, akıl hârici söz söylememiştir. Şu var ki biz, birçok incelikleri anlayamadığımız zaman, bu aklımızın ötesinde demişizdir. Evet, o mesele bizim irfan mertebemizi aşmıştır. Hâlbuki irfânı ileri olan için o, âşikâr ve anlaşılması kolay bir hakîkattir.

Kabûl etmeli ki her istîdat, ilâhî azametin gālip olduğu o birliğin içinde derecelerin varlığına birer delildir. Kitâb-ı Mübîn de bir küll ve fakat her sahîfesi ayrı ayrı istîdatlara mahsus kılınmış, muhâtap olmuş fasıllardan mürekkeptir. Kur'ân-ı Kerîm'in hitâbından mahrum kalmış bir kimse tasavvur olunmaz. Zîrâ Allâh'ın kelâmı avâma, havasa herkese akıllarının yettiği mertebeden hitap eder. Yalnız havas, avama mahsus telkînâtı bilir de avam, havassın irfânına ayrılmış olan kısımları anlamaz; ilk mektep talebesinin lise derslerinin problemlerini hâlledememesi gibi...

İnsaf ile düşünmelidir: Dinde muhtaç olduğumuz her noktayı açan, gösteren, karanlıklara ışık tutan ve mantığımıza uygun olarak önümüze hazır gelen Kitâb-ı Mübîn'in kapağını dahî açmazsak bundan dîne ne zarar? Bütün zararlar kendimizedir; sîretâ hayvan olarak yaşar gideriz. O takdirde nefsimizin korkunç sûreti ile haşrolmak ve türlü azaplara lâyık olmak vardır.

Yâ Rabbî, bize verdiğin aklı doğru yola sevk et ve bizi nefsimiz şeytanı ile haşretme!... Lûtfunla muâmeleni diliyor, senden sana sığınıyoruz!...

İLİMLERİN RÛHU KENDİNİ BİLMEK

Hazret-i Mevlânâ "İlim ve akıl cihetiyle lâyık olanı ve olmayanı bilirsin, lâkin sen lâyık mısın, değil misin, onu bilmeli... cümle ilimlerin canı odur ki; sen yevm-i kıyâmette kimsin, onu bilmeli" buyuruyor.

İnsana kendi kendini tanıtan, gösteren, bir ayna gibi rûhunun yüzünü aksettiren yâr, bütün âlemlerin dostu olan Allah sevgilisidir.

Esâsen mükevvenâtın kuruluşuna sebep, bilinme keyfiyetidir. Her canlı Hak Teâlâ'nın bir veyâ birkaç sıfatına mazhar olduğuna ve Yaradanın isimlerinden bir ismin sâhibi bulunduğuna göre kendi hakîkî adını ve sıfatını bilmeye, kendi mâhiyetini görmeğe gelmiştir. İnsana kendi kendini tanıtan, gösteren, bir ayna gibi rûhunun yüzünü aksettiren yâr, bütün âlemlerin dostu olan Allah sevgilisidir. O karşısına gelen tâlibin cevherini, rûhânî kıymetini istîdat ve mîzâcını tanır ve tanıtır; Hak tâlibine kendini tanıtması sâyesindedir ki derûnda mevcut olan Rabbânî nûra karşı meyil ve muhabbet başlar.

"Ah" muhabbetin özü,
nüvesidir. "Ah" aşkın lisânıdır.

Resûl-i Ekrem Efendimiz "Her mü'minin kalbinde gayb hazînesi vardır" buyurmuştur. Bilmelidir ki hazînenin anahtarı Hüdâ erinin elindedir. O mert, lûtfedip tâlibe nazar kılar da mârifetullâhı âşikâr eden mübârek elini kalbin kilidine vurursa derundaki sırlar bir bir zâhir olur; gönül incileri ortaya açılır. Gözyaşları dökülür, âh u enîn yükselir.. o ah ile benlik yıkılır, vîran olur...

Çünkü "ah" muhabbetin özü, nüvesidir. "Ah", aşkın lisânıdır. İşte aşka lâyık olup olmadığını, ilim ve akıl cihetiyle ne mertebede bulunduğunu, Hak yolunda nefsinin derecelerini aşıp hicaplarından kurtulduğunu gösterecek, yevm-i kıyâmette kim olduğunu tanıtacak, ahlâk-ı hamîdeye hâmil olmak husûsunda çalıştıracak ve terakkî ettirecek olan zâtın etrâfında olalım ve bilelim ki bütün ilimlerin rûhu kendini bilmektir.

YAKIN OLMANIN MES'ÛLİYETİ

Hazret-i Mevlânâ "Şükret ki Rabbânî bir âlim ve Hak'la zinde olan bir velî sana vurmadı; çünkü o kimseyi kalbi diri olan bir âlim reddederse onu hakîkatte Cenâb-ı Hak reddetmiştir. İşte o acı ve elemin geçmek ihtimâli yoktur" buyuruyor.

Hazret-i Pîr'in şu sözü karşısında aman demekten başka çâremiz yok. Amâna sarılırız zîrâ güvenilecek bir şey mevcut değildir. Yakın olanlar hakkında "Kurb-ı sultan, âteş-i sûzandır" denilmiş. Yakın olanın mes'ûliyeti çok mühimdir, zîrâ o gāyet müteyakkız bulunacak ve her demde Hak'la berâber olduğunu gören göze sâhip olacaktır.

Asıl rüyet, kalbin rüyetidir.
Kalp gözü açık olanın
elinde gaflet
oyuncak gibidir.

Zâtın birini taşlıyorlarmış. Herkes eline geçen taşı fırlatıyorken yakınlarından biri gül atmış, o anda feryat yükselmiş.

Bu feryâdın sebebini sormuşlar. "Görüyorsunuz ya, her tarafımdan kan fışkırdı ama hiç müteesir olmadım; beni avamın taşları hırpalamadı lâkin bilenin bir gülü incitti" diye cevap vermiş. Evet, bilen, yakın olup da Hak ilmine vukuf peydâ eden kimse ârif ve zarif olacak, incelikleri bilhassa tebârüz ettirecektir.

Asıl rüyet, kalbin rüyetidir. Kalb gözü açık olanın elinde gaflet oyuncak gibidir. Onun için irfan sâhibinin Hak'tan bir an gāfil olması Nebî'nin vârisinin onu reddettiğine işârettir.

Koca sultan Râbia'ya "Bize neden Peygamber'in etrâfındakilerden haber vermiyorsun?" diye sormuşlar. O da cevâben "Hak'tan baş alamıyorum ki etraftan haber vereyim?" demiş. Kendi mevhum vücûdunu yok eden erin varlığı Hak varlığıdır; binâenaleyh onun Hak'tan gayri hemdemi olamaz.

Mühim bir nokta şudur ki: Avam olsun, havas olsun, hiç kimsenin kalbini incitmemelidir. Yâhut bir kimsenin ayıbını yüzüne vurup da onu âlem içinde hacil mevkîe düşürmemelidir. Zîrâ o cemaatin içinde kimin şahsına tecâvüz ettiğimizi bilemeyiz. Allah muhâfaza etsin, hakāretimiz, aczimize rağmen o kibrimiz, bir veliye karşı gelirse bilelim ki bunun cevâbı Allâh'ın lâneti ve mutlakā reddidir.

HAKK'A FİRAR EDELİM

Hazret-i Ayşe'nin Muâviye'nin bir mektubuna verdiği cevap şöyledir:

"Resûl-i Ekrem'den duydum ki, bir adam, insanların rızâsını değil, rızâ-yı Bârî'yi kazanmağa çalışırsa Cenâb-ı Hak onu, insanların rızâsını kazanmadığından hâsıl olacak her şeyden siyânet eder. Fakat Allah rızâsını bir tarafa bırakıp da, insanların rızâsını tahsile çalışanları Allah da insanlara bırakır vesselâm."

Gâyet mühim bir noktadır: Şu dünyâ bir muhârebe meydanına benzer. Burada bir kimse rahat ümidiyle her nereye uzansa, bir kurşun, onun yaralanmasına hattâ ölmesine sebep olur. Dünyâ tahripkârdır ve ona bağlı insanlar vefâsızdır. Binâenaleyh her an müteyakkız bulunmak şart ve küçük bir gaflete kapılmamak esastır. Şu sûretle ki; Allâh'ın halvetgâhından gayrı sığınak yoktur. Bir cemiyet ki, kalben ve lisânen Allah der ve o topluluğun hedefi rızâ-yı Hak'tır, işte orası Allâh'ın halvetgâhıdır.

Eğer bizler Hakk'ın rızâsını talep ve ihtiyar ediyorsak; kendi menfaatimizi, halkın menfaati için fedâ ediyorsak, bize düşen vazîfeleri aslā ihmâl etmiyorsak, yâni bize en yakın olan nefsimiz düşmanını hükmümüz altına alabiliyorsak "Ben, beni seveni katlederim, öldürdüğümün diyeti de benim"[71] fermân-ı ilâhîsinin sırrı âşikâr olmuş demektir.

Artık gaflet içinde
yaşamaktan vazgeçelim.
Ve bizden maddî, mânevî
ne isteniyorsa onu bilelim.
Rızâ-yı ilâhî bunu îcap
ettiriyor. Harp bizim
içimizdedir. En büyük
düşman kendi benliğimizdir.

Fakat yaşamamızın esas gāyesini anlamak arzusunda bulunmuyorsak, bu hayâta her şeyimizle bağlanmış da yalnız dünyâ lezzetlerinin peşinden koşuyorsak, âciz insanların rızâsını ihtiyar ediyorsak, meselâ bir zâlimin gözüne girmek için, bir müstepitin yüzünü güldürmek için, mevkî koparmak için, ihtiraslarımıza kulluk etmek için, hakîkate sırtımızı çevirerek, tabasbus ederek, mürâîlik yaparak, fesat çıkararak, Hakk'ı tanımamakta ısrar ediyorsak, Allah da kıblemizi çeviriyor ve bizi bize bırakıyor, yırtıcı hayvanlardan daha korkunç olan, insaf nedir bilmez insanların eline bırakıyor.

Ne korkunç âkıbettir bu!

Hâlbuki Cenâb-ı Hak "Bizim hakkımızda mücâhede eden kimselere elbette biz yolumuzu hidâyet eyleriz"[72] buyuruyor. Müjde veriyor.

71 Hadîs-i kudsî
72 Ankebût Sûresi/69. âyet

Binâenaleyh artık gaflet içinde yaşamaktan vazgeçelim. Ve bizden maddî, mânevî ne isteniyorsa onu bilelim. Rızâ-yı ilâhî bunu îcap ettiriyor. Harp bizim içimizdedir. En büyük düşman kendi benliğimizdir. "Allâh'ı unuttular, Allah da onlara işlerine yarayacak şeyleri unutturdu"[73] âyet-i kerîmesini göz önünde bulunduralım. Cihâd-ı ekber için çalışalım; o cihâdın üç esâsı vardır:

1- Nefse muhâlefet
2- Tövbe
3- Hakk'a firar

Bu üç esâsı tanıyalım; ilmen bilmek bir şey ifâde etmiyor, bizzat tanımak lâzımdır.

Nefs rahat ister, zevk ister, hâkim olmak ister; işte bunlara muhâlif olmalıdır. Hatâlardan kalben rücû etmek sûretiyle tövbe etmelidir.

Ve vücûdu olmayan halktan vücûdu dâim ve bâkî olan Allâh'a firar etmeli, yâni Hakk'a teveccüh eylemelidir.

73 Bkz. Haşr Sûresi/19. âyet

Zıt, zıddıyle âşikârdır.
Cehil ilmi, ölüm bekāyı,
zulmet nûru tecellî ettirir.
Câhil olmasa idi âlim
bilinmeyecekti. Şüphesiz ki
bir câhil de bu âlemde bir
vazîfe ile vazîfedâr.

HAZRET-İ MÛSÂ'NIN CEVÂBI

Firavun şöyle soruyor:

- Sizin Rabbiniz kimdir ya Mûsâ?

- *Kāle Rabbünellezi a'tâ külle şeyin halkahu sümme hedâ*[74] yâni bizim Rabbimiz öyle bir Allah'tır ki, herkese lâyıkını vermiş ve herkesi hilkatinin îcâbı olan o yola sevk etmiştir.

İşte Hazret-i Mûsâ'nın cevâbı budur. Hakîkati düşünen için îtirâza mahâl yoktur; zîrâ bir şakî, bir âsî, bir münkir de Allâh'ın azametini tecellî ettirmektedir.

Ehlullahtan bir zat hakkında diğer bir zâta "Nasıl bilirsiniz?" diye sormuşlar: "Ben onun büyüklüğünü, aleyhinde bulunanların çokluğundan anladım" demiş.

Evet; zıt, zıddıyle âşikârdır. Cehil ilmi, ölüm bekāyı, zulmet nûru tecellî ettirir. Câhil olmasa idi âlim bilinmeyecekti. Şüphesiz ki bir câhil de bu âlemde bir vazîfe ile vezîfedardır. Resûl-i Ekrem Efendimiz "Ahmaklar olmasa dünyâ harap olur" buyuruyor. İşte âşikâr bir hakîkat; herkes dünyanın fânî bir diyar olduğunu, dünyâ hayâtının pek muvakkat, pek kısa ömürlü bulunduğunu tam mânâsıyle müdrik olsa onun îmârına çalışır mı?

74 Tâhâ Sûresi/50. âyet

Tuhaftır ki bir cenâze arkasından giderken dahî çekişmeler olur, hîleler düşünülür ve hep menfaat için türlü yalanlarla uğraşanlar, berikinin ayıbiyle meşgûl olanlar pek çoktur. İnsan önündeki ölüyü görüyor; ama görmüyor işte, bakar kör gibi...

Evet abes yoktur, fenâdan fenâ, iyiden iyi zuhûr edecek ve herkes hilkatinin îcâbı olan yolda yürüyecektir.

Sâdî-i Şîrâzî'nin dediği gibi "Bu yedi iklimi yaratan Allah herkese lâyıkını vermiştir; gördüğün kediye acır da bunun neden kanadı yok dersen, bil ki onun kanadı olsa idi yeryüzünde serçe kuşunun tohumu kalmazdı."

Zâten edebin bâtınî iki şubesi vardır; birincisi abes bir şey görmemek, ikincisi kalben sükûta varmaktır. Hiç şüphesiz îtirazlar da, mahdut olan şu aklın akl-ı küllü idrâk edememesi sebebiyle hikmet-i Hüdâ'ya karşı son derece âciz olmasından ileri gelmektedir. Tuhaftır ki insan bu aczi düşünmez de vâkî olan şeyleri beğenmemek husûsunda ısrar eder durur. Mademki bu hikmete akıl erdiremiyoruz, bâri susalım.

Resûl-i Ekrem'in "Ya hayır söyle ya sus" hadîs-i şerîfi, bizim bu Nebî emrini hâl etmemiz içindir.

BİZE DÜŞEN VAZÎFE

Hazret-i Pîr Ahmed er-Rifâî buyuruyorlar ki: "İnsan, mükevvenâtın taallukundan yüreği saf ve temiz olduğu hâlde kendi nefsinde diğerlerinden bir fark ve bir meziyet görmeyendir. Mâsivâya nazardan müberrâ ve pâk olan kulların hep ahlâkı böyledir."

Ey Hak tâlibi! Bize gelince, bu kelâm-ı âlîden alacağımız bir ibret vardır ki, o da kendi nefsimizi herkesten ve her şeyden ednâ görmek ve buna tevâzû olsun diye değil, hakîkat tecellî etsin diye böylece îman etmek keyfiyetidir. Zîrâ sîneleri pâk ve sâf olanlar kendilerinde bizim gibi âcizlerden ayrı bir meziyet görmezlerse, onlar o âlî derecelerinden bizim derecelerimize tenezzül edip de kendilerini bizlerle kıyas ederlerse, işte bu bize en büyük ibret ve edebi gösteren bir işâret olur.

Bu nâmütenâhî ilâhî feyz içerisinde, lûtf-ı inâyet sâyesinde, ne kadar yol alınsa o yol o kadar genişler, o derecede açılır ve yükselir. Hazret-i Mevlânâ "Birâder, harîm-i ilâhî nihâyetsiz bir dergâhtır. O dergâhta her nereye vâsıl olursan oyalanma, Allah rızâsı için ileri git" buyuruyor.

Binâenaleyh yüreği mâsivâdan pâk olanlar, celâl ve cemâli birleyen zât tecellîsi ile yükseldikçe bir an evvelki derecelerini görüp de bu yerde ilişip kalmamak iştiyâkı ile yana yana ilerlerler ve içinde bulundukları mevkîleri az görürler ki onların kendilerini bizlerle kıyâs-ı nefs etmeleri işte bu doymamazlık netîcesidir.

Şu hâlde biz bu hakîkatı görüp kendi âciz mevkîimizi dâimâ nazar-ı itibâre alarak sükûtu tahsil etmeye çalışmalıyız. Yâni herkesi bizden ileri bilerek bize düşen vazîfe üzerinde ehemmiyetle durmalıyız ki o da sînemizde kurulmuş, oturmuş olan nefs-i yezîdin ıslâhıdır.

Nefsi müslüman eden
muhabbet, Hakk'ın rızâsına
âit bütün irfânı bildiren
bir muallimdir. O muallim
sîneyi pâk ve sâf eder.
Gönlü pâk olan kimse de
edebi ihtiyar eder.

Câhil ve maksûda engel olan, gayrullah olan benliğimizdir, nefsimizdir. Fakat terakkî eden kimsenin nefsi ruh olur. Aynı zamanda ona hakîkî akıl derler ki o akıl insana, var olanın, dâim ve bâkî duranın, fâil-i mutlâkın vechini âşikâr kılar.

TERAKKÎ VE TEKÂMÜL

Hazret-i Mevlânâ buyuruyorlar ki: "İnnâ a'taynâke'l-kevser"[75] sûresini okudun mu? Eğer okudunsa ve kevserden murad ne olduğunu bildinse, niçin kuru dudaklı ve susuz kaldın? Bu dünyâda ilm ü amelden olan hayrı içmen lâzımdır. Tâ ki Allah âliminin kalbi havuzundan ilim ve mârifet kevserini can ağzı ile içip mâsivâyı unutasın!..."

Görüyoruz ki Hazret-i Pîr mutlak ve mutlak gözlerimizin üzerindeki kalın perdeleri yırtmamız îcap ettiğini bildiriyor. Gönüllerimizdeki zulmeti bertaraf etmemizi emrediyor. Niçin? Nûra kavuşmamız için...

Meselâ bir odanın içindeki bütün eşyâ gece karanlıkta bizce meçhûldür. Fakat elektrik düğmesini çevirirsek odanın içindekiler bizce mâlûm olur. Bütün meçhûllerin başında varlığımız meçhûlü gelmektedir. İnsan kendisini anlamayı bırakıyor da hâriçteki meçhûllerle meşgûl oluyor.

Hâlbuki Hazret-i Ali "Ey İnsan! Âlem-i kebîr sende gizlidir" buyuruyor.

Kâinatta ne mevcutsa kendisinde var olan insan için; kendi varlığının düğümünü çözmek, elektrik düğmesini çevirmek gibi bütün meçhûlleri aydınlatıverir.

75 Kevser Sûresi/1. âyet: "Biz sana kevseri verdik."

Fakat ne yazık ki biz, kendimizin yabancısı, kendimizin gâfiliyiz. Hazret-i Pîr'in "Aradığın bizzat kendindir" kelâm-ı âlîsini cihan okumuş ve fakat tatbikatta kendi varlığı ile kaç kişi alâkadar olmuştur? Bu hakîkat sözü Kitâb-ı Mübînde "Âdem'e rûhumdan ruh üfledim"[76] emr-i celîline işârettir.

İncelik yâni irfan, hakîkî müslümanda bulunması elzem olan esastır. Eğer ilm-i lâ ilâhe illallah'ı tahsile koyulacak olursak, mâsivâ hükmünü icrâ edemez. Yâni bizim gözlerimize perde üstüne perde çekemez!

Her şeyin bir kâr için tertip edilmiş olduğu bilinen bu âlemde, insan tesâdüfen mi bulunuyor? En ufak bir cismin dâhi bir mânâsı var iken insan mânâsız mı yaşıyor?

Akıl ve idrâk mertebesinin bu ilk soruları gafleti ref etmektedir. İş, o aklı, bu esas vazîfesi olan cihete işletmektedir.

Zâhirî ilimlerin cümlesiyle iştigal etmiş olan bir âlimin günün birinde çıldırması ne acı olur değil mi?

Yâhut küçük bir zaafı yüzünden ruh hürriyetine kavuşmaması, hakîkatini bulmadığı için şu süflî âlemden kurtulamaması ne elîmdir değil mi?

76 Bkz. Hicr Sûresi/29. âyet ve Sâd Sûresi/72. âyet

İşte hakîkî ilim ve asıl irfan kendini bilmek esâsına dayanır ki; terakkî ve tekâmülün esas mânâsı o zaman tecellî eder. Aksi hâlde her şeyi bilen fakat kendinden haberdar olmayan kimsenin zâhirî rütbeleri bir tekâmül misâli değildir. Milletlerin refah ve saadeti kitlenin ahlâkî ve vicdânî selâmetindedir. Binâenaleyh îtibârî rütbeler tekâmül yolunda hakîkat alâmetleri değildir. Bütün güzellik, tevhid ilmine âgâh olup kendi varlığı meçhûlünü nûr-ı ilâhî ile aydınlatarak diğer ilimlerin de "lâ ilâhe illâllah" ilmi için birer basamak olduğunu anlamaktadır. Esâsen kendi rûhunun hüviyetine âgâh olan kimsenin câhil kalması aslā vârit olamaz; cehil, Allah'tan gāfil olmaktır. Allâh'ı bilmek ise hâl ilmi ile mümkün olur. Bu biliş, varlığımız düğümünü çözmektir ki bu esas keyfiyetin vâkî olabilmesi için, rûhî tekâmül sistemine riâyet edip içten bir cihada girişmek, netîcede ruh ve kalbi, nefs üzerine hâkim kılmak şarttır.

Hülâsa-yı kelâm; rûhunu yâni kendi varlığının hüviyetini bilen, nefsinin âmiri olur. O kimse şu âlem seferini tekmil etmiş demektir. İşte onun tekâmülü hakîkî tekâmül ve esas terakkîdir.

Gönüllerimiz ve gönüllerimizin
kıblesi, teveccühü,
senin cemâlin olsun!...

EY SETTAR VE GAFFAR

Bir gün Hz. Mûsâ münâcâta giderken karşısına biri çıkar ve "Yâ Mûsâ, söyle Allâh'ına ben onun kulluğundan çıktım, rızkımı da kessin vermesin" der.

Fakat Hz. Mûsâ teeddüp ederek Cenâb-ı Hakk'a bunu arz edemez.

Cenâb-ı Hak şöyle buyurur: "Yâ Musâ, o kuluma söyle ki; o istese de ben onu kulluğumdan çıkartmam ve rızkını da kesmem, çünkü ben rezzâkiyet sıfatı ve rubûbiyet nimeti ile âlemlere tecellî kılmışım!.."

Yine bir gün Hz. Mûsâ "lebbeyk" hitâb-ı izzetine müyesser olunca, "Yâ Rabbî! Sen azîm, celîl olan bir Allâhuzü'l-celâl'sin, benim gibi âciz bir kuluna 'lebbeyk' demekle cevap buyuruyorsun, bu ne hikmettir?" diye soruyor, Hak Teâlâ "ben, Yâ Rabbî diye münâcâtta bulunan her kuluma 'lebbeyk' demekle cevap veririm" buyuruyor. Hz. Mûsâ "Yâ Rabbî! Bu ihsânın mutî olan her kulun için midir?" diye sorunca, Hak Teâlâ "Belki bilcümle günahkâr kullarım içindir" buyuruyor.

Bunun üzerine Cenâb-ı Mûsâ taaccüp ederek "Sana mutî kulların tâat ve ibâdetlerinden dolayı lûtf-ı âlîne mazhar olsunlar! Ya günahkâr kullarının lûtf u keremine mazhariyeti ne vechile olur?" diyor. Buyuruluyor ki "Yâ Mûsâ! Eğer ben, bir muhsine ihsanından dolayı mükâfat ve bir günahkâra da kötü işine mukābil mücâzat verecek olursam benim cûd u keremim nerede kalır?"

Ey ellerini kaldırıp boyunlarını bükerek isyanlarını îtiraf edip, niyaz edenlerin destgîri ve âmânı olan Allah!

Ey Settar ve Gaffar! Kullarının hatâ ve kusurları senin deryâ-yı mağfiretinde örtülür. Sen fazlın ve yağmurlarından rahmet yağdıran öyle bir Kerîm'sin ki mâsivâ şerbetini içip, içindeki zehirle zehirlenmiş olan kalbleri bir anda yıkar, pâk eder; onları feyz-i ilâhînle besler ve o gönüllerin kurdukları mânevî sofralarda aç ve yanık sîneleri doyurursun.

Yâ Rabbî! Benlik dâvâsı ile yola çıkmış biz zavallı kulların "bir"i iki gören birer şaşıdan ibâretiz. Fakat merhamete şâyan olan bu mânevî marizlerine şifâ ihsan edecek ve onları bu vehimden kurtaracak tek mûcize; senin cûd u keremindir.

Ey "Rabbenâ zalemnâ enfüsenâ"[77] diyenlerin edebini seven Allâh'ım! Gönüllerimizi edep ve muhabbetin bağı ile bağla! Kalplerimizden mânâ ve mârifet ummanına yol aç!...

Gönüllerimiz ve gönüllerimizin kıblesi, teveccühü, senin cemâlin olsun!...

Ey Hak tâlibi! Mutlakā edebin hakîkati hakkında zâhir ve bâtın edebe âit bildirilen esasları anlamamız îcap ediyor. Kemâl yolunu bir meş'ale gibi aydınlatan edep nûru ile nurlanmamız lâzım geliyor. Aksi halde mânen yol almak imkânı mevcut değildir. Zulmette önümüzü görmek nasıl kābil olsun?

Zâhir edep, Allâh'ın emrine itaat etmek ve nehyinden çekinmektir.

77 A'râf Sûresi/23. âyet: "Ey Rabbimiz, biz nefislerimize zulmettik..."

Bâtın edep, hayvânî sıfatlardan kurtulmak, kötü huyları atıp iyi huylarla me'lûf olmak, her yüzde Hakk'ın tecellîsini görüp olan şeylere ve işlenilen işlere kalben îtiraz etmemek, herhangi bir şeye hakāret gözü ile bakmamak, eli ile dili ile kimseyi incitmemek, herkesin rahatını düşünmek, kendi istirahatini muhtaç olanlara bağışlamak, gönlü gıll ü gıştan pâk etmek, abes bir şey görmeyip, hırs ve hiddetten berî olmak, cümleye Cenâb-ı Hak'tan af ve âfiyet dilemek, emr-i ilâhî ve tîğ-ı Rabbânî sîneyi de delse Hakk'a rızâ ile teslim olmak, emrolunduğu gibi kazâya rızâ gösterip şikâyet yerine şükretmek, halkın cevrini, eziyetini, mücâhede-i nefs addetmek, bir kimsenin ayıbını yüzüne vurmamak, onun ayıbını kendi ayıbıymış gibi görmek, nefsin arzusunu vermemek, dâimâ kötü arzulara muhâlefet etmek, vakti zâyi etmeden nefsi bilmeye çalışmaktır.

Görülüyor ki bir kimse, zâhir ve bâtın edep sâyesinde mecâzî hayattan kurtulup hakîkî hayâta; cennet-i irfâna dâhil olmak hakkını kazanıyor. Çünkü edebin hakîkati gafletten kurtulmaktır. Gaflet kalkınca da cemâlullah müşâhede edilir.

Uluvv ü kadrini kendin bilirsin
Bilirsin kendini kendin İlâhî

LÛGATÇE

A

Abd: Kul

Abes: Boş, lüzumsuz, işe yaramayan.

A'dâ: Düşmanlar.

Aduvv: Düşman.

Âgâh: Bilen, uyanık

Ağyar: Yabancılar. Hak'tan gayrı şeyler, mâsivâ. Dost olmayanlar.

Ahadiyet: Birlik, teklik. Tasavvuf ıstılâhı olarak, ahadiyet bir şeye nisbeti olmadığı, diğer bir şeyin de kendisine nisbeti tasavvur olunmayan, Allâh'ın isim ve sıfatlarının başlıcası.

Âh-ı Suzân: Yakıcı ah.

Ahd-ı Peyman: Söz verme, sözünde durma.

Âhır: En son.

Ahlâk-ı seniyye: Yüce ahlâk.

Âkil: Akıllı.

Âlâ: En iyi, en üstün.

Âlem-i şuhud: Görünen âlem.

Alenî: Açık, meydanda.

Âmâde: Hazır.

Âmâl: İstekler, ameller, işler.

Amel: İş, fiil.

Âmil: İlgili, sebeb olan, işleyen, yapan.

Ârıza: Bozukluk.

Ârî: Katışık olmayan, herşeyden temizlenmiş.

Ârif: İrfan sâhibi. Dış bilgilerden çok iç ilmini, yâni aşkı ve sezgi yolu ile Allâh'ı ve gerçeği bilen insan.

Ârifâne: Ârif olana yakışacak şekilde.

Âsâr: Eserler, izler.
Âşikâr: Açık, görünen.
Âşinâ: Tanışık.
Atâlet: Tenbellik, ağır hareket etme, hareketsizlik.
Atfetmek: Meyl etmek, birinin adına yüklemek.
Avam: Halk tabakası, irfan sâhibi olmayan kimseler.
Âvaz: Haykırış.
Avdet: Geri dönmek.
Ayân: Açıkça belli olan, görünen.
Âyân-ı Sâbite: Tasavvufta, varlıkların vücut bulmadan önce ilm-i ilâhîde sâbit olan sûretleri.
Âyât: Âyetler.
Ayne'l-yakîn: Görerek vücûda gelen yakınlık. Müşâhede ve keşif yoluyla hâsıl olan ilim.
Azamet: Ululuk, büyüklük.

B

Bab: Kapı, medhâl, giriş.
Bahr-ı umman: Derin deniz, açık deniz, okyanus.
Bârî: Allah. (Rızâ-i Bârî: Allah rızâsı.)
Basar: Göz.
Basîret: Gönül gözü ile görmek, iç yüzünü görüp anlama, sezmek, sezgi yoluyla hakîkata varma.
Bast: Kalbe gelen ferahlık, rahatlık.
Bâtıl: Yanlış olan, boş, Hak olmayan.
Bâtın: İç, öz.
Bâtınen: Dâhilen, içinden olarak.
Bedel: Karşılık, bir şeyin yerine geçen.
Bekâsız: Kalıcı olmayan.
Belî: Evet.
Beliğ: Güzel ve inandırıcı söz.
Bend olmak: Bağlanmak.
Berî: Uzak kalmak, işe karışmamak, sâlim, kurtulmuş, temiz.
Bertaraf etmek: Bir tarafa bırakmak.
Beşer: Derinin dış yüzü. İnsan.
Beşeriyet: İnsanlık.

Bezletmek: Bol bol vermek, saçmak.

Bilâ kayd u şart: Şartsız, hiçbir kayda bağlı olmadan.

Bizzat: Kendisi, vekilsiz aracısız.

Burak: Hz. Peygamber'in Mi'râc'a giderken bindiği binek.

C

Câmid: Donuk.

Cebbar: (Esmâ-i Hüsnâ'dan), çok cebredici, dilediğini yaptırmaya gücü yeten. Güç-kuvvet sahibi.

Ceberut: Ululuk, cebbarlık, büyüklük, Allâh'a yakışan ululuk. (Kul için, kibir ve azamet)

Cehd etmek: Gayret göstermek, çalışmak

Celâl: Büyüklük, yücelik, ululuk, öfke. Allâh'ın sıfatlarından, Allâh'ın azameti, yüceliği, kahrı, gazabı.

Celîl: En yüksek, en üstün mertebe, en yüksek makam.

Celîle: Büyük ulu.

Cemâdat: Taş, toprak, mâden gibi cansız addedilen cisimler.

Cemâl: Güzellik. Allâh'ın güzelliği, lûtfu.

Cem etmek: Bir araya toplamak.

Cezbe: Çekiliş, çekme, kendinden geçme hâli.

Cihad: Din ve îman uğruna mücâdele, savaş.

Cismânî: Cisme âit olan.

Cûd: Cömerdlik. (Cûd u kerem: İkrâmın çokluğu cömertliği.)

Cûşâ gelmek: Heyecanlanıp coşmak.

Cüdâ: Ayrı ayrı düşme.

Cünûn: Delilik, aşkın gelmesi. Seyr-ü sülûkta coşkunluk safhası.

Cüz: Parça, kısım.

Cüz'î: En az, en ufak. (Cüz'î irâde: İnsan irâdesi.)

Ç

Çeşm: Göz. (Çeşm-i âşık: Âşıkın gözü.)

D

Dâim: Devamlı.

Delâlet: Deliller, yol göstermeler.

Debrenmek: Direnmek, kımıldamak, çırpınmak.

Derun: İçi, içinde. İç âlemi.

Deryâ: Deniz, denizler.

Desîse: Hîle.

Deyr: (Mecâzen dünyâ) Kilise, insanlık alemi, dünyâ.

Dîğergâm: Kendisinden evvel başkalarını düşünen.

Diyet: Kan bahası karşılığı.

Dûçâr olmak: Tutulmak, uğramak, yakalanmak.

Dûzah: Cehennem.

Dünyâperest: Dünyâyı seven, yaşamayı seven.

E

Ebed: Sonsuzluk, sonu olmayan, devam eden.

Ecr: Âhiret mükâfatı; ücret, bir iş, hizmet karşılığında verilen şey.

Ednâ: En aşağı, en alçak.

Ef'al: Fiiler, işler, ameller, davranışlar.

Efdâl: En iyi, en faziletli, en üstün olan.

Eflâk: Felekler.

El'an: Şu anda, hâlen.

Elest: Allâh'ın ruhları yaratıp "Ben sizin Rabbiniz değil miyim?" buyurduğu zaman. Yaradılışın başlangıcı.

Elîm: Acıklı, keder veren.

Enîn: İnleme, sızlama.

Enâniyet: Bencillik.

Enbiyâ: Peygamberler, nebîler.

Envar: Nurlar, en parlak nur, ışıklar, aydınlıklar.

Erbab: Usta, uzman.

Ervah: Ruhlar.

Esmâ: İsimler (Allâh'ın isimleri)

Evvelemirde: İlk önce.

Ezâ: Cefâ, zahmet.

Ezcümle: Bütünün biri, özeti.

Ezel: Yaradılıştan beri başlangıcı olmayan zaman.

F

Fâil: İşi yapan. (Fâil-i Hakîki: Allah.)

Fânî: Geçici, yok olucu, fenâ bulan, ölümlü.

Fâriğ': Ferâgat eden, vazgeçen.

Fehm etmek: Anlamak.

Felâh: Kurtuluş, iyiliğe kavuşma.

Ferâgat: Hakkından kendi isteği ile vazgeçmek, el çekmek.

Feri': Esasa âit olmayan ayrıntıda kalan yan dallarla ilgili, ikinci derecede.

Fikren: Düşünme yoluyla.

Firak: Ayrılık.

Firar: Kaçma.

Feyyaz: Feyizli, bereketli olan.

Feyz: Bereket bolluk, kemâl bulma. Mânevî saadete erme.

Feyz-i ilâhî: İlâhî feyz.

Figan: Feryat etme, inleme.

Firâk-ı nâr: Ayrılığın ateşi.

G

Gaflet: Dalgınlık, dikkatsizlik, tasavvufta Hakk'ı unutma.

Gaffar: Affeden. (Allâh'ın affeden sıfatı.)

Ganîmet: Harbden sonra elde edilen mal. Çalışmaksızın elde edilen şey, emeksiz kazanç.

Garaz: Maksat, niyet, kötü niyet, düşmanlık. Garazsız-ivazsız: Hiçbir karşılık beklemeden, hiçbir maksat gütmeden Allah rızâsı için yapılan iş.

Gayb-ı hüviyet: Şahsiyetini, benliğini kaybetme.

Gayrullah: Allah'tan uzak kalmak, Allâh'ı tanımamak.

Gazap: Öfke, kızgınlık, hiddet.

Gızlet: Galiz, kabalık, edepsizlik.

Gıll u Gış: Gizli kin ve kötü düşünce. Gış, aldatma, hîle. Kin ve hîle.

Gussa: Keder, kaygı, tasa, üzüntü.

H

Habib: Sevgili, sevilen, Allâh'ın sevgilisi Hz. Muhammed.

Hacil (Hecil): Utanmak, utanmış olmak.

Hâiz: Taşıyan, mâlik, sahip.

Hakke'l-yakîn: Yaşayarak bilme.

Hâl ilmi: Vecd hâli, ruh ve kalbi nefis üzerine hâkim kılma ilmi.

Halâs: Kurtulma, kurtuluş.

Hâlet: Hâller.

Hali'a: O halde bulunan, hâlen.
Hâlık: Yaradan, halk eden, Allah.
Halvetgâh: Yalnız kalınan, kendi kendine kalınan yer.
Hamide: Hamda lâyık, övülmeğe değer. (Ahlâk-ı hamîde: En üstün ahlâk.)
Hâmil: Yüklenmiş olan.
Hasbî: İşi gönüllü olarak karşılık ve menfaat beklemeksizin yapma.
Hasenât: Hayırlı güzel iş.
Haşmetli: Büyük, gösterişli, heybetli olmak.
Haşr olmak: Toplanmak.
Havas: Toplumun aydın kısmı, şeçkinler.
Havf: Korku.
Hay: Diri olma, hayat sâhibi, hayâtı dâim olan.
Hayâlât: Hayâller.
Haysiyet: Şeref, onur, îtibar.
Haz: Zevk duyma, hoşa gitme.
Heft: Yedi.
Helâk Olmak: Bitkin ve harab olmak, ölmek, yok olmak.
Hemdem: Çok samimi arkadaşlık eden, canciğer arkadaş.
Hemdem: Çok samîmî arkadaşlık eden, canciğer arkadaş.
Hicap: Perde, iki şeyi birbirinden ayıran, engel.
Hicret: Göç.
Hidâyet: Doğru yolu gösterme. Dinde, îmanda doğru yol, Hak yolu.
Hidâyet: Doğru yolu gösterme, dinde îmanda doğru yol, Hak yolu.
Hikmet: Üstün akıl, bilgi ve sezgi ile söylenen özlü sözler, sırları çözen ve belirleyen sözler.
Hilâf: Aykırı olan, yalan, zıt.
Hil'at: Takdir ve mükâfat olarak giydirilen elbise, kaftan.
Himmet: Gayret, çalışma, mânevî yardım, destek.
Hudâ: Allah.
Hulk: Yaratılış, huy, tabiat.
Hulûs: Hâlislik, doğruluk. Yalan ve hîleden uzak olma, samimiyet.
Huşû: Kendi hiçliğini hissetme, derin hürmet ve çekinme.
Husûl bulmak: Hâsıl olmak, meydana gelmek.
Hüccet: Delil.
Hüdâ: Allah, Tanrı.
Hüsün: Güzellik.

Hüveydâ: Meydana çıkmak, apaçık belirmek, görünmek.

Hüvviyet: Şahsiyet, kimlik.

İ

İblis: Şeytan.

İptilâ: Alışkanlık, fazla düşkünlük, tutkunluk, fazla bağlanma.

İfnâ: Yok etme.

İfsat: Fesat çıkarma, bozma.

İhâta: Etrâfını çevirme, kuşatma, içine alma.

İhlâl: Halel verme, bozma, sakatlama.

İhlâs: İçi dışı bir olma, hâlis olma.

İhsan: Vergi, bağış. Her an Allâh'ı görüyormuş gibi davranma.

İhtilâf: Anlaşmazlık, farklılık, ayrı ayrı olma.

İhtivâ: İçine alma, içinde bulundurma.

İhtiyârî: İsteğe bağlı, mecbûrî olmayan.

İkâz: Uyarma, dikkate çağırma.

İksir: Hassaları çok kuvvetli olan madde. Ölümsüzlük suyu (Mecâzî mânâda).

İktibas: Bir yerden çıkarıp almak, bir kelimeyi veyâ cümleyi, fikri bir yerden alma.

İktifâ: Kâfî görme, yetinme, kanaat etme.

İktizâ: Lâzım gelme, gerekme, işe yarama.

İlkā: Bırakma, terk etme.

İlme'l-yakîn: İlimle bilme, teorik olarak bilme.

İltizam: Lüzumlu sayma. Birinin tarafını tutma.

İmtinâ: Çekinme.

İmtiyaz: Başkalarından farklı, üstün olma.

İnâyet: Yardım.

İnbisat: Genişleme, açılma, iç ferahlığı, iç genişliği.

İnfak: Nafakalandırma, yedirip doyurma, geçindirme.

İnfisâl: Ayrılma, yerini bırakıp gitme, yerini boşaltma.

İnkisar: Kırılma, gücenme, bedduâ.

İnkiyad: Emirlere uyan, boyun büken, emirlere sıkıca bağlanan.

İntaç: Netîcelendirme, sonuçlandırma.

İntibah: Uyarma, uyandırma. Bilinçli olma.

İntikal: Bir yerden bir yere geçme.

İnzivâ: Bir köşeye çekilip yalnız kalma, dünyadan el etek çekme.

İptidâ: Başlangıç.

İrâdat: İsteğinde kararlı olma.

İrşat: Doğru yolu gösterme, sevketme. Hak yolunu gösterme.

İrtikâp: Kötü bir şey işleme, yiyicilik, rüşvet.

Îsâl: Ulaştırma, gönderme.

İsnat etmek: Herhangi birine dayandırmak.

İstîdat: Kābiliyet.

İstifham: Sorma, sorup anlama.

İstiğfar: Allah'tan af dileme, bağışlanma dileme.

İstiâb: Kapasite. İçine alma, içine sığma.

İstikāmet: Doğruluk, doğruluğa yönelme, doğru yolda olma.

İstisnâ: Seçilmiş, ayrılmış, kural dışı tutulmuş.

İştiyak: Çok özleme, hasret duyma.

İşvebaz: Naz edici, edâlı.

Îtiyat: Âdet edinme.

İttihaz: Öyle kabul etme, öyle sayma, îtibâr etme.

İttisâl: Birleşme, katılma, kavuşma.

İvaz: Bir şeye bedel olarak verilen.

İvazsız: Karşılıksız, menfaat beklemeden.

İzaz: İkram. Ağırlamak, şeref duyarak ikramda bulunmak.

İzzet: Yücelik, ululuk. Değer, kıymet.

K

Kāim: Birinin yerini tutan, birinin yerine geçen.

Kahhar: Kahredici, yok edici, kendisine karşı direnilmesi mümkün olmayan (Esmâ-i Hüsnâ'dan)

Kāmet: Boy, bos.

Kâşâne: En güzel mahâl, oturulacak ev, köşk, mâlikâne.

Kat etmek: Mesâfe almak.

Katre: Damla, zerre.

Kazâ: Allâh'ın takdirinin oluşu.

Kâzib: Yalancı, aldatıcı.

Kemâkân: Her zaman olduğu gibi.

Kemâl: Olgunluk.

Kerîm: Kerem sâhibi, cezâlandırması mümkün iken affeden, cömertlik gösteren.
Kesbetmek: Kazanmak, çalışarak elde etmek.
Kesret: Çokluk.
Kevser: Cennet suyu. Bereket, maddî-mânevî bereket.
Keyfiyet: Nitelik.
Kıyas: Karşılaştırma, mukāyese etme.
Kibriyâ: Allâh'ın büyüklüğü, ululuğu, yüceliği.
Kiram: Temiz soylu olan kimseler, makbûl insanlar, şerefliler, ulular.
Kuddise sırrehu: Sırrı mukaddes olsun.
Kurb: Yakın olma.
Kuvvâ: Kuvvetler, güçler.
Küll: Bütün.
Küllî irâde: ilâhî irâde. Herşeyi kavrayan irâde. Allâh'ın irâdesi.

L

Lâfız: Söz.
Lafza-i Celâl: Allah sözü.
Lâmekân: Mekânsız, mekânı olmayan.
Ledün: Allah yanı. (İlm-i Ledün: Allah katına yaklaştıran bilgi. Gayb ilmi.)
Leşker: Asker.
Leziz: Çok lezzetli.
Libas: Giyilecek şey, elbise.
Likā: Yüz, çehre.
Liyâkat: Lâyık olma, olgunluk ve yeterlilik kazanma.

M

Mahbup: Sevgili, sevilen.
Mahbûb-i ilâhî: Allâh'ın sevgilisi.
Mahdut: Hudutlanmış, sınırlı.
Maîşet: Geçinme, yaşama.
Maksut: Kasdedilen, niyet edilen, istenilen şey.
Mâkūlât: Akıllıca olanlar.
Marazî: Hastalıklı.

Mariz: Hasta, hastalıklı.
Ma'ruf: Tanınan, meşhur.
Mâsîvâ: Allah'tan gayri olan.
Mâsum: Suçsuz, günahsız.
Maşrık: Güneşin doğduğu taraf.
Mâşuk: Sevgili, sevilen, âşık olunan. Îlâhî aşka mazhar olanın âşık olduğu varlık, Allah.
Matlup: Talep edilen, istenilen aranılan şey.
Mazhar: Zuhur yeri, tecellî yeri, bir şeyin göründüğü, meydana çıktığı yer.
Mazhariyet: Nâil olma, bir yüceliğin bir kimseye tevcih edilmesi, verilmesi, elde etme, şereflenme.
Mazlûm: Zulüm gören, zulme mârûz kalan.
Mebzul: Bolluk, çok bol.
Mecaz: Bir kimsenin kıymet ve değerini tayin etmek.
Meclûb: Celbedilmiş, çekilmiş, tutkun.
Mefhum: Kavram, anlaşılan.
Meftun: Büyülenmiş derecede sevmiş, beğenmiş, tutkun.
Mekr: Hîle.
Memat: Ölüm, ölmek.
Menzil: Varılmak istenen yer.
Merâtip: Mertebeler, dereceler.
Merdan: Merdler. Dervişler (Mecâzî mânâda).
Meşbû: Doymuş, dopdolu.
Meşrep: Yaradılış, tabiat, huy, mizaç.
Metâ: Mal, kıymetli eşyâ, satılacak mal.
Metafizik: Fizik üstü, düşünülen.
Mevhum: Vehm edilen, aslı esâsı yokken zihinde kurulmuş olan, kuruntu.
Me'vâ: Sığınacak yer, yuva.
Mevud: Va'dedilmiş, sözverilmiş.
Mezhep: Tutulan yol.
Mezuniyet: İzinli olmak.
Mezellet: Alçak, aşağılık.
Mir'at: Ayna.
Mihenk: Ayar ölçmeğe yarayan taş.
Mihnet: Zahmet, eziyet.
Mihrak: Odak noktası. Fikirlerin birleştiği nokta (Mecâzî mânâda).

Miyar: Ayar, ayar ölçüsü.

Misâl âlemi: Bu cisimler âleminde bulunan her şeyin aslının mevcut olduğu âlem.

Muâfiyet: Bağışıklık, affedilmiş olma.

Mugayir: Aykırı, başka türlü.

Muhâfız: Hıfz eden, koruyan.

Muhâl: İmkânsız, olması asla mümkün olmayan.

Muhâlefet: Karşı gelme.

Muhâtara: Tehlike, zarar ziyan.

Muhit: Etrafını almak, çevirmek. Bulunduğu yerin çevresi.

Muhsin: İhsan eden, iyilikte ve bağışta bulunan, kerem sahibi.

Mukayyet: Kayıtlı, bağlı.

Mukteză: Lüzumlu, gerekli, îcap eden

Muntazır: Hazır bekleyen, intizar eden.

Murâd: İstenilen, istek.

Musîbet: Belâ, sıkıntı.

Mutâbık: Uygunluk, uyan.

Mutasarrıf: Hak sâhibi olan, yetkili, kullanma hakkına sâhip olan.

Mutî: İtaat eden, uyan, tâbî olan, baş eğen.

Mutmainne: Tatmin olunmuş, şüphesi kalmamış, inanmış, kanmış.

Mutî: İtaat eden, emirlere uyan.

Muttalî: Haberdâr olma, bilme, öğrenme.

Muttasıf: Sıfatlanmış, vasıflanmış.

Muvahhit: Allâh'ın birliğine inanan.

Muvakkat: Geçici, belli bir vakte kadar.

Muvazzaf: Vazîfelendirilmiş.

Muzır: Zarar veren.

Müberrâ: Aklanmış, temize çıkmış, her türlü kötülükten temize çıkmış.

Mübîn: Apaçık, âşikâr. Hayır ve şerri ayıran. (Kitâb-ı Mübîn: Hayır ve şerri açıkça belirten kitap, Kur'ân-ı Kerîm.)

Mücâhede: Allah yolunda yapılan savaş. Allâh'ın adını yüceltmek için gösterilen azimli gayret.

Mücâhit: Din uğruna savaşan. (Mecâzî olarak mücâhit: Nefsin aşırı isteklerine karşı koyan, Allah yolunda nefsiyle savaşan.)

Mücâzat: Karşılık. Bir suça karşı cezâ çektirme.

Mücehhez: Hazırlanmış, donatılmış, cihazlanmış.

Mücellâ: Cilâlanmış.
Müdrik: İdrak etmiş, anlamış.
Müftehir: İftihar eden, övünen, yaptığı işten şeref duyan.
Mükellef: Tekeffül etmiş, üstlenmiş.
Mükevvenat: Yaradılmışlar, kâinat, varlıklar.
Mülâhaza: Uzun uzun ve dikkatli düşünüp fikrini anlatma.
Mümeyyiz: Temyiz eden, iyiyi kötüden ayıran.
Münâcât: Yalvarış, yakarış. Allâh'a yalvarma.
Münevver: Aydınlanmış, nurlanmış.
Münezzeh: Her şeyden tenzih edilmiş, temiz, arı.
Münkati': Kesilmiş, arkası gelmeyen.
Münkir: İnkâr eden, kabûl etmeyen, inanmayan, Allâh'ın varlığını inkâr eden.
Müntesip: Mensup olan, bir yere veya şahsa bağlanan.
Mürâî: İkiyüzlü.
Mürebbî: Terbiye edici, Rab.
Müreccah: Tercih edilen.
Müsâmahakâr: Hoşgörülü.
Müsebbip: Sebep olan.
Müstağrak: Batmış, içine dalmış, gark olmuş.
Müsterih: Rahatlayan.
Müşâhede: Bir şeyi gözle görme. Tasavvufta Allah âlemini görme.
Müşfik: Şefkatli, sevecen.
Müteallik: Aslına bağlı olan, ilgili.
Mütecellî: Tecellî eden, görünen, meydana çıkan.
Müteharrik: Hareketli, hareket edebilen.
Mütehayyir: Hayret içinde kalmış.
Mütenebbih: Uyanık olan.
Mütevekkil: Tevekkül eden. Her işi Allâh'ın irâdesine bağlamak sûretiyle Allah'tan gelene râzı olan.
Müteyakkız: Uyanık olan, tetikte olan.
Müyesser: Kolaylaştırılmış, kolay gelen.

N

Nahvet: Kibirli olma, büyüklük taslama.
Nâib: Birinin yerine geçen.

Nakit: Para.

Nâle: İnilti.

Nâmütenâhî: Sonu olmayan, sonsuz.

Nâmütenâhî: Sonsuzluk.

Nâr: Ateş, yakıcı.

Nâr-ı Sûzan: Yakıcı ateş.

Nas: Halk, insanlar.

Nas: İnsanlar, halk.

Nâyistan: Sazlık.

Nazar: Bakış, göz.

Nazargâh: Bakılan yer, gözönünde olan yer.

Nâzır: Nazar eden, bakan, nezâret eden.

Necâset: Kirlilik, pislik.

Necat: Kurtuluş, selâmete erme.

Nedâmet: Pişmanlık.

Nefir, Nefhâ: Ney'den ses çıkarma, ney üfleme.

Nefsânî: Nefse âit.

Neşvünemâ: Büyüme, gelişme.

Neyzen: Ney üfleyen.

Nezih: Temiz, pâk, hîle karışmamış.

Nidâ: Seslenme, bağırma.

Nigâr: Güzel.

Nihan: Gizli, gözden kaybolan.

Nîmet: Allâh'ın verdiği her türlü rızık, iyilik, lûtuf, ihsan.

Nutfe: Döl suyu.

Nükte: Gizli ve ince mânâlı söz.

Nüve: Çekirdek, tohum.

Ö

Örf: Âdet, an'ane, gelenek.

P

Pâye: Derece, rütbe.

Pinhan: Sakıl, görünmeyen, gizli.

Pîş: Ön.

Pîş-i çeşman: Gözlerin önünde.

R

Rabbânî: Rabba mahsus, ilâhî.

Râdiye: Rızâ gösteren, kabûl eden.

Rahim: Esirgeyen, koruyan, merhamet eden, acıyan. (Allâh'ın sıfatlarından.)

Râm etmek: Boyun eğdirmek, itaat ettirmek, emrine almak.

Râm olmak: Boyun eğmek, emrinde olmak.

Raûf: Çok merhametli, acıyan (Esmâ-i Hüsnâ'dan, Allâh'ın sıfatlarından.)

Râyihâ: Koku.

Ricâl: Erkekler, ileri gelen zevat.

Refetmek: Kaldırmak, yükseltmek.

Rehâvet: Rahatlık, tenbellik, gevşeklik.

Renc: Ağrı, sızı, zahmet, eziyet, sıkıntı.

Revan: Akar gibi olan, akan.

Rızâ: Râzı olma, memnuniyetle kabûl etme, hoşnutluk.

Rızık: Doyuracak şeyler, Allâh'ın herkese bahşettiği nîmet.

Riyâ: İki yüzlülük.

Rezzâkıyet: Allâh'ın doyuruculuk vasfı.

Rubûbiyet: Allâh'ın mâlikiyet vasfı, ulûhiyet, öğreticilik vasfı.

Ruhsar: Yanak, yüz.

Rücû: Geri dönüş.

Rüyet: Görme, görüş.

S

Sâbir: Sabırlı olan.

Sadâkat: Sâdık olma.

Sâdır: Göğüs.

Saîd: Mutlu, uğurlu, mübârek (Allah katında makbûl olan).

Sâik: Sebep.

Sâire: Ve başkaları.

Selâhiyet: Yeterlilik.

Sefîne: Küçük tekne, gemi.

Sekran: Kendinden geçme, kendini kaybetme, sarhoş.

Selâmet: Eminlik, korku ve endişeden uzak olma.

Semâvât: Semâlar, gökler.

Semere: Fayda, kâr, meyve, sonuç.

Ser: Baş, kafa.

Sermest: Mest olmuş, kendinden geçirecek kadar tesirinde kalmış.

Setr etmek: Örtmek.

Settar: Örten, Allâh'ın günahları örtücü vasfı.

Seyretmek: Görmek, görmeğe devam etmek.

Seyyiat: Günahlar, kabahatler, kötülükler, fenâlıklar.

Sıddık: Dâimâ doğru yolda olan. Sâdık, sözünde duran.

Sîrâb: Suya doymuş.

Sîret: Bir kimsenin içi, öz, mânâ, mânevî yapı.

Siyânet: Koruma, himâye etme.

Sûfî: Tasavvufla uğraşan.

Sûret: Dış görünüş, yüz, yüzden görünüş.

Sûzan: Yakan, yakıcı.

Sübhan: Her türlü noksandan uzak (Allâh'ın isimlerinden).

Süflî: Alçak, bayağı.

Süfliyet: Aşağılık, bayağılık.

Sürur: Sevinç.

Ş

Şâd: Memnun olmak, sevinmek.

Şâheser: En üstün ve en güzel eser.

Şakî: Bedbaht, Allah indinde makbûl olmayan, ebedî kurtuluştan mahrum olan.

Şâkir: Şükreden.

Şedîd: Sert, şiddetli.

Şehvet: Aşırı iştah, arzû.

Şek: Şüphe.

Şekāvet: Eşkiyâlık, haydutluk.

Şekilperest: Şekle kıymet veren, şekilci.

Şekvâ: Şikâyet, hoşnutsuzluk.

Şem: Mum.

Şer: Kötülük.

Şerha şerha: Parçalanmış, yaralanmış.

Şerîat: Dinî kāideler ve hükümler.

Şevk: Coşkunluk, şiddetli arzû ve istek.

Şevk-i Celil: Allah sevgisinden alınan şevk, coşku.

Şirk: Allâh'a ortak koşmak.
Şuhut: Gözle görme, bilinme, müşâhede edilme.
Şûle: Işık, alev.
Şümul: içine almak, kaplamak.

T

Taahhüt: Uhdesine alma, üstüne alma.
Taallûk: Alâka, ilgi.
Tâat: Allâh'ın emir ve nehiylerine kalb ile inanma, uyma ve ibâdette bulunma.
Tabasbus: Alçakça yalvarma, dalkavukluk etme.
Tahakkuk: Gerçekleşme, tahkik sûretiyle elde etme.
Tahkik: Araştırarak hakîkati bulma.
Tahripkâr: Harap edici, bozucu.
Tâife: Bölük, takım, güruh.
Takva: Allah'tan korkup dince yasaklanan şeylerden kaçınma, sakınma.
Tâlip: Talep eden, isteyen, mürid.
Taltif: Lûtuflandırma, mükâfatlandırma, ödüllendirme.
Tama' / Tamah: Doymazlık, açgözlülük.
Ta'n: Ayıplama, kötüleme, yerme.
Tasfiye: Arıtma, temizleme.
Ta'zim: Hürmet etme.
Teabbüt: İbâdet etme, tapma.
Tebahhur: Buharlaşma.
Tebârüz: Açıkça meydana çıkma, belirme.
Tebdil: Değiştirme.
Tecellî: Belirme, meydana çıkma, açıkça görünme. Allâh'ın kudret ve sırrı eserinin kişilerde ve eşyâda görünmesi.
Tecelligâh: İlâhî kuvvetin kendini gösterdiği yer.
Tecellî-i Rabbânî: İlâhî tecellî.
Tecerrüt: Her şeyden soyunma, vazgeçme, her şeyi terk etme.
Techiz etmek: Cihazlandırmak, lüzumlu şeyleri vermek.
Tefekkür: Düşünme, fikir eyleme.
Tekebbür etmek: Kibirlenmek.
Tekâmül: Kemâle erme, olgunlaşma.
Telkînât: Bir fikri, bir düşünmeyi kabûl ettirecek şekilde anlatma, öğretilen şeyler.

Tereddî: Gerileme, soysuzlaşma.

Tesbih: Allâh'ı anma.

Teshir: Sihir yapma yolu ile kendine bağlama, şiddetli çekicilik, insanı hayran bırakarak tesir altına alma.

Teşhir: Sergileme, göstermeye çalışma.

Teşne: Susamış, çok istekli.

Tevâzû: Alçak gönüllü olma.

Teveccüh etmek: İltifatta bulunmak, yüzünü ondan yana çevirmek.

Tevfik: Kolaylık gösterme, yardım etme.

Tevhid: Allâh'ın birliğine inanma. Bir kılma, birleme, bire varma.

Tevlid etmek: Doğurmak.

Tezkiye: Temiz etmek, soruşturmak sûretiyle iyi hali meydana çıkarma, temizleme, arındırma.

Tezvir: Karıştırıcılık etme, söz taşıma, müzevirlik etme, arabozma.

Tiryak: Keyif almak.

U

Ukbâ: Âhiret, öteki dünyâ.

Uluvv ü kadr: Yüksek, büyük, kadri en yüksek olan, derecesi en âlî olan.

Umman: Büyük deniz, okyanus.

Uzlet: Yalnızlığa çekilme.

Ü

Ülfet etmek: Alışma, iyi arkadaş olma, uyuşma, yakınlık, kaynaşma.

Ünsiyet: Yakınlık, yakın olma, alışkanlık.

V

Vaaz: Nasihat, öğüt,

Vahdâniyet: Allâh'ın birliği.

Vahdet: Birlik, bir olma.

Vech-i dilber: Dilberin yüzü.

Vecih: Yüz, satıh.

Veciz: Kısa ve özlü.

Vird olmak: Dile dolanan, hep tekrarlanan.

Visal: Kavuşma.

Vukuat: Vak'alar, olaylar.

Vukuf: Bir şey hakkında tam bilgi sahibi olma, vâkıf olma.

Vuslat: Kavuşmak, (Allâh'a varmak)

Vüs'at: Genişlik.

Y

Yed-i Tûlâ: Tam ve çok geniş bilgi.

Yegâne: Biricik, bir tâne.

Yeis: Kader, ümidsizlik, üzüntü.

Yek dem-i sohbet: Bir anlık sohbet.

Yekdîğer: Biribirine, biri diğerine.

Yevm: Gün

Z

Zâil olma: Silinme, yok olma, zevâl bulma, bitme.

Zâhir: Meydana çıkmış, görünen, zuhûr eden.

Zâhirî: Dıştan görünüş.

Zâhit: Dinin şeklî yönüne fazla önem veren, ibâdet ve tâatte aşırı olan.

Zahm: Yara.

Zâyi: Kaybetmek.

Zebûn: Düşkün.

Zemin: Yeryüzü.

Zerk etmek: İçine akıtmak.

Zerre: Bölünen en küçük parça.

Zeval bulmak: Yok olmak, bitmek.

Zındık: Dinsiz, imansız.

Zikren: Zikrederek, söyleyerek (Allâh'ın adını söyleyerek)

Zinde: Genç, kuvvetli, uyanık, diri, canlı.

Zinhar: Sakın, aslā.

Zîşân: Şanlı, şerefli.

Ziyâ: Işık aydınlık.

Ziynet: Süs, takı.

Zuhur âlemi: Zâhir olan, görünen âlem.

Zulmet: Karanlık

Zühd: Dünya zevklerinden tamamen vazgeçip kendini ibâdete verme, ibâdette aşırı olma.

Zülcelâl: Celâl, ululuk sâhibi olan Allah.